사회복지
방법론

Social Work Methods

김학주 · 이홍직 · 강선경 · 김 욱

圖書出版 오래

머 리 말

사회복지의 개념은 한 사회에 살고 있는 모든 사람들의 생활향상과 행복을 목표로 하는 직접·간접적인 방책을 모두 포함하고 있으나, 시대에 따라 그리고 각국의 경제적 발전 정도에 따라 학자마다 견해의 차이가 있기 때문에 아직 통일된 개념 정의가 이루어져 있지 않다. 그러므로 사회복지의 개념을 보다 정확하게 이해하기 위해서는 '사회복지'라는 용어에 내포되어 있는 뜻에 초점을 둔 어의적 관점뿐만 아니라 학자들의 견해인 이론적 관점, 그리고 역사를 통해 사회복지의 활동이 전개해 온 내용을 토대로 파악하려는 역사적 관점에서 두루 이해하여야 한다.

우리나라의 사회복지학 학문과 교육은 비교적 짧은 역사에도 불구하고 괄목할 만한 성장과 발전을 보이고 있다. 해방 직후 해외로부터의 관련 지식과 기술의 습득에서 출발하였으나 1990년대 이후 사회복지학 교과목 개발 등에 관한 자체적인 연구가 활발해지고 사회복지학 교육 개혁에 관한 반성과 방향성 모색이 본격적으로 시도되고 있다. 21세기 우리 사회에는 세계화, 정보화의 물결 속에서 사회 내 복지의 확대욕구가 거세지면서 사회복지학의 정체성과 발전을 교육을 통해 어떻게 극복할 수 있는가에 대한 노력이 계속되고 있다.

저자 일동은 우리나라의 사회복지학도들에게 본서가 조금이나마 보탬이 되기를 간절히 기원한다. 이 책은 총 3개의 부분(1부: 총론, 2부: 방법론, 3부: 분야론)으로 구성된 개론서에서 두 번째 부분에 해당하며 사회복지방법론 분야에 관한 주요 이론들과 이에 관련한 핵심내용을 기술하고자 하였다. 구체적으로 사회복지학 관련 방법론 분야를 7개(1장: 사회복지정책론, 2장: 사회복지조사론, 3장: 사회복지행정론, 4장: 사회복지법제론, 5장: 지역사회복지론, 6장: 사회복지실천론, 7장: 사회복지실천기술론)로 나누어 순차적으로 소개하고 있다. 이들 7개 학문 분야는 학문으로서의 사회복지학의 정체성과 더불어 정책적, 법적, 임상적 근거를 제공하는 중핵들로 관련 내용을 분석하기 위한 방법적 지식과 분석틀을 설명하고 있다. 저자 일동은 사회복지학 입문자들에게 내용이 다소 딱딱하고 지루하게 느껴질 수 있는 부분의 경우, 가능하면 표 또는 그림을 사용하여 이해를 돕고자 노력하였다. 또한 각 장의 마무리에는 학생들이 본인의 배움 수준을 연습할 수 있도록 〈생각해 볼 문제〉와 내용상 인용된 각 분야별 학자와 연구자들의 〈참고문헌〉을 첨부하였다.

본서를 출간하기까지 여러 우여곡절이 있었으나 더 좋은 책을 만들기 위해 편집과 디자인 구성에 열성을 아끼지 않은 오래출판사의 황인욱 사장님과 편집부 여러분에게 고마움의 뜻을 전하고자 한다.

2014년 4월

저자 일동

차　례

제3장　사회복지행정론

제4장 사회복지법제론

제 5 장　지역사회복지론

제 6 장 사회복지실천론

제 1 장

사회복지정책론

제1절   사회복지정책

1. 사회복지정책의 정의

1) 정책의 개념적 정의

정책(policy)의 일반적 개념과 관련하여 칸(Kahn, 1979)은 "지속적인 계획, 장래의 의사결정의 지침이거나 결정의 연속선으로 특수한 프로그램, 입법, 우선순위를 뒷받침하는 원리에 있어서 암시적이거나 명시적인 중핵이다."라고 정의한 바 있다(Alfred, 1973: 69). 길버트와 스펙트(Gilbert & Specht, 1974)는 정책에 대해 "공사의 기관에 있어 행동의 방향이나 계획의 기초를 이루는 제 결정과 선택이다."라고 설명하고 정책이 정적인 개념이 아닌 지속적인 결정과 선택과정의 흐름임을 지적하였다. 티트머스(Titmuss, 1974)도 정책이란 "주어진 목적을 지향하고 행동을 좌우하는 원리에 관련된 것으로 볼 수 있으며 목적뿐만 아니라 수단에 관한 행동을 의미하고 있어서 변화하는 행동, 체계, 실천을 의미한다."고 기술함으로써 정책이 가지고 있는 다양한 속성을 강조하였다.

2) 사회복지정책의 개념적 정의

사회복지정책(social welfare policy)이란 "사회복지의 목적을 달성하기 위하여, 사회적 욕구가 있는 사람들의 욕구충족과 더불어 사회적 통합을 위하여 국가가 자원을 계획하고 조달하며 배분하는 일련의 과정이며 집단적 행동지침"(Gilbert & Terrell, 1983)으로 이해할 수 있는데 여기에는 여러 종류의 사회복지서비스, 공공부조, 사회보험, 사회보장 등이 포함된다.

(1) 협의의 사회복지정책

협의의 사회복지정책은 주로 영미권의 국가들에서 통용되는 용어로 복지정책의 내용이나 대상선택에 있어서 개인주의 및 자유주의적 가치관에 기반을 두고 있다. 자발적인 문제해결을 위한 개인적 노력을 선호하며 상대적으로 유럽의 사회정책 또는 사회보장에 비해 보다 낮은 수준의, 또는 최소한의 국가개입 방안들을 선호한다. 전통적으로 영미권의 국가들은 사회복지정책의 범위를 복지문제의 해결에 국한하고 발생원인에 대한 정치적 개입에 대해서는 가급적 자제하려는 경향성을 보인다. 예를 들어 소득보장, 교육, 건강보장, 주택, 대인적 사회서비스 등이 포함된다.

(2) 광의의 사회복지정책

주로 독일, 프랑스 등 유럽의 대륙권 국가들에서 주로 선택하여 사용하는 용어로 사회개량주의 또는 사회민주주의 가치관을 반영하고 있다. 구체적으로 사회보장의 수준을 결과적 재분배뿐만 아니라 예방적 차원에서 복지에 직접적 또는 간접적 영향을 미치는 경제적, 사회적 질서를 재조정하는 행위도 사회복지정책에 포함한다(Popple & Leighinger, 2002). 광의의 사회복지정책은 협의의 사회복지정책의 범위를 넘어서 정치, 경제, 사회의 모든 분야를 포괄하는 일반적인 사회정책을 포함한다(외교 및 국방 등의 일부 분야 제외). 따라서 조세정책, 노동정책, 보건정책 등 각종 관련 공공복지를 위한 관련 정책들을 포함한다.

3) 급여대상

사회복지급여를 받을 수 있는 자격의 문제는 누구에게 급여하고 누구에게 급여를 안 하느냐의 사회적 가치를 포함한 문제이다. 급여자격의 기준을 선택하고 분류하는 작업은 정책을 결정하거나 정책을 분석함에 있어 매우 중요한 문제이다. 한 나라의 사회적 자원은 제한되어 있고 사회복지에 사용할 자원은 더욱 그러하다는 측면에서, 급여대상의 범위는 복지정책의 직접적인 수혜 대상자뿐만 아니라 비대상자들에게도 영향을 준다.

(1) 보편주의와 선택주의

보편주의적 관점에서 급여대상은 이론적으로 전 국민을 사회복지의 대상자로 삼으며 사회복지정책을 모든 시민이 봉착하게 되는 일상적 생활문제에 대한 필수적인 대책방안으로 간주한다. 시민의 사회권(복지권)적 측면에 입각하여 권리로서 복지서비스를 제공하며 복지수혜 자격과 기준을 균등히 하여 복지서비스의 수급자들이 낙인감, 열등감을 갖지 않게 한다(Titmuss, 1963). 포괄성의 원칙에 입각한 보편주의적 사회복지정책을 통하여 사회통합이 가능하며, 선택주의에 의한 프로그램보다 훨씬 더 대중적이다. 모든 시민들에게 최저한의 동일한 급여를 제공하는 한편 욕구가 가장 큰 취약집단에게는 상대적으로 많은 급여를 제공하여 소득 재분배 효과를 기대할 수 있다(Gilbert & Terrell, 2002).

☞ 표 1-1 보편주의와 선택주의의 장단점 비교

구분	보편주의	선택주의
주요 내용	• 전 국민이 대상 • 시민권에 입각 • 복지 수혜자격, 기준을 균등화	• 자산조사를 통해 원조가 필요한 사람에게 서비스 제공
장점	• 낙인, 열등감이 없음 • 행정절차 용이 • 시혜의 균일성 유지 • 유효수요를 유지시켜 경제적 안정, 성장에 기여	• 서비스를 도움이 필요한 사람에게만 집중 • 자원의 낭비 없음 • 비용절약
단점	• 한정된 자원을 효과적으로 사용하는 데 한계	• 자산조사과정에서 낙인감을 줌
예	• 영국 국민보건서비스(NHS), 한국의 4대보험, 사회수당	• 공공부조, 기초노령연금

선택주의적 관점에서 사회복지정책은 대상자들을 사회적, 신체적, 교육적 기준에 따라 구분한 다음 복지서비스를 제공하게 된다. 이때 수혜조건 해당 여부를 판별하기 위한 조사과정에서 낙인(stigma)을 피할 수 없다. 개인, 가족의 드러난 욕구가 대상자 선정에서 최우선시되어야 하고, 자립의지를 강화하기 위해서는 제한적 급여가 필요하다고 본다. 급여를 사회적 욕구가 있는 사람에게만 집중시킴으로써 사회적 긴장감과 적대감을 줄일 수 있다고 주장한다(이는 사회적 욕구가 큰 사람에게 우선적으로 배분하면, 사회적 형평성이 제고되고 사회적 평등에 효과적이라는 것이다).

(2) 대상자 선정의 기준

① 귀속적 욕구

나라 혹은 한 지역의 거주 여부의 기본적 요건만 충족되면 해당 욕구를 가진 인구학적 기준만으로 복지급여를 지급하기 때문에 데모그란트(demogrant)라고도 하는데 노령층, 농어촌지역 학생, 전 국민 등 특정한 집단 구성원으로서의 해당 급여 조건을 갖춘 모든 이들을 급여대상으로 한다. 예를 들어, 65세 혹은 70세 이상의 노인이면 누구나 급여자격을 주는 보편적 연금, 아동을 키우는 가구에게는 누구나 자격을 주는 아동수당(가족수당), 전체 국민을 대상으로 하는 영국의 국민보건서비스(NHS) 등이 여기에 속한다. 전문가의 규범적 판단기준에 따라 선정하는데 수평적 재분배효과는 높은 반면에 수직적 재분배효과는 낮으며 사회통합효과가 크다고 볼 수 있다.

② 기여에 따른 보상(compensation)

기여에 따른 보상은 해당 복지정책의 가입 대상자로서 요건을 갖추고 일정한 액수의 보험료 또는 세금항목을 납부한 사람을 대상으로 하는 경우(보험료 납부라는 경제적 형태의 기여), 사회적 희생자(인정차별과 성차별 희생자)를 대상으로 하는 경우(사회적 형태의 기여) 등이 포함된다. 이때 사회적 형평성에 입각하여 전문가가 규범적으로 판단한 특정한 집단을 대상자로 선정한다. 사회보험급여를 지급받기 위해서는 해당 프로그램에서 해결하려는 위험요인인 노령, 장애, 질병 등이 실제 발생하여야 개시된다. 대부분의 선진국들에서 노령연금의 자격이 되는 납부기간은 긴 반면에 생애연금의 경우는 짧은 경향을 보인다. 산재보험이나 질병보험 가운데 의료서비스는 납부기간의 제한이 없는 반면, 질병수당의 경우는 일정한 납부기간을 요한다. 한편 실업보험의 경우는 대부분의 국가에서 최근의 일정기간의 납부를 조건으로 한다.

또한 일부 사회보험은 지정된 위험의 발생 이외의 다른 조건이 갖추어야 한다. 예를 들면, 국가의 노령연금은 은퇴를 급여의 조건으로 하며 질병수당의 경우는 취업자에게만 자격을 주기도 한다. 산재보험의 경우는 업무 관련성 장애조건이 확인되어야 한다. 실업보험(고용보험) 수혜를 받기 위해서는 지속적인 취업노력을 입증하는 등의 까다로운 자격조건을 필요로 한다.

보험료 납부액과 급여액과의 관계를 살펴보면 민간보험의 경우는 보험수리원칙에 엄격히 입각하기 때문에 급여액은 보험료 납부액에 비례하게 되는 반면에 사회보험은 국가에 따라 정도의 차이는 있으나 대부분의 경우에 이러한 보험수리원칙에서 벗어나 납부액과 급여액이 반드시 정비례하지 않는다. 이는 국가에 얼마나 사회적 혹은 경제적으로 기여했느냐의 문제를 함께 소득이나 건강 등의 사회적 형평성 기준을 동시에 반영하기 때문이다.

③ 근로능력에 따른 분류(diagnostic differentiation)

근로자의 근로능력에 따른 급여제공은 신체, 정신적 손상을 입은 사람과 같이 특정 재화와 서비스가 필요한 개인을 대상으로 한다. 이때 구체적인 판단은 해당 분야의 전문가의 분류심사에 따르게 되는데 나라에 따라 개별 프로그램의 근로능력 여부에 대한 기준이 다르다. 근로능력 여부가 사회복지정책의 급여자격이 되기 위해서는 근로능력이 없는 것이 자격의 유일한 조건이 되는 경우이고(장애수당), 다른 하나는 다른 조건이 겸비되어야 하는 경우이다. 대부분의 국가들에서는 사회복지정책에 자격이 되기 위해서는 근로능력이 없을 뿐만 아니라 보험료 납부, 소득, 자산조사, 전문가 혹은 행정적 판단 등과 같은 다른 조건을 갖추어야 한다. 예를 들면, 근로능력이 있는 사람들에게만 급여자격이 주어지는 정책, 노동시장 정책에 속할 수 있는 정책들, 각종의 고용과 훈련 프로그램, 실업보험, 근로자를 위한 각종의 세제혜택 등이 포함된다.

2. 급여의 형태

복지급여의 형태에 관한 논의에서는 어떤 형태로 급여하는 것이 더욱 바람직할지, 사회복지정책의 효과(소득재분배효과, 빈곤제거효과)를 분석할 때 어느 쪽이 더욱 효과적인지 여부를 살펴보도록 한다.

1) 근거 법에 따른 분류

(1) 법정급여

사회복지제도의 법정급여는 법률에 의해 반드시 제공해야 하는 급여이다. 이 경우 급여는 법률로 정한 요건을 충족하는 모든 사람에게 보편적으로 제공될 수 있도록 해야 하며 급여의 내용이나 수준 또한 법률에 근거하여 정해진다.

(2) 부가급여

부가급여는 법률을 근거로 하여 운영된다는 점에서 법정급여와 유사한 특징을 가지고 있으나 개인별 상황에 따라 상이하게 적용이 된다는 측면에서 법정급여와 다르다.

(3) 임의급여

임의급여는 법률에 근거하지 않고 개별 기관의 재정여건이나 상황에 따라 자율적으로 제공하게 되는 급여의 형태를 의미한다. 일반적으로 전체 국민을 대상으로 하는 사회복지제도들의 경우 이러한 성격의 임의급여는 제한적으로만 적용될 수 있다.

2) 급여의 형태에 따른 분류

급여제공에 있어 사회적 애로요인이나 위험의 발생에 대처하여 해당 급여를 어떠한 형태(현물, 현금, 또는 바우처 등)로 제공할 것인가 하는 의사결정의 문제가 제기될 수 있다.

(1) 현금급여

현금급여는 소득의 형태로 개인 또는 가구에 제공하는 급여를 의미한다. 개인은 현금을 가지고 시장에서 적절한 재화 또는 서비스를 구입하여 자신의 복지문제를 해결할 수 있어 소비자 선택권을 보장한다. 예를 들면 식품, 의복, 주택 등과 같은 물품(제한된 교환가치)을 들 수 있다. 현금급여는 수급자 선택의 폭을 넓혀 다양한 취향을 반영할 수 있을 뿐만 아니라 민주사회에서 그 자체로 매우 중요시되는 가치인 자유나 자기결정의 권리를 보호할 수 있다. 이러한 측면에서 현금급여는 인간의 존엄성을 유지시키는 데 현물급여보다 우월하며 수급자의 효용을 극대화할 수 있어 현금으로 급여할 때 사회적 자원의 효율적 배분이 이루어질 수 있다는 장점이 있다. 또한 현물급여에 비해 물류비용이나 감독비용이 들지 않기 때문에 관리운영 비용이 낮다. 현물급여를 하기 위해서는 현물을 보관, 관리, 전달하는 데 많은 비용이 든다. 그러나 지정된 본래 용도 외 사용이 가능하므로 목표효율성이 낮다는 단점이 있다.

(2) 현물급여

현물급여는 현금이 아니라 상품이나 서비스의 형태로 제공하는 급여이다. 일반적으로 현물급여는 사회복지기관이 직접적으로 생산, 공급하는 방법과 시장의 기능을 토대로 생산된 복지상품을 개인이 소비하게 하고 그 비용을 대신 지원하는 방법 등이 있다(Myrdal, 1968).

현물급여의 특정은 욕구를 가진 자를 더 확실히 선별할 수 있어 급여가 필요한 대상자에게 집중적으로 급여를 제공할 수 있다. 일반적으로 납세자들은 자기가 낸 세금이 어떤 용도로 사용되고 어떤 목표를 이루었는가에 관심이 있는데, 현물급여는 현금급여에 비하여 효과가 비교적 명확히 나타나기 때문에 정치적 목적으로 사용될 가능성이 크다. 필요한 급여를 현물로 지급하기 때문에 용도 외 사용을 막을 수 있어 목표효율성이 높으므로 정책의 목표달성에 효과적이다. 현물급여가 현

☞ 표 1-2 현물급여와 현금급여 비교

구분	현물급여(In-kind)	현금급여(Cash)
주요내용	사회통제와 집합적 선 중시	개인의 자유와 소비자 선택 중시
장점	• 대량생산방식의 채택으로 규모의 경제 효과 • 용도 외 사용금지: 복지상품의 직접적 제공으로 부적절한 소비행위 방지 • 재분배의 효과 • 정치적으로 선택될 수 있음 • 목표달성에 효과적 • 복지상품가격 또는 품질의 통제	• 선택의 자유 극대화 • 관리비용의 절감효과와 행정적 편의 • 빈민소득의 직접적 향상 → 빈곤문제 해결 • 낙인 없음 • 시장기능을 바탕으로 하는 복지상품의 생산방식 적용으로 운영효율성 높음
단점	• 선택의 자유제한 • 관리비용이 많이 듦 • 정치적 목적으로 사용될 가능성 • 국가 또는 복지기관에 의한 생산방식으로 개인의 욕구와 괴리된 복지상품의 운영 가능성 • 시장기능의 제약과 복지상품의 표준화 또는 규격화의 문제 • 과도한 생산설비비용의 문제	• 용도 외 사용 가능(낮은 목표효율성) • 수급자의 부적절한 소비행위에 대한 통제수단의 결여 • 급여수준과 복지상품의 가격 간 괴리의 문제(급여수준의 과부족 문제)
예	건강보험의 진료서비스	공공부조의 현금급여

금급여보다 대량생산과 대량소비로 인한 규모의 경제효과가 커 프로그램 비용을 줄일 수 있다. 대규모의 공공주택을 건설하여 수급자에게 급여하는 것이 주택수당을 주어 수급자가 시장에서 주택을 구입하는 것보다 비용이 적게 든다.

3. 급여의 수준

일반적으로 급여의 수준은 소득의 단절현상을 피할 수 있도록 개인 또는 가구의 상황은 물론 개별 제도의 특성에 따라 달리 책정되어야 한다. 이때 의사판단의 기준은 해당 정책의 목표에 따리 그게 최저생활보장(minimum living), 기초생활보장(basic living), 부분적 생활보장(partial living), 그리고 완전생활보장(complete living)으로 구분할 수 있다.

1) 현금급여 수준의 판단기준

사회복지제도의 대상자들에게 현금급여를 제공하고자 할 경우 사전적으로 급여의 산정을 위한 기준의 선택을 필요로 하게 된다. 왜냐하면 급여산정을 위한 기준의 선택에 따라 급여의 수준이 상당한 차이를 보일 수 있기 때문이다. 이러한 급여산정의 기준으로는 개인의 욕구수준, 국가에 의해 일률적으로 책정된 금액, 개인의 종전소득 등이 해당된다.

(1) 욕구수준(personal needs)

소득수준에 상관없이 단순히 개개인의 욕구수준을 기준으로 반영하여 현금급여가 제공된다.

(2) 정액제(fixed level)

국가가 일정한 보상금액을 책정하고 피해의 당사자들에게 동일한 수준의 급여를 일괄적으로 제공하는 방법이다.

(3) 이전소득의 수준(previous level of income)

소득의 단절 문제가 발생하게 될 경우 개인의 종전소득을 기준으로 하여 현금급여를 제공하는 방법이다. 주로 사회보험제도에서 이러한 급여수준의 결정방법을 활용하고 있는데 실제 다음과 같은 두 가지 측면에서 각각 급여의 산정방식을 달리하고 있다. 급여의 산정기준이 되는 개인의 종전소득을 무엇을 기준으로 하여 결정할 것인가의 문제(문제발생 직전의 소득, 또는 개인의 평생소득)와, 개인별로 종전소득과 현금급여 상호 간 비례관계를 어느 정도의 수준으로 유지할 것인가의 문제가 그것이다.

(4) 제공기간(duration of support)

수급계층의 생활안정은 어느 정도의 수준으로 급여를 제공하는가뿐만 아니라, 얼마나 오랜 기간 급여를 제공하는가 하는 문제에 의해서도 중대한 영향을 받게 된다. 개별 사회복지제도에서 제공하는 현금급여는 지급기간을 기준으로 볼 때 각각 기간을 한정하여 제공하는 단기성 급여와 기간의 제한이 없이 제공되는 장기성 급여로 구분해 볼 수 있다. 단기성 급여의 경우 지급기간이 종종 개인의 실제 상황과 무관하게 정해지는 경우가 발생한다.

(5) 재조정(readjustment)

소득수준은 경제상황의 변화에 따라 임금인상의 형태로 매년 조정이 이루어진다. 현금급여에 대해서 조정이 없을 경우 소득활동계층과 사회복지수급계층 상호간의 경제적 격차는 시간이 경과할수록 점차 커지게 되며 연금급여 등 장기성 급여에서 두드러지게 된다. 현금급여의 재조정방식은 첫째, 국가의 개입이 없이 별도로 채택된 변수의 변동상황에 따라 자동적으로 조정되는 방식, 또는 매년의 임금상승률에 비례하여 이루어지는 방식, 둘째, 현금급여의 재조정이 국가의 재정상황과 정치적, 경제적, 사회적 여건을 감안하여 국가의 주도로 이루어지는 방식으로 나눌 수 있다.

2) 현물급여 수준의 판단기준

현물급여의 제공방식은 대상계층에게 완전히 무상으로 제공을 하는 경우와 그 비용의 일정 부분을 개인이 부담하도록 하는 경우로 분류할 수 있다. 이 경우 현물급여의 수준은 특정 상품이나 서비스의 실가격에서 본인이 어느 정도의 비율을 부담하도록 하는가에 따라 차이를 보인다.

현물급여가 무상으로 제공될 경우 종종 급여의 과잉수급 등 낭비의 문제가 발생할 우려가 있어 이러한 문제를 해결하기 위해 대다수의 사회복지제도들은 현물급여 가격의 일정 부분을 개인이 부담하도록 할 수 있다.

(1) 제공기간(duration of support)

현물급여는 사회적 애로요인으로 인하여 발생하게 된 일시적 피해현상을 치유하기 위하여 제공되므로 대개의 경우 단기성 급여의 성격을 띠게 된다.

(2) 재조정(readjustment)

현물급여에 있어서 급여의 재조정은 기술의 발전에 따라 새로운 종류의 현물급여가 개발되고 있으며 기존의 현물급여는 질적인 측면에서 끊임없이 개선되고 있고, 소득수준의 증가와 함께 현물급여에 대한 국민의 욕구 또한 지속적으로 확대되고 있다.

3) 기타 사회적 급여의 유형

(1) 기회(opportunities)

사회의 불이익집단들(소수인종, 여성, 노인, 장애인 등)에게 진학, 취업, 진급 등에서 유리한 기회를 줌으로써 해당 분야 일자리 경쟁에서 평등한 기회를 주는 형태가 있다. 예를 들어, 소수인종이나 여성에게 대학 입학정원의 일정한 인원을 배정하거나 일자리의 일정 부분을 이들에게 할당할 수 있다. 기회는 타인에게 양도할 수 없고, 다른 형태의 급여와 바꿀 수 없다.

(2) 서비스(services)

서비스는 공급자의 성격에 따라 공적 서비스와 사적 서비스 분야로 나눌 수 있는데 개인상담, 직업훈련, 사례관리 등과 같이 다양한 사회적 욕구를 가진 수급자를 위한 제반 활동으로 교육, 카운슬링, 계획, 치료, 훈련 등과 같은 기능을 수행한다. 일반적으로 욕구와 연계되므로 시장에서 다른 재화와 교환이 불가능하다.

표 1-3 **공적 서비스와 사적 서비스의 특징 및 내용 비교**

구분	공적 복지서비스	사적 복지서비스
일반적 특징	장점 • 소득의 유무에 관계없이 필요한 서비스 제공이 가능 단점 • 욕구에 탄력적 대응이 부족한 면이 있음 • 비용 삭감이나 서비스 효율화에 부족한 면이 있음 • 서비스를 받기 때문에 수속이 복잡	장점 • 다양한 욕구에 탄력적으로 대응 가능 • 시장에서 경쟁을 통한 비용을 삭감하거나 효율적인 서비스 제공 가능 • 서비스를 받기 때문에 수속이 간단 단점 • 서비스가 필요한 사람에게 서비스가 제공되지 않음
사회복지 서비스	복지시설, 공적 재가복지서비스 • 행정권한을 중심으로 급여와 비용 징수 • 욕구에 따른 다양한 서비스 제공이 곤란 • 안정적, 지속적인 서비스 제공이 가능 • 이용을 위한 수속이 복잡	민간복지서비스 • 서비스 제공주체와 이용자와의 계약 • 욕구에 따른 다양한 서비스 제공 가능 • 도산 등에 의해 서비스의 지속적 제공이 될 수 없는 경우가 존재 • 비용이 비교적 높음 • 이용을 위한 수속이 간단

(3) 증서(vouchers)

세금공제증서, 물품이나 서비스를 제공받을 수 있는 쿠폰과 같은 형태의 급여(재화나 서비스보다 선택의 자유가 많고 소비행위에 대한 사회적 통제 가능)로 일정한

용도 내에서 수급자로 하여금 원하는 재화나 서비스를 자유롭게 선택할 수 있다. 증서는 재화와 서비스에 비해 선택의 폭이 넓다는 장점을 가지는 동시에, 해당 부문 안에서만 사용이 제한되어 있어 사회적 통제도 기할 수 있는 장점이 있다. 현금급여와 현물급여의 중간적 형태로, 두 급여의 장점을 살리면서 단점들을 줄일 수 있다. 증서는 시행과정에서 많은 오용과 남용의 문제가 발생하여 현물급여보다 목표효율성이 크게 낮아질 수 있다.

(4) 권력(power)

사회복지정책의 수급자로 하여금 정책결정에 대한 권력을 주어 정책의 내용(급여자격, 급여액 등)이 그들에게 유리하게 결정되도록 하는 것들이다. 미국의 경우 1960년대 중반 이후 활발했던 다양한 지역사회 프로그램들이 이에 해당한다. 재화와 자원을 통제할 수 있는 영향력을 의미하므로 유동적인 교환가치로 이해할 수 있다. 직접적으로 소비, 이용할 수 있는 것은 아니지만, 경제적, 사회적 약자의 선택권에 큰 영향을 준다.

4. 사회복지정책의 존재이유

1) 공공재적 성격(characteristics as the public goods)

공공재(public goods)는 생산과 동시에 해당 경제 구성원 모두가 소비혜택을 누릴 수 있는 재화 또는 서비스를 말한다. 사유재에 대한 대칭적 개념으로 비경쟁적이고 비배타적인 성격을 지니고 있어 사유재(private goods)와는 달리 시장에 맡겨 두면 효율적으로 제공되지 않게 된다(예: 공원, 공영 도로, 국방 등). 물론 이로 인해 무임승차(free ride) 현상이 나타나 비용을 지불하지 않고 혜택을 보는 경우도 발생한다. 사회복지적 재화 및 서비스의 제공은 타인의 이용에 아무런 영향을 주지 않으면서(비경합성), 모든 사람에게 혜택(비배제성)을 주기 때문에 공공재라 할 수 있다.

2) 외부효과(external effect)

사회복지의 재화와 서비스는 시장에서 예기치 않은(의도하지 않은) 긍정적 (positive external effect) 또는 부정적 외부효과(negative external effect)를 생산할 수 있다. 이때 외부효과(external effect)는 한 사람의 행동, 활동이 타인에게 영향을 미치는 현상이나 상황으로 부정적 외부효과가 발생할 때 시장이 실패했다고 인정된다.

3) 불완전한 정보(incomplete information)

시장에서의 공정한 거래를 위해서는 정보의 양과 질이 공급자·수요자에게 충분히 확보되어야 하지만 충분한 정보가 없다면 비효율적인 배분이 될 가능성이 높다. 이러한 상황에서 국가가 재화에 대한 정보를 충분히 갖고 있다면 국가가 주도하여 재화를 제공하는 것이 더 효율적인 배분이 될 수 있다.

4) 역의 선택(adverse selection)

역의 선택은 위험발생 가능성이 높은 사람들이 보험에 집중적으로 가입하게 되어 평균 위험확률과 보험료가 높아지는 악순환이 발생해서 위험분산이 되지 않는 문제를 말한다. 대표적으로 건강보험과 실업보험의 예를 들 수 있다.

5) 도덕적 해이(moral hazard)

보험가입자가 위험발생을 예방, 회피하는 행위로서 위험발생이 높아지는 현상을 도덕적 해이라고 한다. 도덕적 해이를 방지하기 위하여, 사회보험에서는 보험료 납부 등을 의무화하고, 민간보험에서는 위험률에 따른 보험료 차등화 등의 방법을 사용한다.

6) 크리밍(creaming)

서비스 조직이 접근성 메커니즘을 조정하여 보다 유리한 내용만을 선택하고 불리한 것을 배척하는 경향을 크리밍 현상 또는 알짜선택이라 부른다. 서비스 조직이 보다 유순하고 자신의 사업 성공 가능성을 높일 클라이언트들을 선발하고 비협조적이거나 어려운 클라이언트를 배척하고자 하는 것이다. 예를 들어 민간보험회사는 저위험 집단만 보험에 가입시키는 태도를 보이는데 이러한 현상은 질병의 사회적 책임이라는 사회적 형평성에 맞지 않고 노인과 장애인 같은 고위험 집단과 사회적 약자는 보험에서 근본적으로 배제될 수밖에 없다. 따라서 영리를 목적으로 하는 민간보험 대신 공적인 사회보험으로 이를 해결할 수밖에 없다.

7) 규모의 경제(economies of scale)

대중교육, 대량의 공공주택 건설, 전 국민 의료서비스 등이 규모의 경제에 해당한다. 단위당 비용이 적게 들고, 재화나 서비스가 민간부문의 여러 공급자들에 의해 제공되는 것보다 필요한 거래비용도 줄일 수 있다.

8) 시장의 실패(market failure)

1930년대 대공황 이후 각국의 정책결정자들은 시장의 권한이 크면 효율적인 자원배분 및 소득분배를 실현하기 어렵다는 것을 인식하게 되었다. 시장에 대한 개입의 필요성이 제기되었고 시장에 대한 외부조정자로서 국가의 역할이 필요하게 되었다. 이러한 때에 케인스의 유효수효이론이 등장하였다.

9) 위험발생의 상호의존(risk pooling)

어떤 사람의 위험발생과 다른 사람의 위험발생이 관련되어 있을 때 보험회사의 재정안정은 이루어지기 어려우며 민간시장에서는 이런 위험에 대한 보험상품이 제공되기 어렵다. 사회복지에서의 위험발생의 상호의존이란 특정한 사회적 위험으로 인해 피해를 입은 소수에 대해 다수가 그 부담을 공동으로 부담하여 과중한 부담을 해결하는 원리이다.

제 2 절   정책의 재원

1. 공공재원: 세금

조세는 법령에 의하여 개인과 기업에 대한 강제징세로 정부가 징수한다. 복지정책의 확대를 지지하는 이들 중 상당수는 정책의 재원이 주로 정부의 일반예산에서 충당되어야 된다고 주장한다. 이는 정부의 일반예산을 구성하는 조세(소득세, 소비세, 재산세, 상속세 등)가 누진적 성격(progressive characteristics)을 띠고 있어 소득이 많을수록 세액뿐만 아니라 세율이 증가됨으로 소득재분배효과가 크기 때문이다. 누진세(累進稅, progressive tax)는 소득이 높을수록 소득의 더 높은 비율을 내게 되는 세금이다. 이것은 일반적으로 소득세에 적용된다[누진세의 반대개념이 역진세(逆進稅, regressive tax)이다].[1]

---

1) 누진세의 개념은 다양한 이념에 걸쳐 있는 경제학자 및 정치학자들의 지지를 받아 왔다.

따라서 정책의 재원으로서 세금은 사회정책이 추구하는 가장 중요한 목표인 평등이나 사회적절성을 이루기 쉬우며 급여의 양과 질에서 차별이 작아진다. 재원의 안정성과 지속성의 측면에서도 정부의 일반예산이 다른 재원에 비하여 유리하다.

1) 일반세

정부의 일반세 재원은 다른 세금 재원들에 비하여 대상을 넓힐 수 있고 급여 내용의 보편성을 이룰 수 있다. 조세의 지출용도를 정하지 않고 징수하는 세금으로, 소득세와 재산세, 법인세, 상속세, 자본이득세와 같이 가계와 기업의 소득에 대하여 징수되는 직접세가 있고 소비세, 유통세, 관세와 같이 가계와 회사가 지출하는, 즉 상품의 거래에 과세하는 간접세가 해당된다.

(1) 소득세

개인소득에 부과되는 개인소득세는 누진세율을 적용하고, 일정 소득 이하인 사람에게 조세를 면제해 주거나 저소득층일수록 보다 많은 조세감면 혜택을 부여한다. 소득세는 계층 간 소득재분배효과가 가장 크며 일반예산을 구성하는 조세들 가운데 일반예산의 누진성을 높이는 데 가장 크게 기여한다.

(2) 소비세

상품을 소비할 때 부가하는 세금으로 상품의 생산에서 최종소비에 이르기까지 여러 단계에서 부과되는 세금(부가가치세)으로 일반소비세와 특별소비세로 나눠진다. 소비에 대한 조세는 개인소득세와 달리 부담능력을 고려하지 않고 상품을 소비할 때 부과하기 때문에 개인소득세에 비해 고소득층의 조세부담률이 저소득층보다 상대적으로 적다.

(3) 재산세

지방정부의 주요 재원인 재산세는 소유재산에 부과되는 세금으로 일반적으로 직접세(direct tax)와 간접세(indirect tax)로 분류된다. 직접세는 재산이나 소득이 많을수록 높은 세율이 적용되는 누진세로 부과되어 소득재분배효과가 높다. 소득세와 상속세가 이에 해당된다. 간접세는 재산이나 소득에 관계없이 과세대상에 대해 동일한 세율이 적용되는 세금으로 소득재분배효과가 낮고, 역진적인 특성을

이는 애덤 스미스(Adam Smith)의 『국부론』(*The wealth of nation*)에서 처음 언급되었다. 스미스는 교통체제에 누진세를 부과하자고 주장한 바 있다. 이후 카를 마르크스 또한 공산당선언에서 누진세를 지지하였다.

표 1-4 직접세와 간접세 비교

직접세	간접세
• 재산, 소득에 따른 누진세 • 소득재분배효과가 크다 • 누진적(예: 소득세, 상속세, 재산세)	• 재산, 소득에 상관없이 동일 세율 • 소득재분배효과가 작다 • 역진적(예: 소비세)

보인다. 상품에 부과되는 세금이 대표적이다.

2) 목적세

지출용도가 정해진 세금으로 사용목적이 정해져 있어 다른 정책부문과 경합되지 않기 때문에 재원의 높은 안정성을 지니고 있다. 목적세는 재원확대가 어렵고, 프로그램 혜택을 받지 못하는 사람들에 의한 조세저항의 가능성이 상존한다.

3) 사회보장성 조세: 사회보험료

사회보장 프로그램을 보험방식으로 운영하는 경우 사회보험의 가입자는 기여금을 낸다. 기여금은 소득이 있는 경우 이타심 또는 동정심에 의하여 소득의 일부(대부분 소득비례제)를 기여하고 자기가 필요한 경우(주로 사회적 위험에 부딪혔을 때) 급여를 받는다.

사회보장성 조세의 특징을 살펴보면, 사회보험의 재정은 주로 보험료로 충당되며, 목적세와 더불어 본인부담금으로 보충되기도 한다. 이때 보험료는 지출용도가 정해져 있는 목적세의 성격을 보이는데 보험급여의 소득비례원칙 때문에 조세에 비해 역진적이다. 사회보험 재원의 기본원칙은 삼자부담제도[정부, 고용주, 가입자(근로자)]이다 등의 특징을 가지고 있다.

사회보험료의 종류는 소득비례 보험료와 정액보험료로 나눌 수 있는데 소득비례 보험료는 소득의 일정률을 갹출하는 것을 말하는 반면에, 정액보험료는 모든 사람이 동일 액수의 보험료를 부담하는 것을 말한다. 최근의 사회보험료와 같은 특별한 목적을 위해 거두어들이는 사회보장성 조세를 강화하고자 하는 경향은 개별적 공평성을 기하면서 노령, 실업, 장애 등과 같은 위험으로부터 과거의 소득수준을 유지해 줄 수 있다고 보기 때문이다. 많은 사람들이 사회보장세를 납부함으로써 일반조세와 달리 미래에 받을 수 있는 급여액에 대한 권리를 갖기 때문에 정치적으로 설득하기에 유리하다.

☞ 표 1-5 조세와 보험료 비교(원석조, 2003)

조세	보험료
• 누진적(Tamir, 1979)	• 역진적
• 소득상한선 없음	• 소득상한선 있음(고소득층에 유리)
• 인적 공제 없음	• 인적 공제 없음
• 부담능력 고려	• 부담능력 고려 안 함

사회보험료는 일반예산처럼 다양한 정부지출에 사용되는 것과 달리 자기들이 낸 세금이 특정 목적을 위해 사용되어 시혜적인 성격을 가지고 있지 않으므로 조세에 대한 거부감이 적다. 사회보험의 중요한 목표가 자본주의 사회의 시장에서 결정된 사회계층상의 위치를 변화시키지 않으면서 사람들이 어떤 위험(노령, 실업, 장애 등)에 당면하여 소득이 상실될 때 각자의 이전의 시장소득 수준을 유지하고자 하는 데 있는데 이를 성취하기 위해서는 조세를 적게 낸 저소득층에 비하여 조세를 많이 낸 고소득층이 받는 사회보험급여의 절대액이 높아야 한다.

4) 조세비용(tax expenditure)

조세비용은 조세를 거둬들여 직접적인 사회복지급여를 하지 않는 대신 특정 집단에게 조세를 감면, 공제, 면제해 주는 제도로 납세자의 구매력을 실질적으로 증가시키는 효과를 가진다. 이것을 조세비용이라고 부르는 이유는 정부의 입장에서 보면 조세비용만큼 세수가 감소되기 때문이다.

사람들이 내야 할 조세를 감면시켜 사회정책의 목표를 이룰 수 있는 방법이다. 예를 들어, 세금을 거두어 아동이 있는 가족에게 아동수당을 주는 대신, 아동이 있는 가족이 부담하는 조세에서 그만큼을 면제시켜 주는 것이다.

예를 들어, 노인, 장애인, 아동들에 대한 공제나 의료비, 교육비, 주택비 등에 관한 공제 등이 있는데, 이는 경제적 효율의 목표를 이루기 위한 것으로 각종의 경제활동 활성화(예를 들면 투자나 근로동기 강화)에 필요한 비용들을 공제하는 것이다.

정부 입장에서는 세입감소, 수혜자의 입장에서는 정부로부터 지원받는 성격을 가진다(trade-off). 조세를 감면시켜 사회복지목표를 이룰 수 있는 방법으로 소득재분배의 역진성을 야기시켜 소득재분배효과 측면에서 불리하지만 그러나 시간적

인적 비용이 적게 들고 잠재적 예산에 해당된다. 전체적으로는 조세비용을 대폭
줄이거나 없애고, 과세대상을 넓혀 일반예산의 증가로 사회복지정책의 확대를 이
루는 것이 소득재분배효과를 크게 할 수 있다.

5) 부의 소득세(negative income tax)

소득수준이 면세점 미만의 모든 저소득자에 대하여 면세점과 소득과의 차액의
일정 비율을 정부가 지급하는 소득보장제도이다. 앞의 조세감면이 세금을 낼 수
있는 사람에게만 혜택이 가는 반면에 부의 소득세는 세금을 못내는 빈곤층에게
혜택이 가기 때문에 소득재분배효과가 크다. 보통 세금을 납세자에게 징수하는
것과는 반대로 저소득자에게 지급하므로 부의 소득세라고 한다.

면세점 이하의 사람들에게 현금으로 급여를 제공하는 것으로 세금환급과 같은
방식이다. 우리나라의 유가환급금제도나 근로장려세제(한국식 EITC: Earned Income
Tax Credit)가 대표적이다.

2. 민간의 재원

1) 이용자 부담(user fee)

이용자 부담은 사회복지기관이나 시설의 서비스를 이용한 사람이 부담하는 비
용을 말한다. 이용자 부담의 장점은 사용자 부담을 통하여 사회복지서비스의 남
용을 방지하고, 과대한 정부 부담의 한계를 극복하여 사회복지 재원을 확충하는
데 기여한다(원석조, 2003). 또한 서비스를 이용할 때 본인이 일부라도 비용을 부
담하게 되면 수급자의 자존심을 높일 수 있게 된다.

반대로 단점은 저소득층의 부담이 커져 소득재분배의 역진성을 가지게 되며,
상대적으로 저소득층의 부담이 커져 서비스 이용 자체를 억제할 수 있다.

이처럼 이용자 부담의 장점은 수급자의 선택의 폭을 넓히는 데 있는데 수급
자 가운데 많은 사람들은 선택할 능력이 없는 경우 이용자 부담은 불필요하게
된다.

2) 자발적 기여(voluntary contribution)

자발적 기여는 민간의 자발적인 기부금의 형태로 개인기여금, 재단기여금, 기
업기여금, 유산의 기여(개인기여금〉재단기여금〉기업기여금〉유산)가 존재한다.

개인이 자발적으로 기여를 제공하는 주된 동기는 자선, 박애지만 정부의 조세
감면정책이 큰 뒷받침이 되고 있다. 조세감면정책이란 기부금에 대해 조세를 깎
아 주는 것으로 세금을 감면받기 위해서 기부를 하기도 한다.

자발적 기여방식의 가장 큰 장점은 국가의 사회복지정책 실패에 대한 대안으로
서 그 역할을 수행하다는 것이다. 다원화된 사회 속에서 특정한 지역이나 집단의
특수한 욕구에 대응하기 위해 자발적 기여를 통한 사회복지정책은 새롭고 창의적
인 서비스 개발이 용이하다. 자발적 기여를 재원으로 하는 사회복지급여는 국가
처럼 모든 국민을 대상으로 하는 것과 비교하면 대개 소규모를 이루어지기 때문
에 수요자들의 이질성에서 오는 수요의 다양성 문제가 비교적 심각하지 않다. 자
발적 기여를 통한 사회복지정책은 다원화한 사회 속에서 특정한 지역이나 집단의
특수한 욕구를 해결할 수 있으며 새롭고 창의적인 서비스의 개발이 용이하다.

자발적 기여방식의 단점은 자발적 기여에 대한 세금감면의 조치가 이루어질 때
소득재분배의 역진성이 나타난다. 재원의 공급이 불안정하여 지속적이고 체계적
인 정책의 수립과 집행이 어렵다. 자발적 기여에 의한 집단적 혹은 지역적인 특
수한 욕구를 해결하려는 정책이 발전하다 보면 국가 전체적인 포괄적이고 통합적
인 정책발전에 장애가 될 수 있다.

3) 기업복지(corporate welfare)

기업복지는 일반적으로 고용주가 피고용자들에게 임금 외에 임의로 제공하는
부가 급여형태로 기업의 사용자들이 그들의 피고용자들의 복지향상을 위하여 지
출하는 것을 말한다. 기업복지에 속할 수 있는 프로그램들로는 소득보장의 영역
에서는 기업연금, 의료서비스의 영역에는 기업의료보험, 교육에서는 피고용자 자
녀들의 학비보조, 무이자대출, 주택에서는 사원주택, 개별 서비스에서는 보육 프
로그램, 취미클럽 지원을 포함한 다양한 프로그램들이 있다.

기업복지의 장점은 우수한 인력 확보와 유지, 노사관계의 안정, 기업에 대한
근로자 충성심 강화, 생산성 향상 등을 주요 기대효과로 볼 수 있다. 반면 기업
복지의 단점은 임금을 지급하는 대신 기업복지를 제공하는 것이 세제상 유리하며
기업에 대한 소속감을 높일 수 있지만 소득재분배 측면에서 역진성이 나타날 수
있다.

기업복지 재원의 필요성은 사용자의 입장에서 보면 피고용자들에게 직접적인 임금 대신 기업복지 형태의 지급이 우선 세제상 유리하다는 점이다. 사용자는 양질의 근로자들을 고용, 유지하기 위한 동기강화를 위해서도 기업복지가 필요하다. 국민들의 총 사회복지(국가복지＋민간복지)를 책임지고 있는 국가의 입장에서도 기업복지의 확대로 국가복지에 사용될 재원을 줄일 수 있다. 피고용자의 입장에서도 임금 대신 기업복지의 형태로 보상받는 것이 유리하다. 왜냐하면 기업복지 형태의 급여는 과세대상에서 제외되기 때문에 특히 개인소득세의 높은 누진적인 조세율에서는 기업복지 형태의 급여가 임금보다 순이익 측면에서 유리할 수 있다. 기업복지 재원의 문제점으로는 기업복지의 급여가 대부분 고소득층에게로 집중되고 있어 기업복지를 통하여 소득재분배가 악화될 수 있다는 점이다.

제3절 사회복지정책의 기능과 역할

1. 사회복지정책의 기능

1) 긍정적 기능

(1) 사회통합과 질서유지

빈민, 사회적 약자, 기타 사회적 위험에 빠진 사람들을 그렇지 않은 이들이 제도적으로 원조하면서 사회통합을 이루게 된다. 특히 소득재분배는 소득과 자원배분의 불평등을 감소시켜 계층 간 갈등을 완화시키고, 사회분열을 야기하는 사회문제를 해결하여 질서유지에 기여한다.

(2) 경제성장과 안정

사회복지는 인적 자본(human capital)의 질적 수준을 향상시켜 생산 경쟁력을 높이고 경제성장을 안정화시킨다는 측면에서 사회복지는 인적 자본에 대한 투자로 설명할 수 있다. 또한 시장의 통화량을 적절히 유지시켜 경제를 보다 안정화시키는 기능을 하는 자동안전장치의 구실을 한다. 사회 내 물적 자본 축적의 효과는 본래의 기능은 아니지만, 재정운영방식이 적립방식인 공적연금의 경우 자본축적의 효과가 발생한다.

(3) 개인적 자립과 성장

사회복지는 인간의 잠재력과 성장 가능성을 인정하고 '자기결정권'을 중시한다.

(4) 정치적 안정

사회복지정책을 통한 불평등 해소와 사회적 갈등해소에 초점을 두어, 정치적 안정에 기여한다.

(5) 사회문제의 해결을 통한 욕구충족

제도와 사회적 구조에 의해 발생되는 사회문제를 해결하고 사회적인 욕구를 충족시킨다.

(6) 사회적 정의 확립

사회복지정책은 사회의 모든 사람이 평등하게 살 수 있도록 하며, 사회적 약자의 최저생활을 보장하고 삶의 질을 향상시켜 사회정의를 실현한다.

(7) 연대성의 원칙

연대성(solidarity)이란 법률용어인 '연대보증'이라는 말에 기원을 두고 있다. 연대보증이란 한 사람의 채권자에 대하여 다수가 채무변제의 책임을 지도록 하는 법률적 장치를 말한다. 이에 따라 실제로 돈을 빌린 채무자가 채무불이행의 상황에 처하게 될 경우 다수의 보증인이 공동으로 채무를 변제하도록 함으로써 경제적 피해 또는 위험이 분산(risk pooling)되도록 한다. 일반적으로 연대성은 조직 내부의 구성원 상호 간 결속력 또는 유대감을 의미하여 동료의식 또는 연대의식으로도 표현이 되고 있다. 이러한 연대성의 수준은 특정한 사안에 대하여 얼마나 많은 수의 조직 구성원이 공동의 관심사로 인식할 수 있는가에 따라 차이를 보인다. 일례로 사용자 또는 고용자 단체에 대항하여 노동자 상호 간의 연대성은 고용안정, 임금인상 등 근로조건의 개선이라는 공공의 이익을 추구하는 과정에서 용이하게 유지, 강화될 수 있다. 이러한 의미에서 연대성은 조직구성원 간 '공동체의식(Solidaritatsprinzip)'을 전제로 한다.

(8) 소득재분배

빈곤의 예방 및 소득불균형을 시정하고 경제생활의 안정을 위한 소득재분배기능은 사회보장제도의 주된 목적으로 사회적 위험분산 또는 위험보장에 초점을 두고 있는데 이것은 노령, 실업, 상해 질병 등의 사고에 대한 보장기능과 함께 중요한 소득재분배기능이다. 이때 일차적인 소득분배(primary distribution)는 생산 및 소비시장에서 이루어지고, 사회복지정책은 이차적 재분배(secondary redistributions) 기능을 담당한다. 참고로 소득재분배에 의한 평등화는 소득분배의 불평등 정도를 측정하는 지표들에 의해 평가할 수 있는데 이를 측정하는 대표적 방법에는 지니 계수(Gini coefficient), 로렌츠곡선(Lorenz curve) 등이 있다.

소득재분배의 형태는 일반적으로 수직적 재분배(vertical redistribution), 수평적 재분배(horizontal redistribution), 세대 간 재분배(intergeneration redistribution)의 세 가지로 나누어 설명할 수 있다(Webb, 1971).

① 수직적 재분배(vertical redistribution)는 소득계층 간의 재분배형태로서 누진적이거나 역진적인 형태를 취하는 것으로 대체적으로 소득이 높은 계층으로부터 소득이 낮은 계층으로 재분배되는 형태를 의미한다.

② 수평적 재분배(horizontal redistribution)는 집단 내에서 위험발생에 따른 재분배형태이다. 예를 들면, 동일한 소득계층 내에서 건강한 사람으로부터 질병자로, 취업자로부터 실업자에게로 소득이 재분배 되는 형태를 일컫는다.

③ 세대 간 재분배(intergeneration redistribution)로 현 근로세대와 노령세대, 또는 현세대와 미래세대 간의 소득을 재분배하는 형태로 대표적인 제도는 공적연금제도를 들 수 있다.

이렇듯 소득재의 분배형태를 크게 세 가지로 구분할 수는 있으나 현실에서의 실제효과는 제도의 내용에 따라 매우 복합적으로 나타난다(Pavard, 1979).

☞ 표 1-6 유형별 재분배의 특징과 주요 사례 비교

광의	수직적 재분배 (vertical redistribution)	• 부자로부터 빈자로의 소득이전 • 긍정적 재분배(부자에서 빈자로의 소득이전)와 부정적 재분배(빈자로부터 부자로의 소득이전) 　예: 공공부조, 누진적 소득세
	수평적 재분배 (horizontal redistribution)	• 동일 소득계층 내에서의 재분배 　예: 가족수당(조세로 재정이 충당되고, 부양자녀가 있는 가족에게만 제공), 의료보험(건강한 사람에게 건강하지 않은 사람으로의 소득이전)
	우발적 재분배 (contingency redistribution)	• 우발적 사고(질병, 재해 등)을 당하지 않은 집단으로부터 특정 사고로 고통 받는 자로의 소득이전 　예: 산재보험
시간	장기적 재분배	• 전 생애에 걸쳐 발생되는 재분배 　예: 국민연금(소득이 있는 시절에 적립하였다가 퇴직 이후 연금 받음 → 개인의 청년기에서 노년기로 소득이 재분배됨)
	단기적 재분배	• 현재의 사회적 욕구를 충족시키기 위해 현재의 자원을 이용 　예: 건강보험, 산재보험, 공공부조
세대	세대 간 재분배	• 현 근로세대에서 다음 세대로의 소득이전 　예: 국민연금 중 부과방식 연금(젊은 층의 보험료를 현 노인세대에게 지급 → 세대 간 재분배)
	세대 내 재분배	• 자신의 근로시절 소득을 적립해 놓았다가 노년기로 소득이전 　예: 국민연금 중 적립방식

2) 부정적 기능

(1) 빈곤의 덫(poverty trap)

임금근로자나 공공부조 대상자가 근로활동을 통해 소득을 빈곤선 이상으로 끌어올리지 않고 계속적으로 빈곤선 상태로 있으려고 하는 것이다. 주로 공공부조 제도에 관련된 역기능으로 사회복지급여 수준이 높은 복지선진국들에서 제기된다. 과거 영국 노동당 정부의 일하는 복지(workfare), 미국 클린턴 행정부의 근로조건부 복지(welfare to work)정책의 기저에 깔려 있다.

(2) 실업의 덫(unemployment trap) = 근로비유인(work disincentive)

임금수준이 낮으면 일을 통해 경제적 보상을 받기보다는 실업급여나 실업부조

를 통해 받는 것이 오히려 유리할 수 있다. 특히 실업급여나 실업부조의 수준이 높을 경우에 오히려 일을 하지 않으려는 경향(work disincentive)이 강할 수 있다.

실업보험의 소득대체율은 높은데 보험료는 적을 경우 새 일자리를 찾으려는 인센티브가 감소되어 실업에서 벗어나려는 노력을 의도적으로 덜 기울이거나 일부러 실업자가 되는 경우가 발생할 가능성이 있다.

(3) 레드 테이프(red tape)

관료제의 병폐 중 하나로 불필요하게 지나친 형식이나 절차를 만드는 것을 말한다.

(4) 파킨슨의 법칙(Parkinson's law): 관료 수의 비대화 논쟁

영국의 행정학자인 파킨슨이 1955년에 왜 관사의 수가 많은가? 왜 회의의 운영은 원활하지 못한가 등을 수학적인 방법을 동원하여 공무원 수의 증가가 업무량의 증감에 관계없이 증가하는 사회현상을 풍자적으로 분석해 발표한 사회생태학적 법칙을 말한다.

파킨슨의 법칙은 끊임없이 새로운 자리를 마련해야 하는 관료조직의 속성 때문에 실제 업무량과 관계없이 불필요한 일자리가 생기고, 이를 관리하기 위해 또다시 새로운 일거리가 만들어진다는 논리이다(부하배증의 법칙과 업무배증의 법칙). 부하배증의 법칙은 특정 공무원이 업무과부하를 느낄 때 퇴직하거나 동료를 보충받아 그 임무를 반분하여 수행하려 하지 않고, 대신 자신을 보조해 줄 부하를 보충받기를 원한다는 공리이고, 업무배증의 법칙은 부하배증의 법칙에 의해 부하가 배증되면서 과거 혼자 일하던 때와는 달리 지시, 보고, 승인, 감독 등의 파생적 업무가 생겨나 본질적인 업무의 증가 없이 업무량이 배증되는 현상을 가리킨다. 파킨슨은 이를 실증하기 위하여 영국 해군을 대상으로 1935년부터 1954년까지 간부의 증가에 관한 통계적인 분석을 행하였는데, 매년 평균 5.75%비율로 증가하고 있음을 밝혀냈다(Parkinson, 1957). 파킨슨의 법칙을 수립하기 위하여 사용한 수식은 다음과 같다.

$$x(\%) = 100(2k^m + 1)/yn$$

여기서 k는 부하의 임용을 통해 승진을 도모하는 간부의 수이며, l은 임용연령과 퇴직연령 간의 차이를 나타내고, m은 조직 내에서 이행하는 데 들이는 인시

(일 인당 한 시간의 노동량)의 수이며, n은 관리하고 있는 단위부서의 수이고, y는 원래의 간부의 총합이며, x는 매년 요구되는 새로운 간부의 수이다.

(5) **복지병**(welfare disease)

복지병은 1960년대 초 독일 저널리즘이 영국 노동자의 비능률성을 가리켜 사용한 데서 비롯되었다. 복지국가는 자본주의 시장경제에서 능력을 발휘하지 못한 사람들에게 최소한 삶의 조건을 확보하여 주는 데 반해 사람들이 이에 의존하여 더 이상 적극적인 경제활동을 위한 노력을 하지 않으려는 경향을 나타낸다. 실업보험을 수령하는 사람이 적극적으로 구직의 노력을 하지 않고 실업수당에만 의지하려는 현상이 그러한 예이다.

(6) **도덕적 해이**(moral hazard)

도덕적 해이란 사회보험계약이 가입자들의 동기와 행동에 영향을 미치는 현상을 말한다. 어떤 사람이 보험에 가입했다 하여 보험에 가입하기 전에 비해 위험 발생을 예방하려는 노력을 덜하게 되는 현상을 말한다.

사회보험 중에서 도덕적 해이의 발생 가능성이 높은 것으로 꼽히는 것이 건강보험과 실업보험이다. 건강보험은 피보험자가 불필요한 진료서비스를 받으려 하거나 치료효과와 관계없이 고액의 진료를 선호하거나 건강유지 노력보다 진료에 의지하는 경향이 있고 의료진은 필요 이상의 검사와 수술 등의 의료서비스를 제공하려는 유인이 있다.

도덕적 해이가 실제로 존재한다 하더라도 복지 대상자의 행위에 대한 충분한 정보를 갖추고 이를 바탕으로 그들의 행위를 조장하고 통제한다면 도덕적 해이를 방지할 수 있다. 이런 정보를 갖추려면 많은 비용과 대규모 조직이 필요하므로 이런 점에서 민간보험보다는 사회보험이 더 효율적이라고 이해할 수 있다.

2. 사회복지정책의 발달에 관한 이론

1) 사회양심이론(social conscience theory)(Baker, 1979)

사회구성원들의 집단양심을 사회복지의 변수로, 즉 사회적 양심의 증대가 사회복지의 발전을 가져오는 원동력이 되었다고 보는 이론이다. 사회적 양심증대, 지식증대가 사회복지의 발전으로 귀결된다고 본다. 국가의 사회복지정책은 곧 자선활동이 된다.

2) 수렴(산업화)이론(industrialization theory)(Wilensky, 1975)

복지국가의 발전을 설명하는 이론들 가운데 가장 먼저 등장하였고, 또한 많이 논의되고 따라서 가장 많이 비판받는 이론이다.

복지국가의 발전은 산업화된 사회에서 발생하는 욕구(needs)에 대한 대응이 산업화로 인하여 가능해진 자원(resources)을 통해서 이루어진다고 이해한다. 현대사회를 이해하는 주요 변수로 산업화와 경제발전을 들 수 있다. 산업화로 인해 도시화, 이혼 증가, 지리적 이동 등 가족역할이 취약해지면서, 국가개입이 생겨난다. 즉 산업화는 경제성장을 가져오는 동시에 새로운 사회적 욕구를 유발시킨다. 산업화로 인한 경제성장은 복지확충에 필요한 자원을 제공하며, 새로운 욕구는 새로운 복지 프로그램을 등장시키게 된다.

3) 시민권론(citizenship theory)(Marshall, 1977)

시민권은 공동체의 완전한 성원에게 부여된 여러 가지의 권리와 권력을 향유할 수 있는 지위(status)를 말한다. 시민권으로서 복지권이란 경제적 복지와 삶의 보장에 대한 권리를 의미한다.

4) 음모이론(conspiracy theory)(Piven, 1971)

빈민을 규제하기 위해 공적 사회복지제도를 사용한다고 본다. 신좌파의 확산과 인도주의에 입각하여 사회복지의 확대 및 발전 추세를 설명하는 입장이다. 사회복지정책은 사회적 질서를 유지하고 빈민을 규제하기 위한 수단이라고 본다.

5) 종속이론(dependency theory)

제3세계의 사회정책 변화에 대해 설명하는 이론이다. 중심국가의 경제적 지배가 사회, 문화 부문에서도 영향을 미쳐 사회복지정책도 종속된다는 것이다. 즉 사회정책은 국민의 욕구에 의해 결정되는 것이 아니라 외국 지향적 경제와 관련된 사회형태의 불가피성으로 결정되는 것이다.

6) 확산이론(diffusion theory)

사회복지의 발전과 국가의 지리적 위치가 밀접한 관계가 있다고 주장한다. 사회복지는 국제적 모방과정으로서 한 나라의 사회복지정책이 다른 나라에 영향을 미친다는 데 초점을 둔 이론이다. 한 국가가 새로운 복지제도를 도입하려 할 때 다른 나라의 제도를 참고하는 것은 분명하다. 하지만 참고만 하는 것을 그 원인이 된다고 간주할 수 없다.

7) 엘리트이론

사회복지정책을 소수의 지도적 위치에 있는 개인이나 집단의 작품으로 간주하는 이론이다.

8) 페미니즘론(theory of feminism)

복지국가의 주요 목표와 역할이 남성의 여성에 대한 지배를 강화하기 위한 데 있다고 보는 입장이다(Wilson, 1983).

9) 사회민주주의이론

노동계급을 대변하는 정치적 세력이 커질수록 복지국가 발전한다고 이해(정치적 측면 중시)할 수 있다. 민주주의의 확대 및 심화를 통해 점진적으로 사회민주주의 지향한다.

10) 이익집단론(다원주의)

이익집단은 '공통의 목적을 가지고 공공정책에 영향을 미치기 위해 노력하는 개인들의 조직체'이다. 사회복지정책을 이익집단들 간의 갈등·타협의 산물로 간주한다. 다양한 이익집단들의 이익상충을 조정하는 데 있어 정부의 역할을 중요시한다.

11) 국가중심이론(국가론)(statist approach)

사회복지정책을 국가가 스스로 문제를 인식, 해결하려는 노력의 산물로 파악한다.

특정 집단의 요구를 반영한 것이 아니라 독립된 주체인 국가가 스스로 문제를 인식하고 하는 노력의 산물로 본다. 정부와 관료조직의 역할을 가장 중시(공급자 중심)한다.

12) 자본논리론(thesis of laws of motion of capital)

자본주의 국가의 사회복지정책에 대한 정치경제학적 접근 중 대표적인 것 중의 하나이다(Gough, 1979).

13) 계급투쟁론

자본주의 국가의 사회복지정책을 노동자계급의 정치적 투쟁의 성과물로 간주한다(Shaley, 1983).

14) 복지국가모순론

독점자본주의 단계에서는 국가가 수행해야만 하는 두 가지의 기본적인 기능이 있다. 즉 이윤의 극대화를 지향하는 자본축적기능과 사회적 조화를 추구하는 정상화(legitimation)의 기능이 상호 모순관계에 있다고 보는 이론이다(George & Wilding, 1984).

3. 복지국가론

1) 복지국가의 개념적 정의와 특징

일반적으로 복지국가(福祉國家, welfare state)란 국민 전체의 복지증진과 행복추구를 국가의 핵심목표로 하고, 현실적으로 상당한 정도의 복지를 실현하는 국가라고 정의할 수 있다. 자본주의 경제체제가 낳은 시장 메커니즘의 작동실패(market failure)를 정치를 통해 교정하기 위해 최소한의 전국적 기준을 보장하기 위한 완전고용의 실현, 국민의 기본욕구를 충족시키기 위한 보편적 서비스의 제공, 빈곤의 해소와 예방 등이 복지국가가 내세우는 주요 실천목표이다.

(1) 복지국가의 특징

복지국가의 공통적 특징은 ① 국민의 생존권을 보장하는 것으로서 사회보장제도가 확립되어 있는 것이고, ② 복지국가는 경제적으로는 자본주의의 결함인 빈부의 격차와 실업, 그 밖에 불안정성을 수정하고자 하는 수정자본주의 체제의 국가이거나, 경제에 대한 국가의 조정이 광범하게 미치고 있는 국가이며, ③ 정치구조에서 시민적 자유와 민주주의를 기초로 하고 있을 것이다.

실제로는 행정권력의 비대화·관료화 등의 문제도 내포하고 있어서 복지국가론은 현실을 은폐하는 이데올로기라는 비판도 있다. 그러나 세계화와 더불어 저임금과 비정규직 등 고용불안과 빈곤과 불평등이 늘어갈수록 복지에 대한 요구는 증대될 수밖에 없다.

(2) 복지국가의 등장배경

복지국가란 개인의 일상적 생활보장과 위험 및 사회적 문제를 해결하고 자유와 평등을 포함한 인간의 행복을 추구하기 위한 권리를 정부와 민간조직이 보장하기 위해 적극 노력하는 국가이다. 복지국가는 빈곤자의 절대적 생활수준이 일정한 수준 이하로 떨어지는 것을 막기 위한 안전망(safety net)을 제공하고, 또한 계급이나 계층 간의 상대적 박탈감, 즉 불평등 정도가 너무 커지는 것을 방지하기 위해 다양한 복지제도를 도입한다.

복지국가는 시장진입에 실패한 사람들이 자신의 노동력을 상품화하지 않고도 최저생활을 영위할 수 있게 만들어 준다는 의미에서 탈상품체계이며, 사회계층 간 격차가 너무 벌어지는 것을 예방하거나 교정하는 데 관심이 있다는 의미에서 사회재계층화 체계로 불리기도 한다.

역사적으로 국가가 국민의 빈곤과 곤궁(困窮)에 대한 책임을 지고 사회보장과 완전고용 등 국민의 최저생활권을 적극적으로 보장하여야 한다는 이론은 일찍이 독일의 라살(Lassalle)과 영국의 차티스트 운동에서도 표방한 바 있으나 본격적으로 이에 대한 정책적 실천을 추구한 것은 영국 노동당의 페이비언 사회주의(fabian socialism) 운동이라고 할 수 있다. 실제 영국에서 제2차 세계대전 중 파시스트와 나치의 전체주의적인 국가 내지는 전쟁국가와 대조를 강조하기 위하여 민주주의하에서의 국민생활의 보장을 약속하는 슬로건으로서 복지국가를 최초로 주장한 바 있다. 그 후에 이러한 하나의 슬로건이 구체적인 국가체제로 정착하게 된 것은 베버리지(William Beveridge)에 의하여 제출된 베버리지 보고서에 힘입은 바가 크다(Beveridge, 1942). 당시 베버리지는 새로운 사회보장 및 사회복지를 추구하는 이러한 국가체제를 사회서비스 국가라고 불렀으나, 제2차 세계대전 후 영국과 미국을 중심으로 복지국가라고 부르게 된다.

2) 복지국가의 가치

퍼니스와 틸턴은 그들의 저서 『복지국가론』에서 복지국가의 기본적 가치를 여섯 가지인 평등, 자유, 민주주의, 연대의식, 안정성 보장, 경제적 효용으로 구분하여 제시했다(Furniss & Tilton, 1977).

(1) 평등(equity)

평등은 교육기회의 평등, 법 앞에 평등, 개인 인격의 평등, 정치적·경제적 영향력의 평등 등 다양하면서도 구체적인 의미를 포괄하는 개념으로 사용하고 있다.

(2) 자유(freedom)

자유는 누구든지 발전의 자유, 신앙의 자유, 신체적 자유, 직업선택의 자유, 거주이전의 자유 등 사회생활 전반과 관련된 구체적이면서 포괄적인 자유를 의미한다.

(3) 민주주의(democracy)

민주주의는 모든 시민이 의사결정에 참여할 수 있으며 개인의 이익을 보장받을 권리, 자신의 이익을 보호할 수 있는 능력을 개발할 수 있는 권리, 참여를 통해 개인과 사회를 위해 노력할 수 있는 권리 등을 의미하는 것이다.

(4) 연대의식(solidarity)

연대의식이란 사회구성원이 협동과 박애의 원리를 바탕으로 공동체를 구성하는 것이다.

(5) 사회적 안정성(social safety)

안정성 보장은 사회생활에서 어려움이나 문제로부터 보호받고, 출생에서 사망에 이르기까지 생활이 안정되고 보장받는 것을 의미한다.

(6) 경제적 효율성(economic efficiency)

경제적 효율성은 사회정책 수행을 위한 자원활용은 가능한 최소한으로 사용되어야 한다는 것을 의미한다.

3) 복지국가 모형 비교

(1) 윌렌스키와 르보의 이분적 모형: 잔여적 복지 대 제도적 복지 모형

윌렌스키와 르보(Willensky and Lebeaux)는 사회복지 모형을 잔여적 복지(residual welfare) 대 제도적 복지(institutional welfare)로 구분하였다(Wilensky & Lebeaux, 1975).

잔여적 사회복지는 개인의 욕구가 일차적으로 가족, 시장을 통해 충족된다. 가족 및 시장이 제대로 기능하지 않을 때, 잠정적·일시적으로 그 기능을 대신하는 구호적 성격의 사회복지를 말한다.

한편 제도적 사회복지는 사회적 욕구충족을 목적으로 하는 사회복지가 다른 사회제도(가족, 경제, 정치, 교육 등)와 동등한 수준에서 일차적·정상적으로 제도화되어 있는 것이다.

(2) 티트머스는 잔여형, 산업성취수행형, 제도형으로 구분

타트머스(Titmuss)의 잔여형 복지모형(residual welfare model)이란 개인의 욕구가 일차적으로 가족 및 시장을 통해 충족되어야 하고, 그것이 제대로 기능하지 않을 때 사회복지가 일시적으로 기능해야 하는 것을 말한다(Titmuss, 1976).

잔여형 복지모형은 산업성취수행형(industrial-achivement-performance model)은 시녀형(handmaiden model)이라고 불리며 사회복지를 경제발전의 부산물(종속변수)로 이해하고 경제의 발전성과에 기초하여 사회복지가 확대된다고 설명한다. 이때 기본적으로 개인의 사회적 욕구는 그의 업적, 생산성, 성취도에 기초해 충족된다고 본다.

제도형 복지모형(institutional welfare model)은 사회복지제도가 일차적이고 정상적으로 제도화되어 있는 것으로 개인의 욕구는 필연적이라고 주장한다.

(3) 퍼니스와 틸턴의 복지국가 모형

퍼니스와 틸턴(Furniss & Tilton)은 사회정책의 방향과 정부의 개입형태에 따라 복지국가의 모형을 적극적 국가, 사회보장국가, 사회복지국가 세 가지 형태로 분류했다(Furniss & Titon, 1977).

① 적극적 국가(positive state)

가장 중요한 정책목표를 지속적 경제성장으로 삼고 이를 위해 정부와 자본이 공생관계를 유지하는 것을 최선으로 여긴다. 자유방임주의와 개인주의를 바탕으로 한 자유경제시장에서 선호되는 사회적 강자들이 가장 큰 혜택을 받는다.

② 사회보장국가(social security state)

사회복지정책을 통해 국민 누구나 최저수준을 보장받는다. 사유재산체계가 국민 모두의 생활안정을 약속할 수 없으므로 국가가 개입해야 한다. 사회는 사회보험만으로 부족하기 때문에 사회부조나 보편적 서비스의 제공과 같은 다른 방법을 채택하게 된다. 국가의 책임 못지않게 개인의 동기, 기회 그리고 책임의 중요성도 동시에 인식된다.

③ 사회복지국가(social welfare state)

사회복지국가에서는 경제정책이 사회복지정책의 구속을 받게 된다. 평등과 사회통합의 실현을 목표로 삼기 때문에, 철저한 민주주의와 사회평등주의를 지향한다는 점에서 사회보장국가와 차별성을 가진다. 제공되는 사회복지서비스는 취약계층에 대한 원조라는 성격을 초월하여 국가정책과정에 적극적으로 참여할 수 있게 하는 수단으로 설명한다. 평등과 국민화합을 실현하기 위해 정부와 노조가 긴밀히 협조하고, 상대적 취약계층의 협조관계를 강화한다.

☞ 표 1-7 국가의 정책목표와 방향에 근거한 복지국가의 유형 비교

구분	적극적 국가	사회보장국가	사회복지국가
국가정책의 목표	자유시장의 불안정성과 재분배의 요구로부터 자본가의 보호 및 지속적인 경제성장	국민 전체의 생활안정	사회평등과 화합
정책의 방향	경제성장을 위한 정부와 기업의 협조	전체 국민에게 직접적 혜택 부여에 중점을 두고 완전고용정책 추진	사회적 약자 계층의 욕구를 우선적 고려, 완전고용정책 실현
예	미국	영국	스웨덴
특 징	무한경쟁의 승자가 가장 큰 혜택	국민의 최저생활수준 보장, 개인의 책임과 동기 중시	평등과 사회통합이 목표, 철저한 민주주의와 사회평등주의

(4) 에스핑-앤더슨(Esping-Anderson)의 복지국가 모형(1990)

탈상품화(decommodification)의 정도와 복지국가정책에 의한 사회계층체제의 형태를 기준으로 자유주의 복지국가(liberal welfare state), 조합주의 복지국가(corporate welfare state), 사회민주주의 복지국가(social democratic welfare state)로 구분한다(Esping-Andersen, 1990). 이때 탈상품화는 근로자가 자신의 노동력을 상품으로 시장에 내다팔지 않고도 살 수 있는 정도를 뜻하는데 탈상품화가 높을수록 복지선진국을 의미하게 된다. 복지국가는 역사 발전과정의 산물이며 사회계급 간의 투쟁의 산물이라는 점을 전제로 한다.

① 자유주의 복지국가

자유주의 복지국가는 소득조사에 의한 공공부조 프로그램이 중시되고, 급여의

대상은 저소득층이 된다. 빈곤의 평등경험, 역할에 따라 차이가 나는 복지수행, 대립적인 관계가 되는 이중구도가 형성된다. 개인에 대한 복지의 일차적 책임은 가족, 국가는 이차적 책임을 지고 있어 가족능력으로 구성원 개인의 복지문제 해결의 실패 후에 국가가 개입하게 된다. 자유주의 복지국가에서는 탈상품화 효과와 재분배효과가 미약하다. 대표적인 자유주의 복지 유형의 국가는 미국, 캐나다, 호주 등이 있다.

② 보수적-조합주의 복지국가

보수적-조합주의 복지국가에서는 자유주의 복지국가의 시장효율성과 노동력의 상품화 문제는 중요하지 않다. 사회복지의 제공이 사회적 지위의 차이를 유지하며, 이 사회복지 제공자의 역할은 국가가 수행한다. 국가복지 재분배효과가 없고, 보험원칙을 강조하여 사회보험이 중요시되며 직업별 다양한 복지제도가 존재한다. 개인복지의 일차적인 책임을 가족에 두고 국가는 이차적인 책임자가 된다. 탈상품화 효과에는 한계가 있다고 본다. 대표적인 보수적-조합주의 복지 유형의 국가는 오스트리아, 프랑스, 독일, 이탈리아, 영국 등을 들 수 있다.

③ 사회민주주의 복지국가

사회민주주의 복지국가는 보편주의 원칙과 사회권을 통한 탈상품화의 효과가 크고, 신중간층까지 확대하는 국가들이 속한다. 국가 대 시장, 노동계급 대 중간계급 사이의 이중성을 피하고 최소한의 평등을 추구한다. 사회의 모든 계층이 하나의 보편적이고 포괄적인 복지체계에 통합되어 사회의 모든 구성원이 급여를 받고, 국가에 의존하며 모든 사람이 지불의무를 진다. 복지를 가족의 복지능력이 약화될 시점까지 기다리지 않고 미리 가족생활의 비용을 사회화한다. 탈상품화 효과가 가장 큰 국가이다.

사회민주주의 복지 유형의 국가는 스웨덴, 덴마크, 핀란드, 노르웨이 등의 스칸디나비아 국가들이 해당한다.

☞ 표 1-8 탈상품화 수준에 근거한 복지국가 유형별 비교

국가 유형	자유주의적 복지국가	보수적-조합주의적 복지국가	사회민주주의적 복지국가
주요 프로그램	공공부조와 사회보험	사회보험	기초연금을 기본으로 하는 보편적 사회보장 제도
급여 단위	가족	가족	개인
급여 수혜조건	자산조사	취업활동 및 사회보험 가입	시민권
급여와 서비스 질	시장에서 행한 역할에 따라 차이가 남	수평적 재분배	수직적 재분배
고용 및 노동에 대한 국가개입	국가는 최후의 개입	조합주의적 전통	공공서비스망 구축, 돌봄 및 가사노동 경감을 통한 취업 촉진
사회적 서비스 공급에 있어 국가, 시장, 가족 간의 관계	-시장에 맡김 -가족의 개인에 대한 책임을 강조하고 가족의 실패 후에 국가가 최소한으로 개입	-가족의 개인에 대한 전통적 역할을 강조하고 가족이 실패한 후 국가가 개입 -부양아동을 가진 여성의 노동시장 참여 동기를 저하시키는 정책	-가족역할의 책임을 크게 사회화하고 가족이 실패하기 전에 개입 -완전고용 추구
여성의 삶	무보수, 돌봄 노동, 높은 취업률 이면의 불완전 노동	돌봄 가사노동 담당자로서 여성, 노동시장에서의 성차별, 낮은 취업률	높은 취업률, 공공서비스망을 통한 돌봄 가사노동 부담경감
탈상품화 수준	최소화: 사회적 위험 발생 시 최소한의 수준을 보장하는 사회적 연결망	중간 수준	높은 수준
주요 국가	미국, 캐나다, 영국, 호주	오스트리아, 프랑스, 독일, 이탈리아,	스웨덴, 덴마크

제4절 사회복지정책의 형성과정

1. 사회문제의 이슈화

1) 사회문제의 개념적 정의

사회문제란 여론을 형성할 영향력을 가진 일단의 사람들이 어떤 상황이나 조건을 '해결되어야 한다고 인식할 때' 문제로 등장한다. 즉 사회가 어떤 조건이나 상황을 해결해야 할 문제로 인식하면 그것은 그 사회의 문제가 되는데, 이를 사회문제라 한다. 사회문제란 '사회를 구성하는 많은 사람들이 그것을 해결해야 할 문제라고 인식할 때' 성립한다. 사회문제는 사회에 따라 다른데, 어떤 사회에서는 사회문제로 규정되지만, 다른 어떤 사회에서는 전혀 사회문제가 아닐 수 있다.

2) 의제의 개념적 정의

의제(agenda)란 해당 문제에 직간접적으로 관련된 정책관련자들이 채택된 사회적 문제의 핵심을 파악하여 문제의 원인, 구성요소, 그 결과 등에 관하여 체계적인 진단을 내리는 과정이라 할 수 있다. 정책을 통해 달성하려는 정책목표와 이에 사용되는 정책수단을 내포하기 때문에 매우 중요하다(김병록 외, 2010).

3) 의제의 유형

(1) 아이스톤(Eyestone)의 분류

① 정부의제

정부가 사회문제 중에서 진지하게 관심을 갖고 적극적으로 해결하려는 문제를 정책의제라 한다. 정부의제는 공중의제화된 사회문제에 대해서 정부의 공식적인 의사결정에 의하여 그 해결을 위해서 심각하게 고려하기로 명백히 밝힌 문제들이다.

② 공공의제

특정한 사회문제는 관련된 일반대중의 주목을 받을 가치가 있으며 정부에 의해 공식적으로 채택되어 해결하는 것이 정당한 것으로 인정되는 의제를 말한다. 결국 문제를 정부가 해결하는 것이 정당하다고 인정되는 문제들이라 할 수 있다.

(2) 콥과 엘더(Cobb & Elder)의 분류

① 체제의제

사회구성원들 사이에 공공관심을 불러일으킬 만한 가치가 있고 정부의 합법적 관할권 내의 문제로 인식되는 모든 이슈들로 구성된다. 이슈에 대한 광범위한 관심과 인식이 있어야 하고 문제해결을 위하여 어떤 행동이 필요하다는 다수 대중의 공통적 인식이 존재하며, 그 이슈가 정부기관의 권한에 속한다는 합의적 인식이 있어야 한다(Cobb and Elder, 1983). 정부의 행위가 고려될 수 있는 이슈의 집합이며, 일반적으로 이슈의 특성만 포괄적으로 나타나고, 그것을 해결하기 위한 구체적인 대안은 마련되어 있지 않다(이태영, 2008).

② 제도의제

체제의제에 비하여 제도의제는 구체적이고, 한정적이라는 특징이 있다. 제도결정자들이 적극적이고 심각하게 고려할 필요성이 있는 이슈들로 확실하고 구체화된 이슈의 목록이다. 이슈가 제도의제가 되기 위해서는 먼저 체제의제가 되어야 한다.

4) 이슈화 과정

사회복지문제의 해결을 정부에 대하여 요청하는 구체적인 행동을 정치학적인 의미에서 요구라 한다. 어떤 사회복지문제의 해결에 관한 요구가 정책결정과정에 성공적으로 투입되면 그것은 정책관련자(policy actor)들의 관심을 받으면서 구체적인 대안들이 논의되는데, 정책참여자(policy actor)들의 논의가 이루어지는 문제나 요구를 의제라 한다.

사회문제나 요구들 중에는 정치체제의 정책의제 지위에 오르지만 어떤 것은 정책의제의 지위를 획득하지 못하고 밀려나거나 억압되는 경우도 있으며, 정책의제 지위를 획득하는 데 성공하였다고 하더라도 정책꾼들에 의하여 논의되지 않고 계속 무시되는 경우도 있다. 이처럼 정책의제로 채택 여부를 논의하는 과정을 "의제형성과정"이라고 한다. 사회복지문제나 이슈(issue)는 정치적으로나 경제적으로 힘이 약한 사람들의 문제일 확률이 높기 때문에 정책의제 지위에 오르지 못하고 무시되기가 쉬운데, 사회복지정책 의제(agenda)의 형성과정이란 한마디로 말해서 사회복지문제나 요구의 이슈화 과정이라고 할 수 있다.

사회복지문제나 요구가 정책의제 지위에 오르도록 하기 위해서는 정치적 논점으로 부각시킬 필요가 있으며, 이때 정치적 논점으로 부각된 문제나 요구를 '이슈(Issue)'라 부르게 된다. 넓은 의미에서 이슈란 어떤 문제나 요구가 '공공의 관심'을 끌어 '공공정책상의 논점'으로 제시되는 경우를 의미한다. 이때 정책의제에 수록되지 못하는 이슈를 '억압된 이슈(oppressed issue)' 또는 '없이슈(non-issue)'라 부르며(Frey, 1971), 정책의제에 오르기는 하였으나 논의되지 않은 이슈를 '가짜의제(pseudo agenda items)'라 부른다. 한때 공공의 관심을 끌어 정책꾼들에 의하여 논의되었으나 공공의 관심권 밖으로 나가거나, 공공정책상의 논의가 이루어지지 않는 경우 그 문제나 요구는 더 이상 이슈라고 볼 수 없는데, 이런 경우 굳이 이슈라는 이름을 붙인다면 '잠재적 이슈(potential issue)'라 부를 수 있다. 이슈가 성립하려면 공공의 관심을 끌어야 하고, 공공정책상의 논점으로 제시되어야 하는데, 어떤 문제나 요구에 대하여 해결을 원하는 행위가 일어났다 하더라도 공공의 관심을 끌지 못하거나 공공정책상의 논점으로 등장하지 못하는 경우 그것은 이슈라 할 수 없다.

문제나 요구가 일단 정책의제로 성립하면 정책꾼(policy actor)들에 의하여 그 해결이 논의되고 여러 가지 해결방안 가운데 하나를 선택하게 되는데, 이때의 해결방안들을 정책대안이라 하고, 선택된 대안을 정책이라 부른다. 이때 정책대안의 선택과정을 '정책결정과정'이라고 한다.

사회복지문제나 요구가 이슈로 전환되어 쟁점으로 등장하는 경우, 일반국민들이 이에 관심을 쏟게 되고, 결국 그 문제는 정책꾼들에 의하여 공공정책상의 논점으로 논의되게 된다.

(1) 존스(Jones)의 모형

의제형성과정을 사회문제가 정부로 가는 과정으로 보고 그 단계를 ① 문제의 인지 및 정의, ② 결집·조직화, 대표, ③ 의제설정 등으로 나눈다(Jones, 1970).

사회문제가 의제가 되는 첫 단계는 문제나 사건을 인식하고 그것에 대한 정의를 내리는 과정이다. 문제의 인지는 정책결정과 집행 등의 모든 정책과정에 영향을 미치며, 문제가 정부에 도달하는 방법과 형태를 결정한다. 그것은 문제를 정의하는 데에도 영향을 미치는데, 어떻게 문제를 인지하느냐에 따라서 문제에 대한 정의도 달라지기 때문이다. 공통적인 문제를 가진 사람들이 결집되고 행동을 위해 조직화되는 과정이다. 인지된 문제를 공유하는 사회구성원의 규모나 그들 사이의 결집력 및 조직화의 정도가 정책과정과 그 결과에 영향을 미친다.

문제를 가진 집단들이 정부에 접근하는 수단으로서 국민과 그들의 문제와 정부의 행위 사이의 연결고리를 말한다. 여기서 사회의 각 집단들은 의사결정자에 대한 접근성의 차이를 보이며, 그에 따라서 특정 집단의 문제가 정책과정에 반영되지 않는 경우도 많다.

(2) 콥과 로스(Cobb & Ross)의 모형

콥 등(Cobb, Ross, and Ross, 1976)은 이슈가 의제로 변환되는 단계를 ① 이슈의 제기, ② 이슈의 구체화, ③ 이슈의 확대, ④ 이슈의 진입 등으로 나누고, 이러한 과정에서 이슈가 어디서 제기되고 어떻게 확대되는가에 따라 다음 세 가지의 모델을 제시한다. 이러한 모형들은 집단의 사회적·정치적 위치의 차이를 반영한다. 즉 사회적으로 낮은 계층의 이익을 대표하는 집단일수록 외부주도형을 이용하며, 상류층은 내부접근형에 의존한다고 설명하고 있다.

① 외부주도형

문제나 이슈의 제기가 공식 정부기관 외부의 집단에 의한 불만이나 고통이 일반적인 형태로 표출되며, 이슈가 구체화 과정을 거치면서 특정한 요구로 전환되고, 이 이슈가 대중에게 충분히 확산되어 다수의 사람들이 정부의 공식적인 행동이 필요하다고 보게 되면 공공의제가 된다. 이슈가 확산되어 공공의제가 되기 위해서는 대중의 동원이 필요하며, 이슈의 확산은 이슈 자체의 성격이나 집단의 자원과 조직력에 의해 영향을 받는다. 자원이 부족한 집단은 이슈의 확대를 위한 전략으로서 감정적인 상징을 이용하거나 대중매체를 통하여 그들의 입장을 강화시켜 줄 충분한 외부의 지지를 얻기 위해 노력한다.

② 동원형

동원형 정책형성과정은 이슈가 정부 내부에서 제기되고 거의 자동적으로 공식의제가 되는 과정으로서 의사결정자가 이슈를 공식의제에서 공공의제로 확대시킴으로써 정책을 집행하려는 시도를 설명한다. 이슈는 의사결정자나 그에게 접근이 직접 가능한 사람들에 의해 공식의제가 되기 때문에 이슈가 사전에 대중에게 확대되지 않는 상태이다. 이슈의 확대는 의사결정 후 집행을 위해 필요하게 되며, 의사결정자는 국민의 지지를 위해서 동원하는 과정을 거치는데, 이것이 의사결정자가 이슈의 공식의제를 공공의제로 만드는 과정이다.

③ 내부접근형

이슈가 정부 내에서 제기되고 대중에게 확대되지 않도록 시도하는 것이다. 이슈는 정부기관의 의사결정자나 그에 쉽게 접근할 수 있는 집단에 의해 제기되며, 이슈가 공공의제가 되는 것을 원하지 않기 때문에 대중에게 확대되는 것을 방지한다. 이슈는 제기자의 권력 때문에 동원형 모형처럼 쉽게 공식의제가 된다. 동원형과 다른 점은 정책 이슈를 제기한 집단이 이슈가 공공의제로 확대되는 것을 모색하지 않는다는 것이다. 대신 이슈의 확대는 정책의 결정이나 집행에 중요한 특정 영향력이 있는 집단에 초점을 맞추게 되어 대중은 이슈의 존재를 모르며, 공식의제만 존재할 뿐 공공의제는 성립되지 않는다. 이 모형은 대중의 참여가 배제된 채 이슈 제기가 정부기관이나 정부와 가까운 집단으로부터 이루어지며, 이슈가 공공의제가 되도록 하는 노력도 없다. 이 모형은 주로 부나 지위가 집중된 사회에서 출현한다.

5) 이슈화 과정의 참여자

(1) 이슈 생산자

사회복지문제를 일반국민들에게 이슈화하여 인식시키고 정책결정자로 하여금 심각하게 논의되도록 만드는 참여자를 말한다.

(2) 이해당사자들

클라이언트와 일반국민 등 비용에 부담을 느끼는 기득권층을 이해당사자들이라고 말한다.

(3) 정책결정자

의제형성에 있어서 영향력이 강하거나, 직접적인 영향을 끼치는 사람을 말한다.

(4) 일반국민

의제형성과정에 적은 영향을 미친다. 그러나 어떤 사건을 통해 문제가 이슈화되는 경우 적극적 참여자가 되기도 한다.

(5) 사회복지전문가

사회복지전문가는 클라이언트를 대변하고 옹호하는 위치에 있다. 그렇다 보니 보다 적극적인 노력과 역할이 요구된다.

(6) 클라이언트

문제와 욕구를 가진, 사회복지의 대상이 되는 사람들을 말한다. 사회적 약자가 다수를 차지하기 때문에 어젠다 형성에 영향력이 작다.

2. 대안선택

1) 정책대안의 결과예측과 미래예측

문제해결을 위한 행동경로를 정책대안이라고 하며 여러 정책들의 각 하나를 지칭하는 것이다.

결과예측과 미래예측을 하는 정책대안의 종류들로는 ① 비슷한 구조의 사례를 통해 미래상황이나 문제를 추정하는 방법인 유추가 있고, ② 과거의 경향이나 추세를 미래에 연장시켜 추측하는 경향성 분석방법이 있다. ③ 과거에 있었던 변화를 토대로 앞으로 나타낼 변화를 연속적으로 예측하는 데 사용되는 모형으로 확률적 정보를 제공하는 마르코프 모형이 있다. ④ 변수들 사이의 인과관계를 전제로 하여 만들어 낸 회귀방정식을 통해 미래를 예측하는 회귀분석이 있다. ⑤ 예측하려는 현상의 선례가 없는 경우 전문가들의 의견수립, 중재, 타협의 방식으로 반복적인 피드백을 통하여 의견을 도출하는 델파이 기법이 있다.

2) 정책대안의 비교분석기법

정책대안의 비교분석기법에는 ① 비용편익분석, ② 비용효과분석, ③ 모의실험 기법, ④ 결정분석기법, ⑤ 줄서기 기법이 있다.

(1) 비용편익분석

각 대안의 실행에 필요한 비용과 대안이 결과적으로 가져올 편익을 비교, 평가하는 것을 말한다. 모든 내용, 편익을 화폐가치로 환산하여 기간별로 추정하여 가장 가치가 큰 대안을 선택한다. 장기적인 계획 시에 유리한 기법이다. 비화폐적 요소의 소득측정에 제약이 있다.

(2) 비용효과분석

비용은 화폐단위, 효과는 재화단위나 용역단위 또는 기타 가치 있는 효과단위로 측정한다. 최소비용기준과 최대효과기준으로 대안을 선택한다. 효과를 화폐가치로 측정하지 않기 때문에 비교적 적용이 용이하다. 비용과 효과가 서로 다른 단위로 측정되기 때문에 총 효과가 총 비용을 초과하는지 여부에 대한 직접적 증거는 제시할 수 없다.

(3) 모의실험기법

모의실험기법은 비슷한 상황 속에서 모의실험을 시도함으로써 예측해 보는 기법이다. 실제 상황에서 위험이 수반되고, 실제 행동이 불가능할 경우에 유용하게 사용된다.

(4) 결정분석기법

결정분석기법은 확률적 사건을 나뭇가지처럼 그려 놓고 분석하는 것을 말한다.

(5) 줄서기기법

이 기법은 서비스 대기시간 등의 사회적 비용과 이를 줄이기 위한 적절한 시설수준을 찾아내기 위한 방법이다.

3. 정책결정

1) 정책결정의 의미

권위 있는 정책결정자가 정당성과 권위를 갖고 문제해결을 위한 여러 대안들 가운데 하나를 선택하는 과정이다.

정책결정의 특징들을 살펴보면 권한을 가진 정책결정자만이 할 수 있고, 여러 대안들 가운데 하나를 선택해야 하는 것이다. 그리고 정책결정자는 사회 전체적 공익을 기준으로 삼아야 하며, 결정된 사회복지정책은 사회복지문제를 둘러싼 사회세력들 사이의 타협의 산물이다. 해당 사회복지문제 해결뿐 아니라 다른 정책과의 관계, 장래 사회적 상황변화 등 거시적 조망이 필요하다. 이론과 이치에 부합해야 한다.

2) 정책결정을 설명하는 이론적 관점들

(1) 코포라티즘(corporatism)론

사용자와 대등한 수준의 임금, 근로조건 등 노사 간의 주요 현안을 거대한 노조가 출현하여 협상하고 정부가 이를 중재하며, 나아가 정부와 노사 간의 현안인 물가와 복지 등의 문제를 상의·결정하는 삼자협동주의가 정착된 제2차 세계대전 이후 서구사회의 특징을 지칭한다.

국가적 현안이 의회 밖에서 삼자에 의해 결정되자 의회의 정책결정권한이 상당히 약화되었고, 이런 정책결정구조는 사회복지정책의 확대·발전에도 큰 영향을 주었다. 이러한 코포라티즘론은 조합주의라고도 한다.

(2) 페미니즘론

복지국가의 주요 목표와 역할이 남성의 여성에 대한 지배를 강화하기 위한 데 있다고 본다. 페미니스트들은 베버리지 보고서와 같은 주류적 접근은 물론 좌파적 시각에 대해서도 비판적이다.

(3) 계급투쟁론

자본주의 국가의 사회복지정책을 노동자계급의 정치적 투쟁의 성과물로 간주한다. 복지국가는 노동자계급의 이익을 대변해 주는 노동당 정부와 사회민주적 정부가 주도하여 만든 노동자를 위한 사회복지정책인 것이다. 즉 사회주의자들의 압력에 의해 만들어진 것이 복지국가라는 것이다.

(4) 엘리트론

정책은 집단 사이의 갈등이나 요구를 통해 만들어지는 것이 아니라 엘리트에 의해서 결정된다고 보는 이론이다. 엘리트와 대중을 분리시키며, 엘리트들 간의 갈등과 교체를 통해 역사가 이루어진다고 본다.

(5) 합리이론

인간이란 누구나 이성과 고도의 합리성에 따라 행동하고 결정하는 존재로 보며 인간의 전능성을 가정한다. 정책결정에서 모든 대안을 검토한 후, 경제적 합리성에 따라 최선의 대안을 찾는다고 본다. 산업화되는 과정에서 사회문제는 필연적으로 발생되는데, 이때 이성을 가진 합리적 인간이 고안해 낸 합리적 문제해결책이 사회복지정책이라는 것이다.

(6) 제도적 모형

정책결정을 수행하는 유일한 합리적인 제도는 정부라고 본다. 정부의 체계는 입법, 사법, 행정기관과 정당 및 선거기관 등 주요 정책결정기구들을 포함하기 때문에 결국 정책이란 이들 정부기관의 활동이라고 파악한다. 따라서 정부기관을 구성하고 있는 헌법, 정부조직법, 행정법규 등을 중시한다.

(7) 공공선택모형

국가는 인격이 있는 유기체가 아니라 개인의 총합일 뿐이라고 보고, 개인은 어떤 행위이든 이기적으로 행동한다는 것이다. 정치가나 관료 역시 기업가와 마찬가지로 자기 자신의 이익을 위해 노력한다는 가정에서 출발한다. 즉 개인들 각자가 자신의 이익을 극대화하는 방향으로 정책을 선택한다는 것이다.

(8) 만족모형

인간의 완전한 합리성을 전체로 하지는 않지만, 정책결정자나 정책분석가가 비교적 합리적으로 정책을 결정한다고 가정한다. 만족모형은 현실의 의사결정자가 제한된 능력을 가지고 있다는 것을 전제로 하여, 의사결정과정을 지배하는 것은 최적화의 기준이 아니라 만족화의 기준이라고 인식한다.

(9) 점증모형

과거의 정책결정을 기초로 차이가 있는 대안을 검토하고 약간 수정한 결정이다. 보수적 성격을 띠며, 실현 가능성을 높일 수 있는 이론모형이다.

(10) 혼합모형

합리모형의 이상주의적 성격에서 나오는 단점과 점증모형의 보수성이라는 약점을 극복할 수 있는 전략으로 제시된 모형이다. 결정의 범위에 따라 두 가지 이론이 모두 다 적용된다고 본다. 기본적, 세부적 결정을 구분한다. 기본결정은 전체적이고 기본적 방향을 설정하기 위해 중요한 대안을 탐색 후에 이루어지고, 세부적 결정은 기본적 결정의 범위 속에서 점증적으로 구체화시킨다.

(11) 최적모형

체계론적 관점에서 파악하고 정책성과를 최적화하였다. 정책성과를 최적화한다는 의미는 정책결정과정에서 투입보다 산출이 커야 한다는 의미이다. 최적모형은 질적 모형이며, 경제적 합리성과 초합리성을 강조한다.

(12) 쓰레기통 모형

합리성이나 협상타협 등을 통해 정책결정이 이루어지는 것이 아니라 무정부상태 속에서 나타나는 몇 가지 흐름에 의해 우연히 정책결정이 이루어지는 것이다.

4. 정책집행

1) 정책집행의 정의

정책 논의과정에서 최종 결정된 정책을 구체화하는 과정으로서 의도하였던 정책문제를 현실에서 해결하고자 노력하는 정책의 실현과정이다.

2) 정책집행에 영향을 미치는 주요인

(1) 정책환경적 요인

정치(전쟁, 쿠데타 등), 경제(국민소득, 물가지수 등), 사회적 상황(노령화, 이혼 증가, 독신 증가 등)의 변화와 관련된 변수 등으로 구성된다. 때로는 직접적이지 않으며 간접적으로 영향을 주기도 하고 결정적으로 작용하기도 한다.

(2) 정책행태적 요인

실제로 정책의 형성이나 집행에 관여하는 정책참여자들의 정치행태와 관련된 변수들을 말한다.

5. 정책평가

1) 정책평가의 개념적 정의

정책평가를 좁은 의미로 보면 정책집행의 결과에 대한 평가로, 정책실시 이후에 이루어진다. 넓은 의미로 보면 정책과정 전반에 걸친 평가활동을 뜻한다. 이는 정책활동이 시작되면서부터 정책이 종결된 이후의 모든 평가활동을 의미한다.

정책평가의 필요성 및 목적은 다음과 같다.

① 정책평가, 집행, 감독에 있어 정보를 제공
② 정책활동의 책임성 확보
③ 정책의 이론 형성, 자료나 연구의 기반 마련
④ 정책의 성과를 홍보하는 수단
⑤ 정책의 차원에 대한 합리성 파악
⑥ 기존 프로그램 개선
⑦ 정책의 시행, 관리의 효용성 평가
⑧ 의도대로 집행되었는지를 파악

2) 정책평가의 기준

정책평가의 기준에 따라 아래와 같이 평가의 종류는 다양하게 분류될 수 있다. 즉 사회복지정책 목표를 얼마나 달성하였는가에 대한 평가인 효과성 평가, 동일 정책 산출물 대비 비용을 최소화하였는가 또는 같은 수준의 비용으로 산출을 극대화하였는가에 대한 평가인 효율성 평가, 의도한 목표집단, 목표상황의 문제해결 또는 대상 클라이언트의 삶의 질 향상을 얼마만큼 수행하였는가에 대한 평가인 대상효율성 평가, 해당 사회복지정책이 사회계층 간 소득불평등을 감소시켰는가에 대한 평가인 형평성 평가, 집단 또는 수혜자의 욕구에 얼마나 부응하였는가에 대한 평가인 대응성 평가(반응성 평가), 프로그램이 얼마나 영향을 미쳤는지, 파급효과에 대한 평가인 영향평가 등이 있다.

(1) 효과성

목표달성의 정도를 의미한다. 정해진 목표를 얼마나 달성했느냐에 관심을 갖는다.

(2) 효율성

최소 비용으로 최대 효과를 거두거나, 제한된 자원으로 정책목표를 최대로 성취할 수 있는 대안을 선택하는 것을 말한다.

(3) 형평성

동등한 자를 동등하게, 동등하지 않은 자를 동등하지 않게 취급하는 것을 의미한다. 각종 정부의 서비스 혜택을 누리지 못한 소외계층에 대해 서비스를 제공함으로써 사회적 공정성, 공평성을 기하는 것이다.

(4) 대응성

정책목표가 정책대상 집단 및 수혜자들의 요구에 얼마나 부응하며, 정책의 성과가 그들의 인지된 욕구에 얼마나 부합하느냐가 관심의 초점이다.

(5) 적절성

문제해결을 위한 수단과 방법이 바람직하게 이루어졌는지 평가하는 것이다.

3) 평가대상과 시간적 기준

평가대상과 시간을 기준으로 총괄평가, 과정평가, 형성평가로 분류할 수 있다.

(1) 총괄평가

정책집행 후 정책이 사회에 미친 총 영향을 추정하고 판단하는 작업활동으로 정책영향평가라고도 한다. 일반적으로 해당 사업이 마무리된 상태에서 이루어지는 평가이다.

(2) 과정평가

정책집행과정에 나타난 참여자들의 활동을 분석, 평가하는 방법이다. 모니터링은 과정평가의 한 방법으로, 정책 프로그램에 대한 대상집단의 참여가 실제로 얼마나 이루어지고 있는가 하는 정도, 즉 충족도(만족도)를 보여 주는 범위와 지정된 대상집단의 각 하위집단들의 각기 다른 참여 정도를 나타내는 오류를 살펴야 한다.

(3) 형성평가

정책집행의 관리와 전략의 수정, 보완을 목적으로 이루어지며 프로그램의 진행 도중에 실시된다.

생각해 볼 문제 및 과제

1. 중요한 사회문제들 중 이슈화가 되지 않는 이유는 무엇인지 생각해 보자.

2. 정책대안의 선택 시 우선순위를 결정하는 기준은 어떤 것이 있는지 토론해 보자.

3. 구체적인 정책목표를 수립하기 위해 고려해야 할 주요 요소들을 도출하고 이를 정리해 보자.

4. 급변하는 조직환경 속에서 의사결정을 보다 효율적으로 수행하기 위해 이용되는 의사결정모형은 어떤 것이 바람직한지 논의해 보자.

5. 직원들의 소양과 능력을 개발하기 위한 사내 훈련형태에는 어떤 것들이 포함되어 있는지 생각해 보자.

참고문헌

김경우 · 양승일 · 강복화(2008). 『사회복지정책론』. 창지사.

원석조(2003), 사회복지정책론.

Baker, J.(1979). "Social Conscience and Social Policy." *Journal of Social Policy*. Vol. 8. Part 2.

Beveridge, W.(1942). *Social Insurance and Allied Services*. Reprinted 1984. London: HMSO.

Esping-Andersen, G.(1990). *The Three World of Welfare Capitalism*. Princeton. N.J.: Princeton Univ. Press.

Furniss, N. & Tilton, T.(1977). *The Case for the Welfare State: From Social Security to Social Equality*. Bloomington: Indiana University Press.

George, V., & P.(1984). *Wilding The Impact of Social Policy*. London: RKP.

Gilbert, N., & P. Terrell(1983). *Dimensions of Social Welfare Policy*(5th ed). Boston: Allyn & Bacon.

_____(2002). *Dimensions of Social Welfare Policy*(5th ed). Boston: Allyn & Bacon.

Gilbert, Neil, and Harry Specht(1974). *Dimensions of Social Welfare Policy*. Englewood Cliffs, N. J.: Prentice-Hall.

Gough, I.(1979). *The Political Economy of the Welfare State*. London: Macmillan.

Marshall, T. H.(1977). *Class, Citizenship and Development*. Chicago: The Univ. of Chicago Press.

Myrdal, Alva(1968). *Nation and Family*. Gambridge, MA: MIT Rress.

Parkinson, C. Northcote(1957). *Parkinson's Law and Other Studies in Administration*. Boston: Houghton Mifflin.

_____(1957). *Parkinson's Law or the Rising Pyramid*. Shafritz, Jay M. & Hyde, Albert C.(1987). *Classics of Public Administration*. 2nd Edition: 251-255. Chicago, Illinois: The Dorsey Press.

Pavard, F.(1979). "Social Security Financing through the Contribution Method." *International Social Security Review*. Year XXXII. No. 4.

Piven, F. F., & R. A. Cloward(1971). *Regulating the Poor*. N.Y.: Vintage.

Popple, P. R., & L. Leighninger(2002). *Social Work, Social Welfare, and American Society*(5th ed). Boston: Allyn&Bacon.

Shalev, M.(1983). "Class Politics and the Western Welfare State." in S. E. Spiro & E. Yuchman-Yaar. eds. *Evaluating the Welfare State: Social and Political*

Perspectives. N.Y.: Academic Press.

Tamir, T., & L. Achdout(1979). "The Relationship between Social Security and Taxation: The Main Issues." *Social Security and Taxation*. ISSA. Studies & Research No. 13.

Titmuss, R. M.(1976). *Commitment to Welfare*. London: Allen & Unwin.

_____(1963). *Essays on 'The Welfare State.'* London: Allen&Unwin.

Titmuss, Richard(1974). *Social Policy: An Introduction*. London: Allen and Unwin.

Webb, A. L., & J. E. B. Sieve(1971). *Income Redistribution and the Welfare State*. London: Bell&Sons.

Wilensky, H., & C. N. Lebeaux(1975). *The Welfare State and Equality: Structural and Ideological Roots of Public Expenditure*. Berkeley: Univ. of California Press.

Wilson, E.(1983). "Feminism and Social Policy." M. Loney et al., eds. *Social Policy and Social Welfare*. Milton Keynes: Open Univ. Press.

제 **2** 장

사회복지조사론

제 1 절 사회복지조사의 개념

1. 과학적 조사로서의 사회복지조사

사회복지를 비롯한 사회과학은 어떤 사회현상이나 사실이 존재 또는 발생하고 있다는 점을 파악하고 인식하는 것, 그 현상과 사실이 존재하고 발생하는 이유를 과학적으로 규명하려고 한다. 즉 현상과 사실이라는 결과가 존재하고 발생하도록 만든 원인에 대한 인과관계를 파악하여 이를 근거로 향후 어떻게 될 것인가를 이해하고, 예측하고, 현상과 사실을 변화 또는 통제하기 위해서 어떻게 할 것인지를 준비하기 위하여 사회복지조사는 필요하다(강영걸 · 박성복, 2008).

1) 과학적 조사의 개념적 정의

조사(research)란 지식탐구의 과정으로 일정한 논리적 원칙에 따라 수행되는 것이라 말할 수 있다. 특정 자연현상 또는 사회현상 속에 존재하는 논리적이고 지속적인 규칙을 찾고 이를 일반화하여 지식은 축적된다(Kaplan, 1964). 과학적 조사(scientific research)는 "일반현상 가운데서 관계가 있으리라고 생각되는 개념들을 조작적으로 정의하여 변수로 전환한 후 이들 변수들의 관계를 체계적이고 경험적으로 검증하는 탐구활동"으로 정의할 수 있다. 조사의 과학성은 전달되고 증명될 수 있는 형태로 만들어져야 하기 때문에 관련 개념들은 상세히 규정되어야 하고, 주장이나 가설은 실증되어야만 비로소 과학적 지식으로 인정받을 수 있다.

2) 과학적 조사의 목적

조사의 목적은 과학적 절차를 통해서 질문에 대한 해답을 찾는 것이다. 지적이며 논리적인 이해를 전제한 지식 그 자체만 획득하려는 욕망을 기초로 한 학문적 목적과 더불어, 보다 낮게 그리고 보다 효율적으로 현실에 적용할 수 있는 지식을 얻으려는 욕망인 실용적 목적이 포함되어 있다. 따라서 어느 한쪽의 목표가 다른 한쪽이 없이는 충분히 인식되어질 수 없는 것이다.

3) 과학적 조사의 논리와 지식의 습득과정: 연역법과 귀납법

그림 2-1 일상적 지식탐구를 위한 두 개의 세계

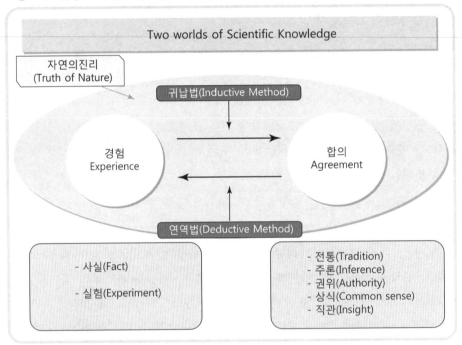

과학적 조사탐구는 자연의 진리를 추구하는 과학지식을 획득하는 과정, 방법, 그리고 그 활동이라고 할 수 있다. 흔히 과학적 지식을 습득하기 위한 원천으로 경험, 실험, 추론, 상식, 관습, 직관, 그리고 권위 등이 알려져 있는데 관습, 권위, 직관에 의한 지식탐구는 비과학적 지식의 오류에 빠질 가능성이 상대적으로 높다고 볼 수 있다. 과학적 조사는 연구자가 조사결과에 대한 확신을 가질 수 있도록 철저히 통제되고 체계적인 탐구방법을 통해서 이루어지는 과학지식을 구성하고 검증하는 절차 및 과정, 준거로 이해할 수 있다.

이러한 과학적 지식의 습득과정은 크게 두 가지의 경로(연역법과 귀납법)를 거치게 된다. 즉 어떤 이론을 가지고 구체적인 관찰에 의하여 그것을 검토해 보는 이론 검증방식인 연역적 인식론(deductive logic)과 관찰된 자료를 가지고 단계적으로 추상하여 이론을 형성해 가는 과정인 귀납적 인식론(inductive logic)이 그것이다.

연역법은 전통적 과학조사의 접근방법으로 보편적이거나 일반적인 원리나 법칙으로부터 구체적이고 특수한 현상에 대한 지식을 이끌어 내는 접근방법이다. 반면 귀납법은 관찰에서 시작하여 관찰된 많은 사실들로부터 공통적인 유형이나 특성을 발견하여 일반적인 원리나 이론으로 전개해 나가는 논리적 과정이다. 16세기 베이컨(Bacon)이 주창한 귀납주의는 경험적 사실을 관찰과 실험을 통해 일반화하여 이론화를 추구하는 반면, 17세기 데카르트(Descartes)의 연역주의는 보편적인 방법이나 원리로부터 가설을 도출하며 이를 실험이나 관찰 등의 방법을 통해 검증함으로써 지식을 완성하는 특징을 보인다.

☞ 표 2-1 연역법과 귀납법의 유형과 주요 사례 비교

과학적 조사의 논리	연역법(deduction)	귀납법(induction)
유형	가설 → 조작화 → 관찰 → 검증 → 가설 채택 또는 기각	주제선정 → 관찰 → 유형발전 → 결론
사례	모든 사람은 죽는다 → 소크라테스는 사람이다 → 그러므로 소크라테스는 죽는다 → "모든 사람은 죽는다는 논리를 검증	인간의 죽음 → 소크라테스의 죽음을 발견 → 다른 사람들도 죽는 것을 관찰 → 그러므로 모든 사람은 죽는다는 결론에 도달

4) 과학적 인식론

인식론은 지식의 본성, 출처, 한계 등을 다룬다는 점에서 동일한 입장에 있지만, 지식의 출처로 경험과 이성 중에서 어느 것을 더 강조하느냐에 따라 서로 다른 방법론적 견해를 밝히게 된다. 중세 이래 과학적 연구방법에 관한 저술들이 쏟아져 나옴에 따라 인간에 이성에 입각한 과학적 연구방법이 과학의 본성에 대한 이론의 통합적 요소로서 비로소 취급되기 시작하였다. 과학의 본성을 이해하기 위해서는 과학지식을 발견하고 증명하는 과학적 방법을 먼저 이해해야 한다는 관념이 과학·철학계에 팽배하기도 하였는데 특히 경험주의와 실증주의는 이러한 과학적 방법을 확립하는 중요한 계기를 제공하였다.

(1) 경험론자들의 견해

고대 그리스의 현자인 아리스토텔레스(Aristoteles)는 일찍이 목적론적 세계관을 확립하고 이 세계는 목적과 질서 및 조화가 존재한다고 가정했다. 즉 자연의 모

든 사물은 각각 존재하는 목적을 가지고 있다고 주장하고, 따라서 존재목적에 따른 구조와 기능을 소유하게 되며, 자연의 현상들 또한 개별 목적에 의하여 규정된다는 견해이다. 이런 견해를 바탕으로 그는 실재(real existence)는 지각되는 것 그 자체라고 전제하였고, 과학적 지식을 습득하는 방법은 경험적 지각을 통해서 관찰하고 그 자료를 수집·분류하는 절차에 따라 이루어져야 한다는 질적 접근법(qualitative approach)을 제창했다.

이러한 전통을 이어받은 현대의 경험론자들은 과학적 지식도 결국 경험으로부터 형성되는 것이므로 경험에 의해서 그 참 가치가 결정된다고 주장한다. 과학적 지식은 자연현상의 규칙성에 대한 경험적 인식에 바탕을 두기 때문에, 자연의 사실에 대한 참 가치는 반드시 경험에 의해서만 결정돼야 한다고 주장한다.

(2) 이성론자들의 견해

이성론은 마음에 객관적 실재로 존재하는 원리(basic principle)를 이해할 수 있다는 입장을 보인다. 이때 원리는 선험적인 속성을 보이며, 따라서 경험으로부터는 얻어질 수 없고 오히려 경험이 원리에 의해서 이해된다. 고대의 플라톤(Platon)은 실재의 기본적 단위를 관념 또는 원리라 보고, 그 실재의 기본적 단위를 형식이라고 불렀다. 그는 형식이란 절대적인 속성으로서 상호 간에 논리적 관계를 이루며 인간은 이성적 직관을 통해서만 그 논리적 관계만을 알 수 있기 때문에, 알고 있는 지식은 이성적 사고과정을 통해서 발견된 실재의 허상일 뿐이라고 주장한 바 있다.

현대의 이성론은 참된 지식의 출처는 경험과 독립적인 이성에 있으며, 그 이성은 또한 지식을 정당화하는 수단이라고 주장한다. 과학적 지식은 몇 가지의 실례보다는 자명한 명제나 공리로부터 얻어져야 하며, 자명한 명제와 공리는 객관적 실재로서 인간의 마음속에 존재하는 직관적 관념으로부터 파생된다는 것이다.

(3) 실증주의자들의 견해

19세기 후반 콩트(Auguste Comte, 1798~1857)를 중심으로 서유럽에서 나타난 철학의 한 경향인 실증주의(positivism)는 자연과학의 비약적인 성장과 함께 서유럽에서 나타난 철학적 경향으로 형이상학적 사변을 배격하고 사실 그 자체에 대한 과학적 탐구를 강조한다. 실증주의는 일반적으로 초월적이고 형이상학적인 사변(思辨)을 배격하고 관찰이나 실험 등으로 검증 가능한 지식만을 인정하고 확인된 사실을 근거로 과학적 탐구가 이루어져야 한다는 인식론적·방법론적 태도를 보인다. 현대의 과학적 조사는 이러한 실증주의적 전통을 받아들여 관찰이나 실험을 통한 감각경험과 실증적 검증에 기반을 두고 있다.

(4) 과학적 방법론자들의 견해

현대의 과학적 방법론은 경험적 특성을 분석, 기술하고 그것이 지니는 이성적 성격의 전제와 결과를 명료화하며 새로운 응용 방법이나 분야를 제시하거나 과학적 방법을 적용할 수 있는 문제의 논리적인 의미나 구조를 설명하려고 한다. 과학적 지식을 얻거나 실증하기 위해서 구체적인 조사방법으로 체계적인 관찰, 조직적인 실험, 그리고 논리적인 추론 방법 및 과정을 강조한다.

과학적 방법론자들이 과학적 방법의 경험적 측면과 이성적 측면, 그리고 실증적 지식을 강조한다는 점에서, 과학적 방법론은 위의 경험론과 이성론, 실증주의의 통합된 입장에 서 있다고 이해할 수 있다(즉, 경험론＋이성론＋실증주의＝과학적 방법론).

5) 과학적 조사의 특징

(1) 정보가 관찰로부터 얻어진다(empirical).
(2) 조사과정의 단계가 체계적(systematic)이고 논리적이어야 한다.
(3) 연구가 반복 가능해야 한다(replicated).
(4) 과학은 현상의 원인을 찾는다(cause-effect relation).
(5) 과학은 증명되기 전까지 잠정적이다(provisional).
(6) 과학적 지식은 객관적이다(objective).

6) 과학적 조사의 한계

과학적 조사가 인간문제의 모든 것을 해결한다고 기대하거나 조사에 기대할 것은 하나도 없다는 극단적인 생각은 잘못된 것이다. 과학적 조사는 항상 분명한 질의와 이에 합당한 증거를 초점 있게 수집하는 것이어서 문제설정이 조사의 출발에 절대적으로 중요하다. 기본적인 것은 조사자의 개인적 가치와 전제로부터 구분할 수 있도록 보호하는 태도상, 논리상 그리고 방법상의 장치이다. 또한 과학적 조사도 인간에 의해 실시되는 만큼 사회로부터 영향을 받을 수밖에 없으며 사회 또한 법적, 윤리적, 경제적, 기술적 실행 가능성의 한계를 가지고 있어 항상

조사가 나아가는 바대로 항상 따라갈 준비가 되어 있지는 않다.

2. 사회복지조사의 과정

일반적인 사회복지조사의 과정을 살펴보면 최초 문제를 제기하고 가설을 설정한 다음 관련 문헌자료들을 검토하여 문제를 보다 명확히 설정하고 조사설계를 구성하고 자료를 수집하여 분석 및 해석 과정을 거쳐 결과를 해석해서 보고서의 형태로 작성하게 된다(David, 1991).

1) 문제제기 단계

사회복지조사의 제일 첫 단계는 논문의 제목이 되는 연구주제를 선정하고 연구문제를 구체적으로 진술하는 것이다. 일반적으로 특정한 연구주제를 탐구하는 데 사용하는 연구문제들은 적게는 1~2개, 많게는 5~6개인 경우가 일반적이다(좋은 연구주제와 연구문제를 쉽게 찾을 수 있는 특별한 방법이 정해져 있지는 않으나 전공분야에 관한 최근의 연구의 동향 및 사회문제에 대한 깊은 관심과 비판적인 독서습관을 요구함을 강조하고 싶다).

일반적으로 연구주제를 선정하고 문제들을 도출하기 위해 연구자들이 이용하는 방법을 살펴보면 (1) 평소 관심을 가지고 있는 분야 관련 전공서적 또는 최근 논문들을 읽고 이를 통해 중요하다고 판단되거나 흥미 있다고 느낀 특정 주제에 초점을 맞추어 점차적으로 연구의 목적, 동기, 쟁점 등이 무엇인지에 따라 문제의 범위를 압축시켜 구체화하거나, (2) 개인적인 경험이나 관찰, 연구 동료들과의 대화로부터 구체적인 사회문제나 해결되어야 할 특정 과제를 도출하고, 이를 기초로 연구목적, 연구문제를 포괄할 수 있는 구체적인 연구주제를 선정하는 경향을 보인다(김기태 외, 2009). 과학적 인식론적 시각에서 특정 연구문제는 기존의 이론이나 일반적인 원칙에 근거하여 새로운 예측을 하거나 어떤 사례에 적용하는 연역적인 방법으로 도출될 수도 있고, 또는 한 가지 혹은 그 이상의 사례를 관찰하는 과정에서 새로운 이론이나 원칙이 발견되는 귀납적인 방법으로 도출될 수도 있다.

어떤 연구주제를 선정하고 연구문제를 설정하느냐에 따라 이에 적합한 타당한 연구전략에 대한 구상이 자연스럽게 이루어질 수 있으며, 이후의 연구결과가 구체적이고 분명한 답을 도출할 수 있을지가 결정될 것이다. 연구주제명을 선정할 때는 연구의 성격을 분명하게 나타낼 뿐만 아니라 적절한 흥미를 불러일으킬 수 있어야 한다. 좋은 연구주제를 선정하기 위한 조건으로 구체적으로 다음의 기준들(참신성, 구체성, 실현 가능성, 공헌도)을 참고해 볼 필요가 있다(김석우 외, 2007).

(1) 참신성

연구주제와 주요 문제들은 새로운 것 지금까지 만족스러운 해답 또는 설명이 제시되지 않은 문제이어야 한다.

(2) 구체성

연구주제 및 연구문제에서 설명하는 변수나 개념들은 추상적인 수준에서 구체화하여 측정될 수 있는 수준까지(조작화) 개념화될 수 있어야 한다. 물론 효과적인/효율적인 조사연구를 하기 위한 연구방법과 도구들이 마련되어야 한다.

(3) 실현 가능성

연구문제가 제시하는 의문점에 대한 타당한 해답이 도출될 수 있어야 하고 현실적인 조건(시간, 비용, 노력 등)들이 뒷받침될 수 있어야 한다. 또한 연구를 성공적으로 진행하기 위한 연구자 자신의 결과분석 및 해석능력이 당연히 뒤따라야 한다.

(4) 공헌도

연구주제와 문제들로부터 과연 사회에 가치 있는 지식이 생산될 수 있는가 하는 점에 대한 고민을 해보아야 한다. 개인적으로는 흥미로운 주제나 질문일지라도 얻어지는 결과가 해당 분야의 이론적 발전 또는 현실적인 문제를 해결하는데 얼마나 도움을 줄 수 있는지 고려해야 한다.

2) 문헌연구 단계

사회복지조사의 두 번째 단계는 문헌연구이다. 연구주제와 연구문제가 설정되면 그 연구문제와 관련되는 최근 논문이나 전문서적을 찾게 되는데 문헌에 대한 고찰이 많을수록 연구자에게 많은 도움이 된다. 최근의 관련 연구 동향이나 지식의 축적의 측면뿐만 아니라 문제를 좀 더 명확히 설정하고 그러한 문제를 초래한 배경적 상황이나 환경적 요인들에 대한 분석을 통해 연구자는 자신의 연구주제, 연구문제, 연구의 분석틀, 연구방법론 등이 보다 날카롭게 다듬어질 수 있는 기회를 가질 수 있다. 이 과정 중에 연구문제가 이미 다른 사람에 의해 연구되었다는 사실을 발견하게 되기도 하고, 이와 비슷한 문제가 연구되었다는 사실도 발견할 수 있다. 또한 연구문제에 관해 광범위한 문헌연구를 하는 가운데 새로운 아이디어나 새로운 연구방향을 생각해 낼 수도 있다. 때때로 연구주제 및 연구문제들과 직접적으로 관련된 기존의 연구나 관련 서적을 찾기 어려울 경우가 있을 수 있는데 이 경우에도 간접적으로라도 연관된 자료들을 검색하거나 해당 분야의 전문가의 의견을 조사하고 관련 사례연구(case study) 및 탐색적 예비조사(exploratory pilot study)를 수행하여 자신의 연구를 보다 정교화할 수 있다.

3) 조사설계 단계

(1) 조사설계 과정

조사설계 과정은 자료수집방법, 연구대상자 설정방법, 연구방법론을 결정하는 것으로 타당도와 신뢰도가 높은 조사연구를 수행하기 위해 요구되는 작업이다. 타당도와 신뢰도가 낮은(조사결과에 대한 확신을 가질 수 없는) 연구결과는 제대로 된 가치를 가지고 있다고 볼 수 없다. 즉 동일한 상황에서 타인에 의해 조사되어도 동일한 결과가 발생할 수 있도록 객관적으로 설계되어야 한다. 따라서 연구자는 조사설계를 하기 전에 "나는 무엇이 필요한가?"와 "그것을 어떻게 수집할 수 있는가?"하는 질문을 자신에게 물어볼 필요가 있다. 이 두 가지 질문에 완벽하게 대답할 수 있다면 조사설계는 완료되었다고 할 수 있다(황창순 외, 2010).

(2) 조사설계 단계 고려사항(성숙진 외, 1998)

① 조사문제의 설정: 필요한 시간과 경비도 고려해야 한다.

② 자료수집 및 측정방법: 일단 자료수집과 측정방법이 결정되고 나면 반드시 사전조사를 실시한다.

③ 표집방법: 모집단이 규정된다. 전수조사를 실시할 경우도 있으나 대체로 표본조사가 많다. 모집단은 지리적, 인구통계적 그리고 시기적 특성의 면에서 규정된다. 표본추출은 가용자원과 요청되는 효율성에 따라 그 방법과 수가 결정된다. 그리고 표본의 대표성은 기술적 조사의 결과를 일반화하는 문제와 관련된다. 기술적 조사는 비록 일반화되지 않더라도 최소한 연구된 현상의 특성에 대한 정보를 제공할 수 있기 때문에 그 고유의 기능은 발휘한다고 할 수 있다. 그러나 이 기능은 표본의 한계가 명확하게 밝혀져 있어야 발휘된다.

④ 협조문제: 연구에 참여할 개인과 조직의 허가를 얻어야 한다.

4) 자료수집 단계

사회복지조사에서 필요한 자료는 신뢰할 수 있고, 논리적으로 타당한 자료이다. 즉 조사에 쓰이는 자료들은 믿을 수 있어야 하고 마땅해야 한다. 그러나 신뢰성이 있는 증거가 반드시 타당하다고는 할 수 없는 반면 타당성 없이 신뢰성이 있을 수 없다. 그 이유는 의도하지 않은 의미나 뜻이 대신 측정된다면 본래의 개념이 정확하게 측정될 수 없기 때문이다[부정확한 관찰의 오류(inaccurate observation)].

5) 자료 분석과 해석 단계

자료수집이 끝나면 자료를 분석하고 해석하게 되는데 수집된 자료를 분석할 때 주의해야 할 과학적 탐구에서 흔히 저지르는 실수들은 다음과 같다. 첫째, 과도하게 일반화(over-generalization)를 해서는 안 된다. 몇 가지 비슷한 사건을 보고 과도하게 일반화를 하지 말아야 한다. 둘째, 연구자는 선별적인 관찰(selective observation)을 해서 자기확신의 오류에 빠져서는 안 된다. 셋째, 논리적으로 타당하지 않은 비논리적 추론(illogical reasoning)을 해서는 안 된다. 넷째, 수집된 정보를 특정 개인 또는 집단의 시각이나 관점에 맞추어 해석해서는 안 된다. 다섯 번째, 결과에 대한 이해에 자아가 개입되는 현상(ego involvement in understanding)을 피해야 한다. 여섯 번째, 섣부른 탐구의 종료(premature closure of inquiry)를 해서는 안 된다(Rubin & Babbie, 1997).

6) 보고서 작성 단계

사회복지조사의 제일 마지막 단계는 최종적으로 자료의 분석의 결과를 정리하여 보고서를 작성하는 단계이다. 탈고된 보고서의 분량이 많을 경우 앞부분에 10페이지 이내의 요약을 첨부하는 것이 일반적인 추세이다.

3. 사회복지조사의 특성

1) 응용조사적 성격

사회복지조사는 실제 한 사회의 구성원들이 겪는 사회문제에서 출발하므로 조사의 목적은 이를 극복하기 위한 사회복지제도 및 프로그램을 계획하고 수행해 나감에 활용될 수 있는 응용지식을 산출하는 것이다. 또한 사회복지조사는 사회복지실천의 토대가 되는 지식을 확장하고 정리함으로써 사회사업지식을 보다 과학화 또는 학문화하는 기능을 수행한다. 사회복지조사의 목표를 달성하기 위해서 지식의 탐구 못지않게 전문적 개입이라는 통제적 요인이 내포되어 있으며 학문적 고려보다는 사회적 가치에 의해서 결정되는 경우가 많다.

그린우드(Greenwood)는 사회복지조사는 지식탐구를 위한 표준화된 절차를 이용하며 즉각적 활용이나 직접적 적용이 아닌 기초지식을 찾는 조사를 범주에 넣어 기술하고 있는데, 이는 일반화의 문제를 다루는 조사를 포함하고자 하는 의도이다. 예를 들어 사회복지기관이 새로 입주할 건물의 위치를 결정하는 데 필요한 정보를 얻기 위해서 해당 기관을 이용하는 잠재적 클라이언트들의 주거지와 연령을 조사했다면 이는 즉각적 활용지식을 얻는 조사이며 따라서 실용적 조사에 속한다고 할 수 있다.

2) 지식과 실천기술 구축에의 기여

지식과 기술의 차이점은 지식에 있어서는 어떤 것이 진리임을 주장하고 이 주장은 수집된 증거로서 검증되고 평가된다. 기술은 활동을 위한 지침이나 지시의 형태로 나타나며 어떤 현상에 대한 주장이 아니라 이것을 변화시키는 방법을 서술한다. 기술을 활용성과 효율성을 주장한다. 따라서 지식은 이것이 진리일 때 수용하고 기술은 이것이 효과가 있을 때 받아들인다. 사회복지에 있어서 지식은 실천기술을 발전시키기 위해 정보를 제공하는 기능을 수행한다. 사회복지조사가 기여할 수 있는 핵심 부분은 연구자에게 지식의 일반화를 위한 경험적 증거를 제공하는 것이다. 즉 조사가 지식을 산출하고 지식은 실천방법을 발전시키는 지침으로 활용되는 선순환과정을 추구하는 것으로 이때 과학과 실천은 상호 보완적이라 할 수 있다. 경험적 실천의 유용성은 지식의 수요를 창출하고 조사는 기술을 발전시킨다. 그러므로 사회복지사는 조사된 자료를 활용할 뿐만 아니라 조사방법을 어떻게 활용하는지도 동시에 알아 두는 것이 필요하다.

3) 사회문제와 욕구에 대한 측정

사회복지는 욕구조사, 개입, 평가의 연속되는 과정이다. 따라서 첫 번째 단계의 해결과제는 욕구를 발견하고 이해하는 것이며 사회복지조사는 이를 위해 이용되는 방법이라고 할 수 있다. 대상자들이 가진 사회복지욕구는 사회사업의 표적체계(target system) 내 사회문제(social problem)라고 흔히 말한다. 표적체계의 구성단위는 개인, 가족, 집단지역, 사회 등 다양하지만 대상자의 욕구측정은 이들 모두를 포함한다. 특히 문제 자체의 내용이나 성격에 대한 조사와 더불어 "무엇이 충족되지 않아서 문제로 나타나는가?" "그것을 어떻게 충족할 것인가?"라는 면에서 욕구측정은 접근되어야 한다.

4) 효과성 측정

사회복지조사는 특정 프로그램이 소기의 목적을 어느 정도 달성하였으며 효과가 얼마나 있었는지를 측정하는 기술적 성격을 가지고 있다. 사회복지 개입사례들 중 진짜 어떤 것이 개입의 결과인지 또는 얼마나 중요하고 의미 있는 기여를 했는지를 찾는 일은 중요하면서도 실상은 어렵고 까다로운 작업이다. 이때 성과는 일반적으로 사회복지프로그램에서 목표로 정한 사회복지대상에 일어나는 구체적 양적/질적 변화를 의미한다. 이때 사업내용이 복잡하고 성과목표가 경험적 구체성을 결여하고 있을 경우 측정과정은 무척 어렵게 될 수밖에 없으므로 조사자는 이를 미연에 방지하도록 노력해야 한다.

5) 개입방법의 연구

사회복지적 개입은 복합적인 성격을 가지고 있기 때문에 개입 자체에 대한 체계적 연구가 그 효과측정과는 별도로 필요한 것이다. 조사연구를 통해서 개입의 정확한 모습이 시험되어야 하고 서로 다른 개입 간에 결과적으로 어떤 상관관계를 초래하게 되는가를 밝혀야 한다.

6) 과 학 화

사회복지조사는 사회복지의 전문성과 과학성을 주장하고 이를 실증하는 구체적 방법이다. 사회적 요구에 따라 수행한 개별적 사업과 활동을 통합하고 체계화하여 그 전문성과 과학성을 찾는 일을 담당한다. 사회복지실태를 정확하게 파악하여 이를 통계적 수치를 통해 표명한다. 사회복지조사가 가지는 임상적 성격은 실험적 시도를 가능케 함으로써 과학성을 높이는 데 중요한 역할을 한다.

제2절   조사의 형태와 유형

1. 지식의 수준

사회조사의 유형을 구분하기 위한 기준으로 목적, 방법, 대상, 범위, 조사설계, 상황 그리고 기술 및 접근방법 등이 혼용되고 있으며 필요에 따라서는 이들 가운데 몇 개가 합쳐져서 기준으로 사용되고 있기도 한다.

조사를 통해 얻으려는 과학적 지식의 수준과 관심의 성격에 기초하여 탐색적 조사, 기술적 조사, 설명적 조사로 분류된다.

그림 2-2   과학적 지식의 수준과 조사의 형태와의 관계

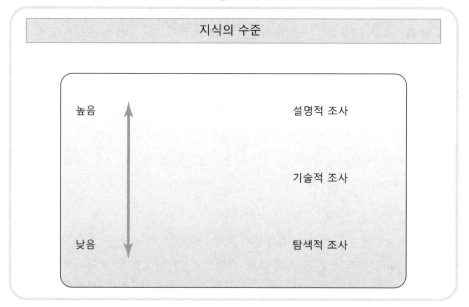

1) 탐색적 조사(exploratory or formulative studies)

탐색적 조사는 필요한 지식의 수준이 가장 낮은 경우에 실시하는 조사형태이며 일반적 개념을 보다 구체적이고 측정할 수 있는 변수나 질문 또는 가설로 발전시키려 한다. 주로 유용한 지식이 한정되어 있는 미개척 분야에서 조사문제를 규명하기 위한 기본적 자료를 제공하려는 조사이다.

탐색적 조사에서 활용되는 방법으로 문헌조사, 경험자 면접 그리고 연구에 자극을 주는 특례의 분석 등이 있다. 이 중 문헌조사는 전문잡지, 논문집, 전문기관이 발행하는 문헌 및 자료 등을 말한다. 경험자 면접은, 전문가들은 일상적 업무를 통해서 매우 가치 있는 경험을 터득하게 되며 이 분야의 연구에 중요한 도움을 줄 수 있다.

탐색적 지식은 체계화가 빈약하고 지침이 될 만한 경험도 부족한 분야에서 특히 특정한 예를 선택해서 집중적으로 연구하는 것이 통찰을 자극하고 가설을 암시하는 데 특별히 효과가 있음을 알게 한다.

2) 기술적 조사(descriptive studies)

기술적 조사는 구체적인 기술적 질의에 응답하는 자료를 생산하려는 조사방법으로 특정한 견해나 태도를 가지거나 특수행위를 하는 인구의 비율을 파악하려하거나 구체화된 추정을 하기 위한 조사도 해당된다. 조사의 기술적 기능은 현상의 서술을 총체적 형식(예를 들어 특정 지역에 거주하는 전체 가족의 20%가 가출경험을 가진 자녀를 가졌다)으로 나타낼 뿐만 아니라, 상이한 부분이 어떻게 관련되었는지(수입이 낮을수록 그러한 자녀를 가진 가족이 더 많다)를 구체적으로 나타낸다.

기술적 조사는 연구의 단위에 있어 개인, 집단, 가족, 조직, 지역사회, 국가 등 다양하고, 기술 내용도 단순한 것에서 복잡한 것에 이르기까지 다루는 범위가 넓다. 가장 복잡한 기술적 조사는 둘 또는 그 이상의 변수 간의 경험적 관계가 있음을 밝히는 것이다. 이것은 관련된 변수의 빈도나 비율과 같은 통계적 방법으로 관련성의 정도를 나타낸다. 이때 주의해야 할 점은 이러한 관계의 발견이 인과관계의 관련성에 대한 의문을 제공하지만 기술적 조사연구는 요인 간에 관계가 있다는 정보를 제공하는 데 국한한다는 점이다.

3) 설명적 조사(explanatory studies)

설명이란 본래 "왜"라는 질문에서 출발하여 이에 대한 해답을 주고자 하는 것이다. 이는 원인론에 대한 지식을 말하며 인과관계를 밝히는 과정을 의미한다. 사회복지 관련 행동이론이나 실천이론은 변수 간의 인과관계를 찾는 목적하에 설계된 조사를 필요로 한다. 사회복지 실천현장에서도 표적이 되는 문제의 원인을 판단하고 사회체계의 역동성을 이해하여 개입의 여러 형태가 가진 영향을 사정하는 일은 매우 중요한데 설명적 조사로부터 산출된 지식의 핵심은 인과관계의 규명이다.

따라서 설명적 조사의 기능은 요인들이 인과관계를 가지고 있음을 증명하는 것이다. 인과관계를 증명하는 방법에는 원인적 요인(독립변수 또는 실험변수)을 조작해서 실시하는 실험적 방법과 함께 독립변수가 되는 요인들을 자연적 현상 속에서 발견하는 방법이 있다.

(1) 인과관계의 조건

인과관계의 가설은 어떤 특정한 현상의 속성 또는 발생(X)이 다른 속성 또는 발생(Y)을 결정하는 요인이라고 주장한다. 인과관계론의 기초는 필요조건과 충분조건에 관련되어 있는데 현실적으로 이 두 조건을 동시에 갖춘 하나의 요인을 발견하기란 거의 불가능하기 때문에 제3의 조건으로서 기여조건, 부수조건 또는 대립조건에 관심을 가지게 된다.

① 필요조건

만일 X가 Y의 필요조건이라면 Y는 X가 일어나지 않으면 절대로 일어나지 않는다.

② 충분조건

X가 Y의 충분조건이라면 X가 일어날 때에는 언제나 Y가 일어난다.

③ 필요충분조건

X가 일어나지 않는다면 Y는 절대 일어나지 않으며 X가 일어나면 Y는 언제나 일어난다. 즉 X 또는 Y가 단독으로 일어나는 경우란 있을 수 없다. 기여조건은 어떤 현상이 발생할 가능성을 증가시키는 데 기여하는 하나의 조건이며 이와 같은 조건이 동일 수준에서 여러 개 있을 때 대립조건이 된다.

(2) 인과관계 추리 근거: 일치법, 공변법, 발생시간상의 순서, 다른 요인의 배제

① 일치법

일치법은 주어진 현상에 관한 두 개 또는 그 이상의 사례들이 공통된 하나의 조건을 가지고 있을 때 그 조건을 그 현상의 원인 또는 결과로 간주하는 것이다.

② 공변법

공변법은 어떠한 현상이 특정한 방식으로 변화할 때마다 다른 현상도 일정한 방식으로 변화하면 이들 두 현상은 인과적으로 관련되어 있다고 본다.

③ 발생시간의 순서

발생시간상의 순서는 만일 한 사건이 다른 사건이 발생한 후에 일어났다면 그 사건은 다른 사건의 원인이라 할 수 없다는 논리이다.

④ 다른 요인의 배제

다른 요인의 배제는 두 변수에 대한 원인적 요인이 될 가능성이 있는 다른 조건들을 통제하거나 배제함으로써 원인적 요인임을 증명하는 방식이다.

2. 지식의 적용 가능성

1) 순수조사(기초조사)

순수하게 사회현상에 대한 지적인 이해와 지식 그 자체만을 획득하기 위해 수행되는 조사로서 간접적인 어떠한 이용을 의도하지 않는다. 현장응용 정도가 매우 낮은 조사이다. 조사목적 내지 동기에 의해서 구분된다. 오로지 조사자의 지적 호기심을 충족하기 위해 실시되는 조사이다. 현상에 대한 지적인 이해와 지식 그 자체만 획득하려는 것이다.

따라서 순수조사는 결과적으로 어떤 개념이나 이론에 대한 새로운 지식을 얻는 것이다.

2) 응용조사(현장조사)

조사결과를 직간접적으로 사회적 현상에 응용함으로써 문제의 해결이나 개선을 하기 위해 수행되는 조사를 의미한다. 현장응용의 정도가 매우 높은 조사이다. 조사결과를 사회구성원이 안고 있는 실제 문제를 해결하기 위해 구체적으로 이용하는 데 있다. 따라서 조사과정에서 조사자의 노력은 조사결과를 구체적으로 이용하는데 초점을 맞추고 있다. 사회복지프로그램이나 정책대안들이 보다 효과적이고 효율적으로 실시되도록 하기 위한 지식이나 자료를 획득하기 위해 종종 실시된다. 기업분야에서는 이러한 응용조사를 개발적 조사 내지 생산조사라고 한다. 대부분의 사회복지조사는 인간관계와 직접적으로 관련된 문제를 해결하기 위한 응용조사에 속한다.

3. 조사환경의 범위

1) 미시적 조사

분석단위가 개인이거나 개별적 개체인 조사를 의미하며 분석단위가 개별 사람들이 관련되는 소집단 연구도 미시적이라 하기도 한다.

2) 거시적 조사

일반적으로 분석단위가 규모가 큰 조사는 거시조사라고 한다. 대륙, 국가, 도, 시, 인구조사를 위한 표준지역 등과 같이 사람의 거대 집합체나 거대한 지역을 비교하는 조사는 거시조사이다

4. 실천현장의 필요성: 욕구조사 vs. 평가조사

사회복지프로그램을 필요로 하는 실천현장의 수요를 기준으로 욕구조사와 평가조사로 나누어 볼 수 있다. 사회복지프로그램의 책임성은 욕구조사와 평가조사가 통합된 일련의 행정과정을 통하여 향상되고 입증될 수 있는 것이고, 이를 근거로 조직은 정당성을 사회로부터 인정받고 계속 발전할 수 있다.

1) 욕구조사(needs assessment)

(1) 욕구의 정의

욕구는 충족되어야 할, 즉 해결되어야 할 문제로 많은 경우 욕구는 문제와 같은 의미로 사용되기도 한다. 인간의 생존과 성장 발전을 위해 필요하여 구하는 것인데, 예를 들면 적절한 음식, 주택, 소득, 지식, 사회참여, 개인의 자유 등이 이에 해당한다. 이러한 것들이 특정 개인 또는 소수의 개인에 국한될 때는 개인적 욕구가 되고 사회의 다수인에게로 확대되면 사회적 욕구가 되는 것이다.

조직체는 인간의 생존을 위한 기본적 욕구 및 자기발전적 욕구를 지역사회나 국가적 차원에서 충족시켜 주기 위한 서비스를 전달한다. 사회복지기관이나 시설은 사회구성원이 필요로 하는 서비스를 사회로부터 위임받아 전달하는 공익조직체이다. 따라서 이러한 사회복지조직체가 사회구성원의 욕구를 파악하여 이를 충족시키기 위한 서비스를 책임성 있게 전달하는 것은 매우 중요하다.

(2) 매슬로의 욕구 분류

매슬로(Maslow)는 욕구를 상하위로 나누어 하위의 욕구가 충족되어야 상위 단계의 욕구가 생긴다는 이론을 주장하였다. 가장 낮은 차원의 욕구로 생리적 욕구를, 가장 높은 차원의 욕구로 자아실현의 욕구를 설명하고 있다.

① 생리적 욕구

인간이 기본적으로 생존하기 위해서 필수적으로 충족되어야 하는 욕구

② 안전의 욕구

위험이나 궁핍으로부터 보호받기 위한 욕구

③ 소속 및 사랑의 욕구

이 욕구가 충족이 되면 인간에게 무한한 자신감과 활력을 주는 요소로 작용한다.

④ 자아존중의 욕구

자기 스스로를 존중할 뿐 아니라 다른 사람으로부터 받는 존경에 의해 발생한다.

⑤ 자아실현의 욕구

인간의 잠재적 능력을 최대한 실현하려는 가장 높은 수준의 욕구이다.

그림 2-3 매슬로의 위계적 욕구 단계

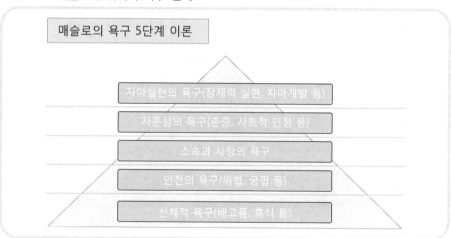

(3) 브래드쇼(Bradshaw)의 욕구 분류

① 규범적 욕구(normative need)

전문가, 행정가 또는 사회과학자 등이 욕구의 상태를 규정하는 것이다. 정상영

양기준, 거동불능기준 등, 기준을 설정하는 자에 따라 달라질 수 있고 지식의 발전과 사회의 가치기준의 변화에 따라 달라질 수 있다.

② 감촉적 욕구(felt need)

욕구를 경험하고 있는 당사자가 욕구에 기초하여 인지된 욕구이다.

③ 표현된 욕구(expressed need)

표현된 욕구는 감촉적 욕구(느끼는 욕구)가 실제의 욕구충족 추구행위로 표출되어 나타난 것이며 서비스의 실수요(demand)라고도 할 수 있다. 이러한 정의에 의하면 전체적인 욕구는 서비스를 실제로 받기 원하는 사람의 수로 파악한다. 표현적 욕구는 의료 및 건강의 욕구파악에 많이 이용되며 주로 대기자명단에 의하여 파악된다.

④ 비교적 욕구(comparative need)

어떤 서비스를 받고 있는 사람들과 비슷한 특성을 갖고 있으면서도 서비스를 받지 않고 있는 사람들을 욕구의 상태에 있는 것으로 규정하는 것을 말한다. 비교적 욕구는 욕구충족을 위한 급여의 수준을 미리 정하고 이 수준에 의하여 욕구를 파악하는 것이라고 할 수 있는데, 급여수준은 욕구충족의 수준과 일치하지 못하는 경우가 많은 것이 문제이다.

(4) 욕구조사의 접근방법

① 클라이언트 중심의 욕구조사(client-oriented)

특정 인구집단을 위하여 서비스나 프로그램을 제공하는 기관에 의해서 행해지는 조사이다.

② 서비스 중심의 욕구조사(service-oriented)

특수한 서비스를 제공하고 있는 기관에 의하여 행해지는 조사이다.

③ 지역사회 중심의 욕구조사(community-based)

클라이언트 중심의 욕구조사와 서비스 중심의 욕구조사를 통합한 것으로 지역사회 전반의 문제를 확인하여 문제해결의 우선순위, 적절한 개입대상 인구 및 적절한 서비스 수준 등을 파악하는 것이다.

2) 평가조사

(1) 평가조사의 정의

평가조사는 개입의 기술과 프로그램의 효과성을 측정하는 데 일반조사방법론을 적용하는 응용조사이다.

평가조사의 대상으로서 개인 또는 집단에 대한 개입의 효과를 평가하는 조사를 단일사례 연구조사라 부르는 것이 일반적이고, 프로그램이나 조직체의 효과를 평가하는 조사를 사업평가조사라고 한다.

평가조사의 목적은 단일사례조사와 사업평가조사를 다 포함한다.

평가조사의 사업평가 목적은 ① 프로그램의 계획이나 운영과정에 필요한 환류적 정보 제공, ② 책임성 이행, ③ 이론형성에의 기여 등에 있다.

(2) 평가조사의 분류

사용목적에 따라 총괄평가와 형성평가로 구분할 수 있다. 총괄평가는 프로그램 운영이 끝날 때 행해지는 평가로서 평가의 결과를 성질이 비슷한 다른 프로그램, 상황, 또는 대상에 대하여 일반화시키려는 것이다.

형성평가는 프로그램 운영 도중에 이루어지는 조사로서 프로그램을 수정, 보완하기 위한 조사이다.

사업평가는 평가주체에 따라 내부평가와 외부평가로 구분된다.

사업평가 내용에는 ① 노력(efforts), ② 효과성(effectiveness), ③ 예상치 못한 결과(unanticipated consequences), ④ 효율성(efficiency) 등이 있다.

사업평가조사의 절차에는 ① 평가목적 및 대상의 결정, ② 프로그램의 책임자 및 담당자의 이해와 협조 요청, ③ 프로그램의 목표확인(프로그램의 목표는 명확하고, 구체적이고 측정 가능하도록 설정되어야 한다), ④ 조사대상의 변수 선정, ⑤ 이용 가능한 자료 및 측정도구의 결정, ⑥ 새로운 측정도구의 개발, ⑦ 적절한 조사설계 형태의 결정, ⑧ 조사의 수행, ⑨ 결과의 분석 및 해석, ⑩ 결과의 보고 및 실제적 이용 등이 있다.

(3) 평가조사의 결과 측정

평가조사의 결과 측정은 ① 결과측정의 대상, 개인에 있어서의 변화로 프로그램 참여자의 인지적 또는 감정적 상태에 있어서의 변화의 정도와 참여자의 행동 또는 건강상태에 있어서의 변화의 정도, 그리고 지역사회 내에서 서비스를 받은 개인들 전체에 있어서의 변화 정도로 나누어 볼 수 있다. 서비스 전달체계의 운영에 있어서의 변화는 서비스의 접근, 계속성, 서비스의 단편성, 서비스 이용자에 대한 책임성 등이다.

② 결과측정의 기준, 절대적 기준은 규범적인 것으로서 미리 정해 놓은 일정한 수준의 결과이다. 프로그램의 목표가 된다. 상대적 기준은 평가대상의 프로그램과 비슷한 기관 내의 다른 프로그램 또는 기관 외의 다른 프로그램의 결과가 된다.

③ 측정자료의 출처, 클라이언트는 직접관찰, 질문지, 면담 등에 의하여 직접적으로 얻어지는 것이다. 질문지나 면접 등에 의해서 클라이언트로부터 자료를 수집하는 경우 결과의 평가는 긍정적인 방향으로 과장되는 경향이 있다. 프로그램 실천가는 질문지, 면담, 사전에 규정된 기록표, 면접기록표(case record) 등을 통하여 이루어진다. 그러나 객관성을 엄격히 유지하기 힘들고 따라서 자기의 개입결과를 긍정적인 방향으로 평가하는 경향과 전반적인 클라이언트의 변화내용을 충분히 알 수 없는 제한점이 있다. 클라이언트 주위의 사람은 가족, 친척, 친구, 교사 등으로 클라이언트의 일정한 상황에서의 변화를 평가자가 직접 관찰할 수 없는 경우에 이용될 수 있다. 그러나 전반적인 변화의 정도를 판단하는 경우에는 좋은 자료의 출처가 되지 못한다. 기록된 자료는 경찰관, 병원 또는 시설, 복지서비스 이용빈도 등으로 자료의 기록 기준에 일관성이 있어야 하고, 누가 어떤 상황에서 어떻게 수집된 자료인지에 대한 충분한 검토가 있어야 한다. 판정자는 자료에 대한 상당히 복잡한 판정을 위해 요청된 자를 말한다. 종합적인 판단을 할 수 있는 사람이어야 하므로 판정자는 일정한 자격을 갖추어야 한다.

5. 자료수집방법

1) 지역사회 공개토론회(community forum)

지역사회 공개토론회의 장점은 적은 비용으로 광범위한 지역, 계층 및 집단들의 의견을 들을 수 있고, 문제에 대한 인식과 관심을 개인, 집단 또는 기관에 따라 식별할 수 있으며, 서베이(survey) 조사를 위한 사전준비의 기회가 될 수 있다. 주요 단점으로는 관심 있는 사람들만 참석하여 자기선택으로 인한 표본의 편의(bias)현상이 나타나고, 참석자의 소수만이 의견을 발표하게 될 수 있다.

2) 주요 정보제공자조사(key informant method)

기관의 서비스 제공자, 인접 직종의 전문직 종사자, 지역 내의 사회복지단체의 대표자, 공직자 등을 포함하는 지역사회 전반의 문제에 대하여 잘 알고 있는 것으로 인정되는 사람들이다. 장점은 비용이 적게 들고, 표본을 쉽게 선정할 수 있으며 지역의 전반적인 문제를 쉽게 파악할 수 있다는 것이다. 하지만 정보제공자조사 이용 시 의도적 표집으로 표본의 편의현상이 나타날 수 있고, 이들이 지지하는 문제들이 정치의식에 민감한 문제들이 되고 따라서 실제적으로 많은 주민들의 문제가 제외될 가능성도 크다.

3) 서베이 조사(survey)

조사대상 전체를 대표할 수 있는 일부(표본)를 선정하여 이들로부터 질문지 또는 면접을 통하여 자료를 수집하는 방법이다. 서베이 조사의 장점은 실제적인 서비스 수혜자 또는 잠정적인 수혜자가 인식하는 욕구를 직접 파악할 수 있고, 표본을 통하여 대상자 전체의 욕구를 파악할 수 있는 반면, 단점으로는 비용이 많이 들고, 우송질문지방법을 사용하는 경우 회수율이 낮고, 사회적으로 바람직한 응답을 얻게 되는 문제가 발생할 수 있다는 점을 들 수 있다.

4) 델파이법(Delphi technique)

어떤 문제에 대하여 전문가들의 합의점을 찾는 방법으로서 ① 응답이 무기명이고, ② 대면적인 회의에서와 같은 즉각적인 환류를 통제하고, ③ 개인의 의견을 집단적 통계분석으로 처리하는 방법이다.

델파이법의 일반적 절차는 ① 해당 분야의 전문가집단의 선정, ② 이들에게 우송할 설문지 작성, ③ 설문지 우송, ④ 통계적 집계, ⑤ 일차분석의 결과에서 합의도가 낮으면 그 결과를 다시 응답자들에게 보내어 1차분석의 결과를 참조한 각자의 의견을 묻는다. ⑥ 회수된 응답을 재분석한다. 이리하여 일정한 정도의 합의점에 도달할 때까지 반복 응답케 한다.

델파이법의 장점은 익명성으로 인하여 특정인의 영향을 줄일 수 있고, 집단의 의견에 개인을 순종시키려는 집단의 압력을 줄일 수 있으며, 응답자의 시간을 효율적으로 이용할 수 있는 점이다. 반면에 단점은 반복적인 과정을 거치므로 시간이 많이 걸리고 극단적인 의견은 판단의 합의를 얻기 위해서 제외되는 문제 등이 있다.

5) 이차적 자료분석(secondary data analysis)

지역사회 내 사회복지기관의 서비스 수혜자에 관련된 기록들을 검토하여 욕구를 파악하는 것을 말한다. 서비스 전달을 치료라 할 수 있으므로 이차적 자료분석을 치료관련율(RUT: Rates-Under-Treatment)이라고도 한다. 이차적 자료가 될 수 있는 것은 인테이크(in-take) 자료, 면접상황기록표(face sheet), 기관의 각 부서별 업무일지, 면접기록표(case record), 서비스 대기자명단(waiting list) 등이다. 이차 자료분석은 타 조사방법에 비해 비용이 적게 들고 조사에 신축성을 기할 수 있으나 비밀보장, 기록양식 등이 통일되어 있지 않아 이용 가능한 인구 전체에 적용시키기는 곤란하다.

6) 사회지표조사(social indicator analysis)

사회지표는 개인의 집합체의 어떤 면에 대한 계량적 측정치를 말한다. 예를 들어 소득수준, 실업률, 영아사망률, 주택보급률 등이 대표적인 경우이다. 가장 신뢰도가 높은 사회지표로 5년에 한 번씩 실시하는 인구조사(population census)가 있다. 인구조사자료는 지역단위별로 지표를 산정할 수 있으므로 좋은 자료가 되지만 비용 및 시간적 한계로 인구조사가 자주 이루어지지 않아 매년 변화되는 추이를 파악할 수 없는 것이 문제이다.

제3절   조사과정

1. 조사과정의 흐름

사회조사의 과정상 각 단계는 상호 의존적인 관계를 가진다. 따라서 조사자는 한 단계에서 필수적인 업무를 수행하기 전에 다음 단계에 대해 적절한 지식을 가져야 할 필요가 있다.

일반적으로 연구문제의 설정과 목적의 구체화, 연구조사를 하게 만드는 쟁점의 명시, 이론의 구축을 위한 가설의 형성 등이 최초 문제를 규정하는 단계에서 이루어진다. 두 번째 조사설계 단계에서는 조사대상(모집단)과 표본, 조사방법, 측정과 척도, 자료처리와 분석방법, 결과보고 등에 관한 문제를 계획하고 결정한다. 세 번째는 자료분석 단계로 자료수집을 하는 단계가 마무리되면 자료를 가공하고 처리하고, 분석하는 단계를 거친다. 마지막으로 이론 또는 실제적 목적과 관련하여 결과를 해석한 후 보고하는 최종 단계로 마무리된다.

조사연구를 진행함에 있어 어떤 오류나 잘못이 또한 발견되면 해당 단계로 되돌아가서 다시 다음 단계를 밟게 된다(조사의 순환성). 조사의 결과가 우연이 아님을 보여 줄 필요가 있고, 만일 조사가 다른 표본을 가지고 되풀이되고 그 결과가 동일하게 되면 그 가설은 거부할 수 없다는 주장을 확실하게 지지하는 것이 된다(조사의 필연성).

2. 조사의 단계

1) 주제의 선정과 범위

주제선정은 문제를 의식하는 시점에서 시작하여 문제의 존재위치나 존재모양을 확인함으로써 종료된다. 문제의식, 학문적 관심, 단순한 호기심 등 주제선정에 영향을 주는 요인은 다양하다.

(1) 존재상황이나 조건

개인의 경우는 성, 연령, 신장, 혼인관계, 출생지, 신체조건 등이며, 집단은 크기, 조직, 위치, 구성원의 배경 등이고, 사회적 상호작용은 발생빈도, 발생장소, 참여한 사람들 등이다.

(2) 행위의 성향

개인의 태도, 신념, 성격적 특성, 편견, 선입견, 정치적 성향, 지적 등이고 집단의 목적, 정책, 규칙, 절차 등이다.

(3) 사회적 행위

개인의 경우는 투표, 복권구매, 투자, 파업, 학교중퇴, 특정 상표 제품구입 등이며, 집단의 경우 야유회, 모금, 행사주최, 이사 또는 이전, 기부, 파산 등이고, 사회적 상호작용은 그 자체가 사회적 행위이기 때문에 관련되는 구체적 행위를 상상하기가 어렵긴 하지만 성공 또는 실패로 끝나는 혼인, 유죄선고 또는 석방이 되는 재판, 상품을 사고파는 상행위 등을 생각할 수 있다.

개인적 관심이나 가치판단, 사회적 여건이나 외부적 압력, 연구재단이 특별히 관심을 가지는 분야 등에 의해서 주제가 선정되기도 한다.

2) 문제의 형성

문제형성은 문제의 특성화 과정으로서 연구할 문제를 보다 정확하고 구체적이며 분명한 언어로 표현하여 그것이 과학적 방법으로 실제 취급될 수 있도록 체계화하는 단계이다.

(1) 조사문제의 설정

조사문제가 정확하고 구체적이며 분명하게 설정되면 문제해결에 필요한 지식이 무엇인가를 결정하는 일이 용이하게 된다.

(2) 이론에 의한 체계화

연구의 주요 변수 간의 관계를 명확히 이해하기 위해서는 주제선정과정에서 주제가 나타내고 있는 쟁점에 관한 이론을 알아야 할 필요가 있는데, 이때 상이한 이론적 패러다임에 기초하여 주제를 재검토해 보는 것이 필요하다. 문제에 대한 정확하고 체계적인 포착은 이론적 준거틀의 맥락을 구성함으로써 이루어진다. 문제가 가진 이론적 배경, 전체 이론체계에서 차지하는 위치, 다른 문제와의 관련성, 그리고 실제적 문제해결을 요구하는 사회조건에 대한 실제적 개입방안 등을 밝힘에 있어 이론은 중요한 공헌을 한다. 사회복지와 같은 실천 위주의 분야에서도 전문직 수행의 바탕이 되고 있는 지식이 특정 상황에서 행해지는 직접적인 실천활동에 국한된 지침인지를 구분하고 확인해야 한다.

실제 취급될 구체적인 문제는 세목별로 조목조목 나누어 질문형식으로 기술하게 되는데 이때 이론은 체계적 질문의 지침이 되는 것이다. 또한 이론은 가설의 형성을 위한 모체를 제공하게 된다.

3) 문제형성과정

문제를 형성한다는 것은 문제를 상세하게, 정확하게 그리고 체계적으로 표현한다는 것이다. 이를 위해서는 가설이 구체화되고 조사목적이 명확화되어야 하며 주요 개념이 확실하게 되어야 한다.

문제형성과정에서 목적의 진술, 검증될 특정 가설의 진술, 개념과 변수의 규정, 다양한 개념들의 지표로 사용될 자료종류의 구체화(조작적 정의), 조사결과를 기존 이론에 관련시키는 것이다.

(1) 문헌조사

목적 진술 속에는 조사연구를 실시하는 이유가 담겨져 있어야 하며, 특히 기관이나 클라이언트와 관계되는 것이 있으면 분명하게 공개되어야 한다. 또한 모든 사회복지조사는 이 전문분야의 이론을 구축하는 데 공헌해야 하기 때문에 이에 대한 방법이 목적 속에 나와야 한다.

(2) 개념화(conceptualization)

일반적으로 개념이란 단어 또는 용어를 사용해서 어떤 현상이나 사물의 뜻을 머릿속에 그려 보는 관념적 구성물을 의미한다. 개념은 주로 ① 우리가 경험하고 있는 현실에 대해 의사전달, ② 특정한 경험이나 관찰을 기존이론에 연결, ③ 조사문제를 기왕의 지식에 관련지음, ④ 연구될 실천상의 현실수준을 규정하기 위하여 사용된다.

조사에 필요한 개념들을 규정하기 위해서는 특정한 언어적 상징에 주어지는 의미를 가능한 한 상세하게 규정하되 특정 조사에서 사용되는 의미를 밝혀야 한다. 실제 의미하는 바는 다른 사람과 비교해 볼 때 가지는 특성이나 개념화하는 목적에 따라 좌우된다.

연구에 사용되는 모든 개념이나 용어를 정의할 수는 없기 때문에 명확화할 수 있는 개념을 선정해야 한다.

(3) 조작화(operationlization)

조사자가 만든 개념이 아무리 단순하더라도 그것이 경험적 해석이 가능하도록 마련되어야 조사를 수행할 수 있다. 조작적 정의는 이론적 개념을 그것이 가리키는 경험적 준거틀과 연결시키는 절차이다. 자료수집과 측정을 위해서 추상적인 것에서 유형적이고 구체적인 것으로의 전환과정이 조작적 정의를 발전시키는 과정인 것이다. 질문이나 가설의 해답이나 입증에 사용될 증거와 자료의 종류가 조작적 정의에 의해서 설명되어지며 나아가 연구 속에 있는 주요 개념이 어떻게 발견되고 관찰될 것이며 측정될 것인가를 구체적으로 명확하게 한다.

조작적 정의의 목적은 마음속에 있는 생각을 현실세계와 연관시키는 것이다. 조작화의 과정에서 필수적인 것은 추리의 여러 차원에서 현상의 정의를 다루는 것이며, 이들 차원이 상호 간에 어떻게 관련되어 있는지를 밝히는 것이다. 지표는 개념의 일부 측면만을 나타내게 되며 불완전한 것이 된다. 더욱이 선택된 지표는 개념의 범위 밖에 속하는 현상을 측정할 수도 있는 것이다.

결국 조작적 정의는 개념의 어떤 부분이 지표에서 무시되거나 또는 지표가 개념의 부분이 아닌 어떤 현상을 잘못 담당하거나 해서 필요 없는 것을 포함시키거나 또는 필요한 것을 포함시키지 않거나 하는 문제에 항상 부딪히기 마련이다.

(4) 변수의 규정

개념은 직접적으로 관찰할 수 없거나 측정할 수 없는 추상적이고 관념적인 것인 데 반해서, 변수는 개념을 측정 가능한 면으로 본 것이다. 변수는 둘 이상의 값을 갖는 개념이다. 속성에 있어서 두 가지 이상의 값을 가질 수 있으며 그것을 관찰할 수 있는 면에서 본 개념을 변수라고 한다.

예를 들면 '수입이 건강에 영향을 미친다'는 이론적인 수준의 서술에서 '수입'이라는 말은 개념이 되지만 '노인에 있어서 수입이 높을수록 건강수준도 높아진다'라는 가설적 서술에서는 '수입'은 변수가 되는 것이다.

영향을 미치는 변수를 독립변수라 하고, 영향을 받는 변수를 종속변수라 한다. 실험조사 설계는 독립변수와 종속변수의 관계를 명확히 규명하는 방법이다.

X, Y는 직접 또는 간접적으로 전연 관계가 없는데 제3의 변수 Z가 X에도 관련을 갖고 있고 Y에도 관련을 갖고 있어 표면상으로는 마치 X와 Y가 관련을 갖고 있는 것처럼 보이는 경우이다. 이러한 경우의 X와 Y의 관계를 가식적 관계라고 한다.

(5) 가설설정

가설이란 참 또는 거짓을 증명할 수 있는 가정을 명제화한 것이다. 어떤 현상에 관한 관련된 진술을 설명이라고 하며, 이 설명을 명제화한 후에 실증에 의하여 경험적으로 검증된 것을 이론이라고 한다. 환언하면 가설이란 경험적 연구를 통해 얻은 자료와 비교·검증하기 위하여 선정하는 이론적 진술인 것이다.

조사연구의 대상이 질문이냐의 결정은 기존의 지식과 선행조사에 달려 있다. 활용할 지식이나 조사결과가 많으면 질문보다 가설이 사용된다. 사회사업에 있어서는 변수 간의 관계를 설명하는 이론과 관련 변수를 규정하는 데에 필요한 지식이 부족하기 때문에 가설을 구성하고 검증하기 전에 관심사가 되는 현상을 기술하고 잠재적 변수를 찾아 이들 간의 관계를 탐색해야 하는 경우가 많다.

조사의 가설은 두 변수 간의 관계에 대한 명제나 조건의 형태로 진술되어진다.

가설은 연구목적을 달성하기 위하여 반드시 확보해야만 하는 자료의 종류로 안내하는 지침의 역할을 하며 동시에 조사계획을 조직하고, 분석을 위해 자료를 어떻게 배열하고 처리할 것인가에 대해 암시를 주고, 문제에 대한 해답을 가설이 시사하는 수도 있다.

4) 조사방법의 선정

(1) 조사방법의 정의

조사방법은 조사자에 의해서 제기된 조사문제에 대한 해결방안을 찾는 과정을 계획 또는 설계하는 것이라 이해할 수 있다. 가장 협의적인 정의는 독립변수를 조작하여 실험집단과 통제집단을 비교함으로써 독립변수의 효과를 사정하는 실험적 방법에 국한시키는 것이다. 보다 넓은 정의는 조사방법상의 여러 차원을 고려하여 변수의 통제 여부와 인과관계의 추리 여부에 초점을 맞추어 대안을 결정하는 것이다. 효과적인 조사방법은 조사문제에 대한 가장 적절하고 완벽한 자료를 제공해야만 하고, 조사방법이 자료수집에 앞서 결정되어야 한다.

(2) 조사방법의 결정과정

조사방법의 결정과정은 다음 9단계로 나눌 수 있다. 이때 각 단계에서 피드백이 가능하며 여러 단계가 동시에 일어날 수도 있다. 또한 가장 적절한 조사방법을 선택하기 위해서는 단계 간의 상호작용도 필수적이다.

① 조사문제의 규정

발견하려고 노력하는 것이 무엇이고, 조사의 결과는 어떤 목적에 사용되는가?

② 기초지식과 이론의 수집

조사자가 조사주제에 대해서 얼마나 알고 있으며 조사문제에 관련된 이론이나 전제에 대해서 얼마만큼의 지식을 가지고 있느냐가 조사방법을 선택하는 데 영향을 준다.

③ 방법론상의 쟁점 파악

기술적 방법과 실험적 방법 가운데 어느 것이 적절한 답을 제공하느냐 하는 것이다. 기술적 방법은 조사문제에 영향을 주는 관련 변수를 구체화하고 묘사하는 것이며 실험적 방법은 변수 간의 관계를 인과관계 면에서 특정화한다. 질적 방법이냐 수량적 방법이냐의 문제이다. 수량적 접근은 조사상황과 조사문제를 구성하는 요인에 대해서 엄격한 통제를 강조하고, 질적 접근은 인문학적 접근을 강조하며 조사상황이 가지는 독특한 측면에 초점을 둔다.

④ 조사 관련 사항에 대한 자료수집

조사가 집행되는 맥락을 의식해야 한다. 조사맥락은 사회복지문제, 연구에 의해 영향을 받을 클라이언트, 연구가 진행되는 상황으로 구성된다.

⑤ 가능한 모든 방법의 모색

활용될 수 있는 모든 방법을 파악하고, 각 방법의 장·단점이 분석되어진다.

⑥ 실제 문제에 대한 고려

최종 선택에 영향을 줄 실제적 장애물에 대해 분석을 실시함으로써 조사수행 시에 일어날 문제를 극복할 수 있게 된다. 조사의 크기와 범위, 방법을 실시해 나가는 데 필요한 협조, 조사 자체가 야기하는 영향의 정도, 조사가 필요로 하는 재정적·물리적 자원, 조사를 수행하고 종결하려는 데 필요한 시간 등을 고려해야 한다.

⑦ 조사방법에 대한 결정

가능한 모든 방법을 각자의 장점과 단점별로 검토하고 실제적 문제와 관련시켜 본 후에 최종적으로 조사방법을 선택하게 된다. 조사방법은 조사 전체과정에 절대적인 영향을 줄 뿐 아니라 수집될 자료의 질을 결정하기 때문이다.

⑧ 적절한 시행의 확인

실제 조사를 이끌어 갈 사람은 누구인가? 야기될 가능성이 있는 모든 문제를 찾아 이에 대한 대비책을 마련하며 동시에 조사에 참여할 모든 사람들로부터 이해와 신뢰 그리고 협조를 얻는 것이 매우 중요하다.

⑨ 선택된 방법의 장·단점의 구체화를 한다.

3. 표본추출

1) 표본추출의 정의

대부분의 경우에 연구자는 경제적, 기술적, 기타 정치·사회적 이유로 연구의 대상집단(모집단)에서 다룰 수 있는 범위 내에서 일부를 추출하여 연구하게 된다. 이것이 표본이다. 즉 표본은 어떤 대상의 전체를 대표하도록 그로부터 선택해 낸 부분을 말하여 그 과정을 표본추출 또는 표집(sampling)이라 한다. 표본추출은 연구자가 관심을 갖고 연구하고자 하는 전체 대상인 모집단으로부터 일부 대상으로 구성된 표본을 확률적 또는 비확률적인 방법으로 추출하는 것으로 정의할 수 있다. 이후 추출한 구성원을 대상으로 연구를 실행한 후, 도출한 결과를 근거로 다시 모집단의 속성을 추정(estimation)하게 된다.

표본추출의 장점으로는 전체 대상의 조사에 비해 시간을 절약할 수 있고, 면접자 또는 조사자의 수를 줄여 조사자 간의 신뢰도 문제를 예방할 수 있으며, 전체 조사에 비해 응답자의 협조도와 응답률이 높다는 것을 들 수 있다.

2) 표본추출과 연관된 개념들

(1) 요소(element)

정보수집대상의 단위이며 분석의 기초를 제공한다. 사람 또는 특정 유형의 보통 개인이 요소로 자주 채택되어 이용되나 가족, 집단, 조합 등이 조사의 요소가 될 경우도 있다.

(2) 전체 대상(universe)

특정 연구를 위해 규정된 전수(全數)의 이론적 그리고 가설적 집합체이다.

(3) 모집단(population)

연구자가 관심을 갖고 연구하고자 하는 전체 대상 또는 집단을 모집단(population, 母集團)이라고 한다. 이론적으로 구체화된 요소의 집합체이며 실제연구를 위해 표본을 추출해 내는 대상의 전수로 규정하는 집단이다. 전체 대상이 가설적인 상징인 데 비하여 모집단은 현실적으로 한정시켜서 조작적 의미를 부여할 수 있는 대상의 총체이다. 모집단 전체를 대상으로 조사하는 것을 전수조사 또는 센서스(census)라고 하며, 전체 구성원을 대상으로 연구하므로 가장 이상적인 연구방법이다. 그러나 전수조사에 필요한 거대한 비용을 감당할 수 있는 국가정부기관이나 대기업이 아닌 이상 일반 개인 연구자들이 전수조사를 실시한다는 것은 어렵다.

(4) 서베이 모집단(survey population)

표본조사를 위해 실제로 표집해 내는 요소들의 집합을 지칭하며 앞의 모집단 구성원 리스트와 일치하지 않을 수 있다.

(5) 표집단위(sampling unit)

표집과정의 각 단계에서의 표집대상인 요소들의 묶음을 지칭한다.

(6) 표집의 틀(sampling frame)

표본이나 표본단계가 추출되는 표본단위의 실제 목록을 지칭한다. 학생명부에서 학생들을 표집한다면 학생명부가 표집틀이 된다.

(7) 관찰단위(observation unit)

정보가 수집되는 요소 또는 요소의 집합체이며 자료수집단위이다.

(8) 변수(variable)

일련의 상호 배타적인 속성으로서 성, 연령, 교육수준, 월평균수입 등과 같이 여러 범주로 나누어진다. 변수가 가지고 있는 속성들은 변수값이라 한다. 변수는 반드시 변량을 가져야 한다. 만일 모집단의 모든 요소가 동일한 속성을 가진다면 이 속성은 그 모집단의 상수이지 변수는 아니다.

☞ 표 2-2 **변수의 종류와 특징**

변수의 종류	특징
독립변수	시스템 내 다른 변수에 영향을 주는 변수
종속변수	독립변수값의 변화에 의해 영향을 받는 변수
중재변수	제2의 독립변수로 독립변수와 종속변수를 포함하고 있는 연구에서 발생하며 실험의 난이도를 결정한다.
외생변수	종속변수에 예측, 통제가 불가능한 방식으로 영향을 주는 변수
통제변수	외생변수의 영향을 통제하기 위해 일부러 제거하는 변수. 만약 제거가 불가능하다면 두 비교집단의 외생변수 조건을 균등하게 만들어 준다.
매개변수	원인과 결과 사이에 결과를 이끌어 내는 이유를 설명하는 개념으로 실험처치에 의해 흔히 유발되며 종속변수에 영향을 줄 것이라고 가정되는 개념

(9) 분석단위(unit of analysis)

분석단위는 개인, 집단, 조직체, 사회적 존재 또는 이들의 행위의 산물이라고 할 수 있는 사회적 가공물도 분석단위가 된다.

분석단위에 관해서 주의해야 할 점이 많은 경우는 조사질의에 대한 보다 적절한 해답은 분석단위가 다른 것을 통해서 얻어진다는 사실과 분석단위의 개념이 생각보다 복잡하다는 것이다.

⑽ **생태적 오류 vs. 환원주의**

앞의 분석단위를 잘못 선택하는 경우에 발생하는 오류로는 생태적 오류와 환원주의가 있다.

생태적 오류(ecological fallacy)는 한 단위(주로 집단)에서 얻은 자료를 가지고 다른 수준의 단위(주로 개인 등의 하위단위)에 대한 결론을 내리는 것으로, 개인의 합과 조직은 서로 다르기 때문에 발생하는 연구결과 해석상의 오류를 말한다. 집단차원의 패턴은 집단구성원의 행동패턴과 일치하지 않을 수도 있기 때문이다. 환원주의(reductionism)는 개인을 분석단위로 한 연구결과를 토대로 집단, 사회, 국가의 특성을 추론하거나 어떤 넓은 범위의 인간의 사회적 행위를 이해하는 데 적합한 개념이나 변수를 지나치게 한정시키거나 한 가지로 귀착시키려는 경향을 말한다.

⑾ **모수**(parameter)

모집단의 변수를 요약, 묘사한 것이다. 한 도시의 모든 가구의 평균수입이나 도시인구의 연령분포와 같은 것이 모수이다.

⑿ **통계치**(statistic)

조사표본의 변수값을 요약, 묘사한 것이다. 조사표본에서 얻은 평균수입이나 연령분포가 통계치이다.

⒀ **표본오차**(sampling error)

표집에 의한 모수의 추정값이 모수와 다른 정도를 말한다. 표본의 질적인 관점에서 볼 때 표본오차의 결과가 치명적인 중대성을 가지게 되면 허용오차를 결정하는 데 다시 신중한 고려를 해야 되는데 오차의 구성비율상의 크기가 오차의 허용도를 결정할 수도 있다. 통계이론상 표본의 크기를 결정하는 데는 모집단의 크기, 모집단의 이질성과 동질성 그리고 표본의 통계치에 의한 모집단의 모수추정 시에 바라는 신뢰도의 범위 내지는 정도 등이 좌우한다.

⒁ **신뢰수준 또는 신뢰구간**(confidence levels or confidence interval)

표집오차를 나타낼 때 표본의 통계치가 모수로부터 어느 정도의 차이가 나는지 그 간격을 가지고 정확성에 대한 신뢰수준을 보여 준다.

⒂ **표집분포**(sampling distribution)

표본조사는 표본을 한 번 뽑아서 이것으로 모수를 추정하는데 이는 확률이론에 근거한다. 확률이론은 동일한 모집단으로부터 꼭 같은 무작위추출의 절차를 밟아 같은 크기의 표본을 무수히 여러 번 뽑는다는 가정에서 출발한다. 매번 뽑은 표본은 그 나름대로 어떤 속성을 나타내는 변수의 분포를 가지고 있으므로 이것에 대한 통계치를 얻어 낸다.

표본은 추출할 때마다 평균치가 다르게 나타나지만, 무수한 표본들의 합 또는 평균값들은 나름대로의 분포를 나타낸다(중심극한정리). 이들 통계치들은 모집단의 평균치를 중심으로 고르게 분포되어 있고 또한 이들의 평균치는 모집단의 평균치와 동일하다는 결과를 얻는다.

⒃ **표준오차**(standard error)

표준오차는 표집분포의 표준편차(standard deviation)로 확률분포인 표집분포를 기준으로 실제 조사에서 얻은 표본의 통계치와 모수와의 표준오차를 계산하게 된다. 표준편차란 어떤 집단의 요소들이 지니는 특성, 속성이 꼭 같지 않고 널리 분포되어 있을 때 각 요소의 값이 전체의 평균치로부터 떨어진 거리를 편차라 하고, 각각의 값의 편차들의 제곱을 평균하여 다시 제곱을 풀어 준 값을 이른다. 따라서 표준오차의 값은 이론상 표본의 크기와 반비례한다. 모집단의 구성비에 대한 표본의 대표성이 클수록 그리고 모집단에 대한 표본의 유사성이 높을수록 오차는 적어진다.

표준오차의 기능은 표본의 추정치가 어느 정도 모집단의 모수 근처에 분포될지 그 정도를 알려 주는 일이다.

3) 확률표집

모집단의 각 표집단위가 추출될 기회를 다 가지고 있고, 각각의 표집단위가 추출될 확률을 정확히 알고, 그리고 어떤 형태의 무작위방법에 기초하여 표집하면 이를 확률표집(probabilistic sampling)이라 하며 이렇게 추출된 표본을 확률표본이라 한다. 확률표집은 추론통계와 직접적인 관계를 가진다. 즉 표본추출에 근거한 연구의 궁극적 목적은 모집단으로부터 요소들을 표집하여 그들 요소의 통계치를 가지고 모집단의 모치수를 가능한 한 정확하게 추정하고자 하는 데 있다. 확률표본추출에는 크게 단순무작위표본추출(random sampling), 계통표본추출(systematic sampling), 층화표본추출(stratified sampling), 군집 또는 집락표본추출(cluster sampling), 그리고 임의번호 걸기(random digit dialing) 등이 있다.

(1) **단순무작위표집법**(simple random sampling)

단순무작위표본추출은 표집틀이 마련되면 거기에 포함된 모든 요소에 개별적인 번호를 매긴 다음 난수표 등을 사용하여 하나씩 골라내는 방법이다. 표본추출 프레임에서 각 대상자에게 고유한 숫자를 부여한 후, 난수표(亂數表, table of random numbers)를 이용해 특정한 방법으로 숫자를 무작위로 선택해, 만일 모집단 각 대상자에게 부여한 숫자와 난수표에서 선택한 숫자가 일치할 경우 그 대상자를 표본으로 추출하는 방법이다. 일반적으로 난수표는 0에서 9까지의 각 숫자를 동일한 비율로 무질서하게 배열한 표로서 컴퓨터 무작위 숫자 생성기를 통해 주로 생성할 수 있다. 이 방법은 표본을 추출할 때 연구자의 자의적 개입이 전혀 이루어지지 않은 채 무작위로 표본을 추출할 수 있다는 장점이 있으며 각 요소가 표본으로 뽑힐 확률이 동등하다는 원칙이 중요하다.

(2) **체계적 표집법**(systematic sampling)

체계적 표본추출 역시 일련번호를 붙인 표집틀을 마련하고 모집단 총수를 요구되는 표본수로 나누어 표집간격을 구하며, 표집간격 안에 들어 있는 숫자 가운데 하나를 무작위로 선택하여 추출된 최초의 표본으로 삼고 나머지 표본들은 기계적으로 정해진 표집간격에 따라 추출한다. 첫 번째 대상자를 무작위로 선정한 후, k번째 대상자들을 체계적으로 뽑는 방법이다. 이 방법은 대선이나 총선에서 실시하는 출구조사(exit poll)에서 자주 사용한다. 계통표본추출방법을 적용하는 예를 들어보면 다음과 같다. 총 30명으로 구성된 모집단에서 5명의 표본을 뽑는다고 가정할 때, 전체 모집단 대상자인 30을 표본크기인 5로 나누면 6이 나오며, 이 6이란 숫자가 k번째 대상을 뽑는 숫자가 된다. 표본추출 프레임에서 1번부터 6번 사이에서 무작위로 한 명을 선택한다. 여기서는 3번 대상자를 무작위로 선택했다고 가정해 보자. 그렇다면, 3번에서 k번째, 즉 여기서는 6번째 위치한 9번을 뽑고, 또다시 9번에서 6번째 위치한 15번을 뽑는 방식으로 표본크기가 5명이 될 때까지 이 과정을 밟으면 된다.

계층적 표집에는 편재 가능성이 있기 때문에 주의해야 한다. 표집틀의 표집단위가 어떤 특징적 경향을 따라 배열되어 있어서 이것이 표집간격에 맞추어 작용하게 됨으로써 일어날 수 있다.

(3) 층화표집법(stratified sampling)

층화표집은 모집단을 2개 또는 그 이상의 하위 모집단으로 구분한 후, 각 하위 모집단에서 표본을 각각 무작위로 추출하는 방법이다. 이 하위 모집단은 하나의 '층(stratum)'이 되며, 각 층 내부는 동질적인 속성을 갖는 반면에, 각 층들 간에는 이질적인 배타적 속성을 갖는다. 예를 들어, 최상위 계층과 중간 계층, 그리고 최하위 계층에 속한 대상자들의 스마트폰 이용 정도를 연구한다고 가정해 보자. 이때 최상위 계층이 전체 모집단의 20%, 중간 계층이 50%, 그리고 최하위 계층이 30%를 차지한다면, 표본추출 프레임을 이용해 모집단을 계층에 따라 3개의 하위 층으로 분류한 뒤, 모집단에 대한 각 층 비율을 고려해 일정 크기의 표본을 각 층에서 무작위로 추출하면 된다.

층화표집을 하기 위해서는 먼저 모집단을 의미 있는 특성에 기초하여 계층 또는 범주로 분류하고 그 다음 각 계층에서 무작위표집을 실시하는 것이다. 층화표집법은 이질적인 표본보다는 동질성 이 큰 표본에서 표집오차가 줄어든다고 하는 확률분포이론에 기초하고 있다. 즉 모집단의 어떤 계층 또는 범주들에 속한 요소들을 일정 수 반드시 확보함으로써 표본과 모집단의 동질성을 높이려는 것이다. 이때 주의해야 할 점은 어떤 변수를 가지고 모집단을 층화할지를 결정하는 일이다. 변수의 선정은 연구의 핵심이론과 유관 적합한 기준에 입각해서 해야 하며 층화범주를 엄격히 규정해야 한다.

(4) 집락표집법(cluster sampling)

집락표본추출은 표본추출의 단위를 개인이 아닌 '집단'이나 '집락'을 무작위로 선택한 후, 그 집단 내에 있는 모든 구성원들을 표본으로 추출하는 방법이다. 이 표본추출은 표본추출 프레임이 없어도 실행할 수 있다는 점에서 앞서 소개한 세 가지 표본추출과 차별화할 수 있는 장점을 갖는다. 또한 집락표본추출은 집단 간에는 동질적인 속성을 갖는 반면, 집단 내부는 이질적인 속성을 갖기 때문에 층화 표본추출과 정반대의 작동 메커니즘을 갖는다. 예를 들어, A 커피 전문점을 이용하는 고객들의 만족도를 연구한다고 가정해 보자. 이때 전국에 있는 커피 전문점 고객들에 대한 목록은 개인정보보호정책으로 인해 구할 수 없을 수도 있다. 또한 전국에 있는 모든 매장을 일일이 찾아다니는 것 역시 매우 어려운 작업이다. 이때 무작위로 특정 매장을 선정한 후, 이 매장을 찾는 모든 고객들을 표본으로 선택하면 된다.

모집단의 집락(지리적, 행정적으로 구분되어 있거나 조직체제상 분류된 단위)은 표집틀을 마련하기 위해 목록화할 수 있기 때문에 이 목록에서 집락을 무작위로 추출하고 그 다음에 추출된 집락을 대상으로 표집하면 된다.

집락 사이에는 되도록 동질성이 크고, 각 집락 안에서는 요소들 간의 이질성이 커야 한다. 집락 간에는 변량에 있어서 표집오차의 가능성이 있다. 따라서 표집오차를 줄이기 위해서는 표집단위가 이질적인 집락과 동질적인 집락 양쪽을 모두 포함시키는 것이 바람직하다.

다단계집락표집법(multistage cluster sampling)은 집락의 표집을 한 번만 하고 곧 개별요소를 추출하는 대신 몇 단계로 집락을 무작위 표집한 다음에 그 안에서 마지막 표집단위로 개별요소를 무작위추출하는 방식이다.

(5) **임의번호 걸기**(RDD: Random Digit Dialing)

임의번호 걸기는 표본추출 프레임인 전화부에 기재된 전화번호를 무작위로 선정해 표본을 추출하는 방법이다. 이 방법은 주로 여론조사를 실시할 때 자주 사용하지만, 집 전화 소유 여부, 집 전화 수신 대상자 문제 등으로 인해 최근에는 휴대전화번호를 이용한 표본추출을 병행하기도 한다.

4) 비확률표집법(non-probabilistic sampling)

비확률표집을 사용하면 표본에 포함될 확률을 알 수 없고 표집오차를 산정할 기초가 없다. 비확률표본은 조사자가 조사문제에 관련된 자료를 가능한 한 많이 수집하는 데 목적을 가진 탐색적 조사연구에 적합한 방법이며 표집단위가 특정 현상의 극단적 상태를 나타내고 있거나 연구되는 현상을 관찰 또는 경험하는 데 관건이 되는 위치에 있거나 하는 경우에 유용한 것이다. 비확률표본추출로 자주 언급되는 방법에는 편의표본추출(convenient sampling)을 비롯해, 유의표본추출(purposive sampling), 지원자표본추출(volunteer sampling), 눈덩이표본추출(snowball sampling), 할당표본추출(quota sampling) 등이 있다.

(1) **우발적 표집법**(accidental, availability, haphazard sampling)

확보하기 쉽고 편리한 표집단위를 표본으로 추출하는 것이다. 편의표본추출은 연구자가 가장 접근하기 쉬운 대상자들을 공원, 역, 길거리 등지에서 연구자가 임의로 선정하는 방법으로 가장 자주 사용되는 표본추출방법 중 하나다. 유의표본추출은 판단 또는 목적표본추출이라고도 하며, 연구 목적에 적합한 특정 대상자, 예를 들어 해당 분야 전문가나 특정 조직 등 상대적으로 제한된 집단들만을 대상으로 표본을 추출하는 방법이다. 지원자표본추출은 메일이나 광고지 등을 통해 연구를 광고한 뒤 참가 희망자들을 대상으로 표본을 추출하는 방법이다. 특정 기관의 클라이언트 연구, 지역사회 욕구를 조사하기 위해서 시장에 나가서 사람과 면접하는 경우 등이 대표적인 예이다.

(2) 눈덩이표집법(snowball sampling)

네트워크 표본추출(network sampling)로도 불리는 눈덩이표집은 산 정상에서 떨어진 작은 눈덩이가 내려오면서 거대한 눈덩이가 되는 것처럼 소수 참여 대상자로부터 또 다른 여러 명의 참여 대상자를 계속적으로 소개받는 식으로 표본을 추출하는 방법이다. 이 방법은 주로 특정한 모집단의 구성원, 예를 들어 외국 노동자나 노숙자, 유학생 등 표본추출 프레임을 구하기 어려운 대상자들을 상대로 하여 종종 사용하는 표본추출방법이다.

(3) 할당표집법(quota sampling)

모집단의 각 단위가 가지는 여러 가지 속성 가운데서 조사내용에 영향을 주는 변수(인구통계학적 특성이나 거주지와 같은 모집단의 특성)를 미리 규명, 설정하고 모집단을 이것에 따라 구분하여 요구되는 크기의 표본을 모집단에서 점하는 구성비율에 따라 할당해서 이에 해당하는 표본을 연구자가 임의로 요구되는 수만큼 선정하는 것이다. 할당표집의 기본원리는 모집단이 가지는 여러 가지 단면적 내용을 그대로 복사한 표본을 얻으려는 데 있다. 층화표본추출과 외견상 매우 비슷하지만, 표본추출 프레임이 없다는 차이가 있다.

(4) 유의표집법(purposive sampling)

판단표집이라고 하며 조사자가 조사문제에 관련된 지식을 충분히 가지고 있어서 표본에 포함시켜야 하는 전형적인 대상을 산출할 수 있다는 전제에서 이 방법은 출발하고 있다.

5) 표본의 크기와 대표성

대표성의 특성은 확보된 표본이 연구목적에 중요한 의미가 있는 모든 변수의 분포에 있어서 모집단의 축소판처럼 동일하다는 것이다. 표본의 대표성의 정도는 연구의 결과가 모집단 전체를 연구할 때와 거의 같은 것이라는 합리적 주장을 하는 데 관건이 된다.

일반적으로 표본의 크기가 커질수록 대표성이 높고 따라서 모집단과의 유사성이 높아질 기회가 많아진다. 또한 표본의 크기가 증가하면 일반화 과정에 수반하는 오류가 감소하기도 한다. 모집단에 대한 표본의 대표성과 관련한 주요 특성은 다음과 같다.

(1) 표본이 그 크기에서 모집단과 가깝도록 커질수록 일반적으로 오류의 감소는 적어진다.
(2) 표본의 크기는 모집단의 특성과 조사주체의 성격에 따라 결정된다.
(3) 표집오차가 클수록 표본의 크기는 증가해야만 한다.
(4) 모집단에 대한 지식과 자료분석에 필요한 범주는 표본의 크기를 결정하는 데 중요한 영향을 미치는 조건이다.

제4절 조사설계

1. 실험설계

1) 실험조사설계

실험조사설계는 자연과학에서와 같은 실험의 원리를 적용하여 독립변수와 종속변수에 영향을 미칠 가능성이 있는 다른 변수들의 영향을 통제하고 독립변수가 종속변수에 인과적인 영향을 미치고 있는가를 확인하기 위한 탐구방법이다.

실험조사설계의 단계는 ① 연구 대상자를 선정하여 난선화 방법에 의해 실험집단과 통제집단에 실시하고, ② 종속변수에 사전검사를 실험집단과 통제집단에 실시하고, ③ 실험집단에 대해서만 실험조치를 하고 통제(비교)집단에 대해서는 실험조치를 하지 않고, ④ 종속변수에 대해 사후조사를 하여, ⑤ 실험집단과 통제집단 간의 차이를 조사하는 것이다. 실험조사설계의 종류로는 통제집단전후비교설계, 솔로몬식 4개집단비교설계, 통제집단후비교설계가 있다.

통제집단전후비교 형태는 인간관계의 추정을 위한 가장 전형적인 설계이다. 이 설계는 실험집단과 통제집단을 난선화에 의하여 설정하고 실험처치 전에 양 집단을 검사하고 실험처치 후에 양 집단을 다시 검사하여 전후 검사의 차이를 비교하는 방법이다. 전검사를 실시함으로써 전검사에 의한 검사 및 도구요인 등에 의하여 내적 타당도가 저해되는 경우는 있지만 전반적으로 다른 내적 타당도 저해요인을 통제할 수 있어 내적 타당도는 높다고 할 수 있으나, 전검사와 실험처치가 상호작용을 일으켜서 시험의 결과를 그 상황에 특수한 것으로 만들어 외적 타당도를 저해함으로써 외적 타당도는 낮게 된다.

솔로몬식 4개집단비교는 통제집단전후비교방법에 전조사를 실시하지 않는 한 조(組)의 실험 및 통제집단을 추가한 형태이다. 여기서 전감사만의 영향 및 전검사와 실험처치와의 상호작용 영향을 계산하여 이것을 제해 주면 실험처리의 효과를 확실히 할 수 있다.

사전검사의 영향을 제거하여 내적 타당도를 높일 수 있고 또한 전검사와 실험처리의 상호작용의 영향을 배제하여 외적 타당도도 높일 수 있어 가장 이상적이지만 4개 집단을 무작위로 선정하는 어려움과 복잡성이 있고 비용이 많이 들어 현실적으로 이용하는 데 문제가 많다.

통제집단후비교설계는 내적 타당도를 저해하는 내적 및 외적 요인들을 배제할 수 있다. 전조사를 실시하지 않으므로 검사 및 도구요인의 영향은 자동적으로 배제되고 실험 및 통제집단이 같은 외적인 사건을 경험하고 같은 정도의 성장의 영향을 받기 때문에 다른 내적 요인들도 통제될 수 있다. 또한 외적 요인인 선택의 편의는 난선화를 통하여 통제될 수 있다. 그리고 사전검사를 실시하지 않으므로 검사와 실험처치와의 상호작용도 있을 수 없기 때문에 외적 타당도 저해요인이 자동 통제되고 다른 외적 타당도 저해요인의 영향도 별로 없게 된다. 가장 보편적으로 이용될 수 있는 형태이다.

2) 전조사실험설계

난선화(무작위 배분)에 의하여 조사 대상자가 선정되지 않고, 비교집단이 선정되지 않거나 비교집단이 선정되어도 집단 간의 동질성이 확보되지 않고, 또한 독립변수의 조작에 의한 변화의 관찰이 한두 번 정도로 제한되어 있어 내적 및 외적 타당도 저해요인이 거의 통제되지 못하게 된다.

(1) 1회 조사사례연구

어떤 단일집단에게 특정한 독립변수의 조작을 하거나 또는 어떤 단일집단이 특정한 현상(프로그램, 사회제도의 실시)을 경험한 후에 그 집단의 종속변수의 특성을 검사하여 그 결과를 평가한다. 이때 역사, 성장, 선택의 편견, 피험자의 상실 등의 외부요인들이 작용하여 내적 타당도를 저해하고 선택의 편견과 실험처치와의 상호작용으로 외적 타당도가 저해된다. 1회 검사사례연구는 탐색적 목적의 연구에 유의하게 이용될 수 있다.

(2) 단일집단전후비교설계

조사대상에 대해서 사전검사를 실시하고 독립변수를 조작 또는 독립변수에 노출된 후(프로그램 실행)에 사후조사를 실시하여 전후검사의 점수차를 비교함으로써 변수 간의 인과관계를 추정한다. 이때 추정된 인과관계의 신뢰도가 낮아지고 또한 일반화에도 위험성이 커진다. 외부변수의 영향(역사, 성장, 검사, 도구, 통계적 회귀), 선택과 성장의 상호작용 등의 요인이 작용하여 내적 타당도를 낮게 만들 수 있으며 검사와 실험처치와의 상호작용, 선택과 실험처치와의 상호작용 등으로 외적 타당도도 낮아질 수 있다.

(3) 정태적 집단비교설계

정태적 집단비교는 독립변수를 조작 또는 독립변수를 경험한 집단과 난선화가 아닌 방법에 의해 특성이 비슷하도록 선정된 집단에 대하여 실시하고 양 집단의 후검사 결과를 비교하는 것이다. 이때 비교집단으로는 배합(특히 빈도배합)에 의하여 특성이 비슷한 집단을 선정하거나 또는 이미 형성된 비슷한 특성의 집단(intact group)으로 선정된다.

문제점은 두 집단은 난선화에 의해서 선정되지 않았으므로 종속변수에 영향을 미칠 요인들이 이미 조사결과에 작용하고 있다는 합리적 의심이 가능하고, 양 집단 간의 종속변수의 차이는 한 집단이 적극으로 참여하려는 의도 때문에도 나타날 수 있어 내적 타당도가 낮아지게 된다. 또한 선택의 편의와 독립변수의 조작의 상호작용으로 인한 외적 타당도도 낮게 될 것이다.

3) 의사(유사)실험조사설계(quasi-experimental design)

(1) 시간연속설계(time-series design)

비교집단을 설정하기 곤란한 경우에 한 집단을 선택해서 독립변수의 조작이나 독립변수에의 노출 전에 세 번 이상씩 관찰(검사)하고 독립변수 도입 후에 세 번 이상씩을 관찰하여 전후의 점수 또는 경향을 비교하는 것이다. 독립변수 도입의 전후상태를 비교함으로써 변화의 차이가 있다면 이는 독립변수의 영향으로 보는 것이다.

내적 타당도를 저해하는 대부분의 요인들을 통제할 수 있지만 히스토리(history) 요인은 통제가 힘들다. 따라서 이와 같은 설계에 의하여 인과관계를 추정하는 데 상당한 위험성이 있을 수 있다. 독립변수 도입 전의 반복되는 검사로 인하여 검사 및 독립변수의 상호작용이 일어나서 인과관계가 특정 조사에만 나타날 수 있다.

따라서 외적 타당도도 상당히 문제가 될 수 있다. 이를 개선하기 위해서는 같은 조사를 여러 집단에 되풀이 실시하여 같은 결과를 얻을 수 있는지를 확인하는 것이 필요하다.

(2) 복수시간연속설계(multiple time-series design)

시간연속설계에 비슷한 특성을 지닌 다른 한 집단을 추가한 것이다. 즉 비슷한 특성을 지닌 두 집단을 택하여 한 집단에 대해서는 독립변수 도입(개입이나 프로그램 실행) 전후에 세 번 이상씩의 관찰을 하고 다른 한 집단에 대해서는 독립변수의 도입 없이 계속 관찰하여 종속변수의 변화상태를 비교한다.

내적 타당도 저해요인을 모두 통제할 수 있지만, 독립변수를 도입하는 집단은 전검사를 실시함으로써 검사와 독립변수와의 상호작용효과가 발생할 수 있고, 또한 난선화에 의하여 집단이 선정되지 않았음으로 인한 선택의 편의와 독립변수 간의 상호작용이 발생하여 외적 타당도가 낮아지게 된다.

(3) 비동일(非同一)통제집단비교설계(nonequivalent control group design)

난선화(무작위선정) 이외의 방법으로 실험 및 통제집단을 선정한 다음 이때 양쪽 집단에 대해서 사전조사를 실시한다. 실험집단에는 독립변수를 도입하고(개입 또는 프로그램 실행) 통제집단에는 독립변수를 도입하지 않은 다음 양쪽 집단을 후조사하여 그 결과를 비교하는 것이다. 특수한 내용의 프로그램을 시험적으로 실시하는 경우 그리고 기존의 사회복지프로그램의 효과성을 평가하는 데 자주 활용될 수 있다. 이때 양쪽 집단이 정확한 동일화가 아닌 점과 관련된 선택의 편의(역사, 성장, 검사 등)성이 상호작용을 일으켜 이들이 조사결과의 내적 타당도를 저해할 수 있다. 그리고 사전검사를 실시함으로써 사전검사와 독립변수의 상호작용효과가 발생할 수 있고, 또한 선택의 편의와 독립변수의 상호작용, 실험상황에의 민감성 등으로 인하여 외적 타당도가 상당히 저해될 수 있다.

(4) 분산표본전후비교설계(separate-sample pretest-posttest design)

독립변수가 어떤 특정 대단위집단에 도입되기 전에 특정 대단위집단에 속한 사람을 선정하여 난선화 방법으로 두 집단을 만들 수 있다. 한 집단에 대해서는 독립변수의 도입(프로그램 실행) 전에 전조사를 실시하고 이후 아무런 추가조사를 실시하지 않고, 다른 한 집단에 대해서는 사전조사를 실시하지 않는 대신에 독립변수 도입 후 사후조사를 실시하여 전자의 집단의 사전조사와 후자의 집단의 사후조사 결과를 비교하는 것이다.

역사적 영향요인을 통제할 수 없는 점과 독립변수가 도입되는 실험집단에 성장의 효과가 나타나서 종속변수에 영향을 미칠 수 있고, 실험집단으로 선정되고서 상당한 시간이 흐르면 피험자의 상실이 생겨 내적 타당도를 저해할 수 있다. 반면에 이 같은 설계는 검사와 독립변수의 상호작용, 선택의 편의와 독립변수의 상호작용, 실험상황에 대한 민감반응 등을 비교적 잘 통제할 수 있어 외적 타당도를 높일 수 있다.

2. 비실험조사설계

1) 일원적 설계(univariate design)

주어진 현상의 특성을 기술하려고 할 때 이용될 수 있는 것이다. 어떤 사회적 현상의 특성들을 한 번의 관찰로써 조사하여 개개 변수들의 값의 분포를 알아보는 데 이용되며 두 변수 이상의 관계를 규명하는 것은 아니다. 그리고 특정 인구가 어떤 사회적 제도나 사회적 및 역사적 사건을 경험한 후에 한 번에 여러 가지의 특징을 관찰하는 경우에도 일원적인 설계가 적용된다.

2) 상관관계설계(correlational design)

상관관계설계는 교차분석설계(cross-sectional design)라고도 하며, 서베이(survey)에서 가장 많이 이용되는 설계형태이다. 관찰 시 실험/통제집단의 설정과 독립변수의 조작이 불가능하므로 독립변수로 간주되는 변수가 도입된 집단과 그렇지 않은 집단을 구분하여 모두 표본에 포함시켜 동시에 관찰하고 자료를 분석할 때 독립변수로 간주되는 변수가 도입된 집단과 그렇지 않은 집단의 특성(종속변수로 간주되는 변수에 있어서의 차이)을 통계적 기법(예: t-test)을 통하여 비교하려는 것이다.

비교집단을 나누는 방법으로는 크게 ① 표본을 추출하여 조사실시 이후 분석과정에서 나누는 방법, ② 표집과정에서 일정한 비율로 나누어 표집하는 방법이 있다.

상관관계설계는 독립변수로 간주될 수 있는 한 변수와 종속변수로 간주될 수 있는 다른 한 변수의 속성의 분류 또는 정도를 교차시켜 분석하여 두 변수의 상관관계를 추정하려는 것이고, 나아가서 이러한 상관관계로부터 인과관계를 추정하려는 것이다. 연구자는 본인이 내세운 가설을 독립변수와 종속변수의 특성과 교차시켜 비교분석할 것을 먼저 생각해야 하며 변수의 분류나 정도의 특성이 적절히 포함될 수 있도록 표집을 하는 것이 중요하다.

전후조사에 의한 비교나 난선화 과정이 없고, 독립변수의 조작에 의한 독립변수의 종속변수에 대한 선행관계를 확인할 수 없으므로 인과관계를 추정하는 데 문제가 크다. 이러한 문제점은 이론적 및 논리적 근거에 의하여 또는 통계적 분석의 기법(경로분석)에 의하여 해결될 수 있다.

3) 요인설계(factorial design)

요인설계는 두 가지 이상의 독립변수와 하나의 종속변수의 관계 및 독립변수 간의 상호작용관계를 교차분석을 통하여 확인하려는 것이다.

독립변수의 수와 분류항목의 수에 따라 비교분석의 집단의 수도 다르게 된다. 예를 들어 독립변수가 2개이면 (독립변수 1의 분류항목 수)×(독립변수 2의 분류항목 수)에 의하여 비교집단이 결정된다.

요인설계의 특성은 두 개 이상의 독립변수의 각각의 독립적인 효과인 주효과와 두 개 이상의 독립변수가 결합되어 생기는 상호작용효과를 동시에 알 수 있어 독립변수들의 종속변수에 대한 영향의 정도를 보다 명확히 알 수 있다. 이때 주효과(main effect)란 종속변수에 대한 독립변수 개개의 독립적인 효과를 말하며 상호작용효과(interaction effect)는 두 개 이상의 독립변수의 결합된 효과를 의미한다. 상호작용효과는 한 독립변수의 종속변수에 대한 영향은 다른 독립변수들의 값에 따라 달라진다.

4) 단일사례연구설계(single case study design)

단일사례연구설계(single case study design)는 단일사례실험(single case experiment), 단일대상설계(single subject design), 또는 단일체계설계(single system design) 등으로 불리고 있으며, 개인, 가족, 소집단, 조직, 지역사회 등에 공히 적용될 수 있으나 일반적으로 개인 및 가족에 주로 적용된다.

단일사례연구설계의 특성은 일차적인 목적이 집단대상의 설계에서처럼 가설의 검증에 있는 것이 아니라 대상의 표적행동에 대한 개입의 효과를 관찰하여 분석하는 것으로 의도적인 개입이 표적행동에 바라는 대로의 효과를 나타내었는지를 평가하기 위하여 적용되는 조사설계이다. 이때 연구자는 경향과 변화를 알 수 있도록 시계열적으로 반복적인 관찰을 한다.

개입 전의 경향을 통제적인 상태로 보고 개입 중 또는 후의 상태를 실험처치 후의 상태로 구분해서 개입 전과 후의 상태비교의 실험조사설계의 통제집단후설계 같은 논리를 찾으려고 한다. 개입 전의 여러 번의 관찰을 통해 내적 타당도를 크게 위협할 수 있는 역사, 성장요인을 통제할 수 있어 동일한 통제집단을 설정한 것과 같은 효과를 얻을 수 있다. 개입이라는 독립변수 변화와 표적행동의 변화라는 종속변수 사이의 인과성을 추정할 수 있는 근거를 제공하여 과학적인 연구방법으로서의 가치를 찾을 수 있다.

연구자는 개입 도중에 자료를 검토하여 개입의 효과를 판단할 수 있으므로 개입의 효과가 없는 것으로 판단되면 새로운 개입방법을 수립하거나 개입방법을 수정함으로써 개입의 효과성을 높여야 한다.

단일사례연구설계의 형태의 구조는 개입 전의 국면(A): 실천가/조사연구자가 개입활동을 실시하기 전에 표적행동의 상태를 관찰하는 기간을 말하며 이를 기초선(baseline)이라 부른다. 기초선은 일반적으로 'A'로 표시한다. 기초선에 있어서 적어도 세 번 이상의 관찰이 필요한데, 개입 전 표적행동의 변화가 심할수록 기초선에 있어서의 관찰의 횟수는 증가되어야 한다. 또한 기초선의 길이는 개입의 힘 (power)에 따라 달라질 수 있는데 개입의 힘이 강할수록 기초선은 짧을 수 있다.

개입의 국면(B): 표적행동에 대한 개입활동이 이루어지는 기간이고 이 기간 동안 표적행동의 상태에 대한 관찰이 병행되어야 한다. 관찰의 횟수는 적어도 3회는 되어야 하고 개입기간에 있어서의 관찰의 횟수 또는 기간은 기초선과 같은 정도로 하는 것이 바람직하다.

단일사례연구설계의 구체적 형태에는 AB설계, ABA설계, ABAB설계, BAB설계, 복수기초선설계 등이 있다.

3. 횡단적 vs. 종단적 조사설계

1) 관찰의 시간적 차원

조사설계를 관찰의 시간적 차원에서 볼 때 횡단적 조사(cross-sectional research)와 종단적 조사(longitudinal research)로 분류할 수 있다. 횡단적인 조사설계는 한 시점에서 연구대상을 조사하는 것으로 이때 횡단이란 각기 다른 계층, 연령, 교육수준, 소득수준, 인종, 종교 등 광범위한 사람들의 표집을 의미한다. 특정한 모집단으로부터 표집된 표본들에 관한 자료를 분석하여 일반화될 수 있는 정확한 기술적 자료를 제공하고자 한다. 한편 종단적 조사설계는 둘 이상의 시점에서 시간의 흐름에 따라 조사대상이나 상황의 변화를 측정하는 것으로 수주일, 수개월, 수년간의 기간 동안에 걸쳐 일정한 시간 간격을 두고 반복적으로 여러 차례 측정함으로써 자료를 수집하는 조사방법이다. 종단적 설계는 일정기간 동안에 반복하여 특정 모집단을 조사하는 것으로 각 조사 때마다 동일한 표본 또는 새롭게 표집된 표본이 측정에 이용된다(예: 패널조사, 경향조사, 동년배집단조사).

2) 시간적 차원에 따른 조사설계의 분류

패널조사, 경향조사와 동년배집단조사는 여러 시점에 걸쳐 관찰하는 횡단적 조사설계(longitudinal design)이다. 패널조사는 동일한 표본집단을 여러 시점에 걸쳐 변화를 관찰하는 것이다. 경향조사는 어떤 광범위한 인구집단 속에서 시간에 따라 일어나는 변화를 연구하는 것을 말하고, 동년배집단조사는 보다 좁고 구체적인 범위의 인구집단의 변화를 연구하는 것을 말한다. 마지막으로 반복조사는 앞의 두 유형과 유사하지만 구별되는 점은 동일한 사람을 대상으로 반복연구한다는 것을 들 수 있다.

(1) **패널조사설계**(panel study design)

어떤 일정한 표본을 선정하여 같은 표본에 대해서 일정한 시간 간격을 두고 계속 관찰하는 식의 설계형태를 말한다.

패널조사설계의 장점은 독립변수와 종속변수의 시간차이 순서를 확립할 수 있고 전반적인 변화의 정도를 알 수 있다.

단점은 같은 대상자를 여러 번 조사해야 하기 때문에 조사에 자발적으로 응하는 사람들로 표본이 구성되어 피험자 선택의 편의가 작용하고, 연구기간이 길어지면 피험자의 상실현상이 나타내게 되어 내적 타당도를 저해하게 된다. 같은 대상에 대해서 반복적인 조사를 하게 되면 조사로 인한 조건화 현상(panel conditioning)이 일어날 수 있다. 이러한 문제점은 관찰 시마다 같은 모집단에서 선정한 통제집단을 추가하여 통제집단과 패널집단을 비교함으로써 개선될 수 있다.

(2) **경향조사설계**(trend study design)

경향조사설계는 상당히 넓은 일반인구집단을 모집단으로 설정하고 같은 모집단 내에서 각각 다른 표본을 선정하여 시간간격을 두고 관찰하는 식의 설계형태이다.

경향조사설계는 ① 연구의 일차적 목적이 일정한 집단의 태도나 행동의 변화를 기술하려고 할 때, ② 전쟁, 정책의 변화 등 자연적 또는 인위적인 상황의 효과를 분석, 평가하려고 할 때, ③ 어떤 일정기간 동안 어떤 집단을 반복조사해서 변천사항을 알아보려는 연구에 적합하다.

관찰대상이 되는 표본이 매번 다르기 때문에 표본의 동질성을 보장할 수 없고 또한 내적 타당도를 저해하는 요인들이 많이 작용하여 시간의 변화 또는 사회적 및 역사적 사건의 효과를 정확히 분석할 수 없는 단점이 있다.

(3) **동년배집단연구설계**(cohort study design)

동년배집단은 어떤 역사적인 기간에 태어나서 역사적인 사건을 비슷한 방법으로 경험한 연령집단이다.

동년배집단연구설계는 일정한 연령범위 사람들을 모집단으로 설정하고 일정한 시간간격을 두고 같은 모집단에서 각각 다른 표본을 선정하여 관찰하는 식의 설계형태이다.

단점은 내적 타당도를 저해하는 요인들, 특히 성장, 역사, 역사와 피험자 선택의 상호작용 등이 작용하고 각각 다른 집단의 종전의 상태를 알 수 없으므로 시간의 변화에 따른 변화를 명확히 알 수 없다.

동년배집단 특유의 효과가 나타나서 변화의 결과가 시간의 변화 때문인지 아니면 동년배 특유의 효과로 인한 것인지 구별이 힘들어지는 문제가 있다. 이와 같은 동년배 특유의 효과를 동년배효과라고 한다. 특히 인간의 성장 발달에 따른 어떤 특성의 변화를 연구하는 데 많이 이용되고 있다.

제5절 측정

1. 측정의 정의, 기능, 수준

1) 측정의 개념적 정의

측정이란 일정한 규칙에 따라 대상의 특성이나 속성에 대하여 어떤 상징을 부여하는 체계적이고 과학적인 과정으로, 구체적으로는 대상의 특성이나 속성에 관한 수치 등을 부여하여 값이나 양적인 또는 질적인 수준을 규정하는 것으로 정의할 수 있다.

측정의 특징은 일정한 규칙에 따라 대상에 대해 수치를 부여하는 범주화와 수량화한다는 특징이 있고, 사회과학이나 사회복지에 있어서는 대부분의 경우 측정하는 것이 대상 자체가 아니라 대상의 속성이나 특성이기 때문에 관찰한 것에 대해 수치를 부과하거나 수량화하는 일은 매우 어려운 문제일 뿐만 아니라 논란의 여지가 많다. 특히 직접 관찰할 수 없는 속성을 측정하려고 할 때에는 이 속성을 반영하는 지표의 관측을 통해서 추론해야만 한다(Kerlinger & Lee, 2000).

측정에 대한 특징이 다양하겠으나 그 초점은 범위라 하겠다. 특정 분석단위의 어떤 속성에 대하여 양적인 의미를 가진 수치를 부여하는 것으로 한정시킬 것인가, 아니면 질적인 값이나 수준을 규정하는 과정까지를 포함시킬 것인가 하는 것이 쟁점이다.

지표에 대한 조작적 특정화를 마치 수량화하는 것과 같이 측정의 개념 속에서 이해하게 되면 사회사업가가 일반적으로 관심을 가지는 특수현상에 대해 양적 연구만이 아니라 질적 측정도 가능하게 한다.

2) 측정의 기능

측정은 조사과정의 치명적 부분이나 질의에 응답하고 가설을 검증하는 데 중요한 역할을 한다. 또한 관념적 세계와 경험적 세계 간의 교량을 제공한다.

(1) 일치성(correspondence)

특정 이론은 현실세계와 추상적 개념세계 간의 일치를 증가시키는 데 사용되는 규칙과 절차의 윤곽을 결정한다.

(2) 객관화와 표준화

측정은 과학적 관찰에서 추리를 하도록 돕는다. 관찰 자체를 주관적 판단보다 훨씬 더 객관적인 것이 되도록 하는 것이다. 과학의 기본적 원칙은 조사자가 만든 사실에 대한 어떤 진술도 다른 조사자에 의해서 독자적으로 입증될 수 있어야 한다는 것이다.

(3) 수량화

측정은 관찰의 객관성만 아니라 관찰한 바를 상세하게 기술하는 능력도 향상시킨다. 변수를 범주, 수준, 정도, 조직, 빈도 등의 측면에서 다양하게 분류한다.

측정은 현상 간의 관계를 발견하는 능력을 향상시키는 데 공헌하고, 숫자란 이것을 적절하게 응용하면 현실세계를 설명하고 예견하는 이론을 구축하고 검증하는 일에 수학을 충분하게 활용할 수 있게 한다.

(4) 반복과 의사전달

특정 연구에 사용된 측정이 보다 객관적이고 상세할수록 다른 사람이 이 연구를 반복하고 그리고 결과를 확인하거나 논박하는 일을 쉽게 할 수 있게 한다. 또한 측정절차의 특정화가 엄격하면 할수록 연구결과의 효율적 의사전달이 증가할 가능성이 높아진다.

3) 측정의 수준(level of measurement)

측정의 수준은 척도를 수반하고 있는데 수준이 낮은 것부터 나열해 보면 명목적, 서열적, 등간적, 비율적 측정이 있다. 측정의 수준은 측정될 변수와 속성이 수계열상의 특성을 나타내는 정도에 의해서 결정된다. 즉 높은 수준의 특성은 자료를 다룸에 있어서 다양한 산술적 조작을 할 수 있으며 더욱 설득력 있는 종류의 통계적 분석을 사용할 수 있다. 반면에 가장 낮은 수준의 측정에 있어서는 변수가 구분된 범주와 수계열 간에는 일치성이 없다.

(1) **명목적 측정**(nominal scaling)

가장 낮은 수준의 측정으로서 대상 자체나 대상의 특성이 이 과정을 통해 범주화되거나 분류되며 글자 그대로 이름을 부여하는 것을 뜻한다. 질적인 것이어서 범주에 부여된 숫자는 수치적 의미가 없다. 또한 변수를 하위분류로 범주화하는 분류체계이기도 하다.

명목적 측정과 척도의 필수요건을 보면 ① 명목적으로 측정된 변수는 최소한 두 범주 이상으로 구분될 수 있어야 한다. ② 범주는 상호 배타적이면서도 포괄적이어야 한다.

명목적 측정에 있어서 수치나 상징은 한 범주를 다른 범주와 구분하기 위해서 붙인 것이다. 명목적 측정은 흔히 다른 수준의 측정과 연관되어 사용되기도 하지만 범주화된 기본범주의 측정수준에는 영향을 미치지 않는다.

대체로 모든 명목적 측정이 사용할 수 있는 척도는 단순한 모두-또는-전무(all-or-none) 척도이며 이 속에서 한 범주는 어떤 특성의 부재를 가지고 대상을 특정화하고 다른 범주는 그 특성의 존재로서 대상을 특정화하는 것이다.

(2) **서열적 측정**(ordinal scaling)

관찰된 바가 분류될 뿐만 아니라 높고 낮음 또는 많고 적음에 따라 순위가 매겨진다. 즉 대상이나 대상의 특성을 '보다 큰-보다 작은'(greater than-less than)이라는 상호관계 범주 속에 배치한다. 변수는 사회계층, 사회적 거리, 태도, 직업적 권위 등이다. 문제의 격렬성에 대한 등급(극히 심하다, 심하다, 심하지 않다, 거의 없는 것과 같다) 등도 이 측정의 예이다.

이 측정은 수량적 측정 가운데서 조잡한 척도로 인식된다. 서열적 척도상의 수치는 서열순위나 값을 지적한다. 서열적 값은 서열 간의 동일한 간격을 가정하지 않고 절대량을 지적하지도 않는다. 서열적 측정은 서열적 순위를 매길 수 있다는 점에서 명목적 측정보다 한 단계 능가하고 있으나 서열적 값은 절대량이나 서로 간의 정확한 거리를 지적하지는 않는다.

(3) 등간적 측정(interval scaling)

변수의 특성을 분류하고 서열의 순위를 정할 뿐만 아니라, 일정한 간격의 연속선상에 배치하는 것이다. 측정대상에다 순서에 따라 수치를 부과하는 절차이며 그 측정단위는 공통적이며 변함없는 것이 특징이다. 사칙연산 중 더하기와 빼기가 가능하다. 등간적 측정의 대표적인 예로 지능이나 온도를 언급하는데 절대 '0'의 개념이 의미가 없기 때문이다. 기술통계량 중 산술적 평균(AR: Artithmetic Mean)을 사용할 수 있으며, 추론통계분석기법들 중 상관관계, 회귀분석, 분산분석 등을 사용할 수 있다. 영의 위치를 알지 못하기 때문에 가령 2는 1의 두 배라 말할 수 없고 다만 2는 1보다 한 단위 더 가졌다는 의미밖에 안 된다.

(4) 비율적 측정(ratio scaling)

등간적 척도의 성격을 가지고 있으면서 거기에 실제적인 의미가 있는 절대 '0'(zero, 零) 또는 자연적 '0'을 갖추면 이 척도는 비율적 척도라 하고 이 척도로 측정하는 것을 비율적 측정 또는 비례적 측정이라 부르며 그런 측정이 가능한 변수를 비율적 변수라 한다. 대표적인 예로는 무게, 연령, 신장, 출생, 사망, 이혼율, 가족의 자녀수 등이 있다.

비율적 측정에서는 절대 '0'(zero, 零)이 실제적 의미를 가지기 때문에 모든 산술적 조작(사칙연산)이 가능하다. 연령, 소득, 교육연수, 결혼, 취업 등의 기관과 같은 변수에 대해 비율적 측정을 사용한다.

(5) 양적인 측정 대 질적인 측정

앞의 네 개의 측정의 수준은 데이터의 산술적 가치 보유 여부에 따라 질적 데이터(qualitative data)와 양적 데이터(quantitative data) 범주로 재분류할 수 있다. 질적 데이터는 범주형 데이터로서 산술적 가치를 갖지 않는 반면, 양적 데이터는 연속형 데이터로서 산술적 가치를 갖는 것으로 구분한다. 따라서 명목 및 서열 측정수준을 통해 수집한 데이터는 질적 데이터로, 등간 및 비율 측정수준을 통해 수집한 데이터는 양적 데이터로 간주한다. 다만 서열수준 데이터가 등간수준의 속성을 강하게 가진다면, 연구목적에 따라 양적 데이터로 간주하기도 하며, 이때 서열수준 데이터를 유사등간수준(pseudo-interval level) 데이터라고 명명하기도 한다. 이처럼 측정수준을 질적, 그리고 양적 데이터로 구분하는 것은 데이터의 속성에 따라 데이터 분석기법을 결정할 수 있기 때문이다.

2. 척도

이 네 가지 측정수준 중 서열 및 등간수준 데이터를 측정하기 위해 다양한 척도(scale)를 사용할 수 있다. 대표적인 척도로는 리커트, 의미분화, 거트만, 그리고 서스톤 척도 등이 있다.

1) 리커트 척도(Likert-type scale)

개발자 렌시스 리커트(Rensis Likert)의 이름을 따온 리커트 척도(Likert-type scale)는 심리학 또는 사회학 학문에서 자주 사용하는 척도로서 주로 사회심리학적 속성을 측정할 때 사용한다. 선택문항에서 양극단인 '비동의(disagree)-동의(agree)' 또는 '그렇지 않다(unlikely)-그렇다(likely)'를 기준으로 5점이나 7점 척도를 주로 사용한다. 각 점수 간 간격은 동일하지 않기 때문에 서열수준 데이터를 수집할 때 사용할 수 있다.

한편 리커트 척도는 연속적인 척도를 갖는 여러 개의 문항들을 합산해 단일평가지표를 도출하는 총화평정척도(summated rating scale)로도 간주한다. 예를 들어, 5개의 질문으로 구성된 'TV 친숙도' 측정문항의 경우, 각 문항에 대한 응답을 합산한 단일평가지표를 구해 TV 친숙도를 평가할 수 있다. 이처럼 리커트 척도를 총화평정척도로 이해할 경우, 숫자 간 간격을 서열보다 등간수준으로 간주하기 때문에, 이 경우 수집한 데이터는 양적 데이터로 간주한다는 점을 명심하기 바란다.

2) 의미분화척도(semantic differential scale)

찰스 오스굿(Charles E. Osgood)의 의미분화(semantic differential)란 이론적 기반에 근거를 둔 의미분화척도(semantic differential scale)로 의미분별 또는 어의차이척도라고도 일컫는다. 이 척도는 어떤 사물이나 사람의 이미지에 대한 '평가', '능력', '행위' 등과 함께 주관적인 의미를 측정할 때 주로 사용한다. 연속적인 척도의 양극단에 상반된 입장을 나타내는 형용사나 부사를 배열해 양극단 사이에서 해당 속성에 대한 평가를 실시하는 척도다. 예를 들어, 대선 후보자를 평가할 때, 척도에 '약한-강한', '수동적-능동적', '정의롭지 못한-정의로운' 등과 같은 상반된 형용사를 배치해 대선 후보자의 속성을 측정할 수 있다.

3) 거트만 척도(Guttman scale)

개발자 루이스 거트만(Louis Guttman)의 이름을 딴 거트만 척도는 '예-아니요'로 구성된 이항적(dichotomous) 선택문항으로 사람의 태도를 측정하는 척도이다. 이 척도는 내용의 강도에 따라 문항들이 일관성 있게 서열을 이루기 때문에, 단일 차원적이며 누적적인 척도로 간주한다. 따라서 특정 항목에 동의할 경우, 이는 모든 이전 항목에 동의한다는 것을 함의한다. 대표적인 예로는 이질적인 사회집단 구성원과 다양한 사회접촉에 참여하려는 의지를 측정하는 보가더스 사회거리 척도(Bogardus social distance scale)가 존재한다.

4) 서스톤 척도(Thurstone scale)

마지막으로 소개할 척도는 개발자인 루이스 레온 서스톤(Louis Leon Thurstone)의 이름을 딴 서스톤 척도로서 사람들의 태도를 주로 측정하기 위해 이용되는 척도이다. 이 척도는 척도 숫자 간 간격이 동일하다고 간주하기 때문에 등현등간방법(method of equal-appearing interval) 또는 유사등간척도라고도 한다. 이 척도는 거트만 척도처럼 문항 간 논리구조가 명확하지 않은 경우 이를 보완하기 위해 개발한 척도이다. 서스톤 척도는 수많은 평가자들에게 문항들 간의 논리구조를 판단하게 한 후, 타당도가 높은 문항들을 추출하고, 각 문항 자체가 하나의 고유한 척도값을 갖도록 한다. 높은 비용과 평가자의 주관적 판단이란 이유를 들어 자주 사용하지는 않는다.

3. 측정의 타당도와 신뢰도

1) 측정의 평가기준

측정이 소기의 목적을 달성하기 위해서 얼마만큼 제 할 일을 다하고 있는지 그리고 얼마나 오류 없이 수행하는지 그 정도를 고려하는 것을 측정의 타당도와 신뢰도라 한다(Rubin, 2001). 타당도는 측정내용과 측정한 특성의 진정한 값과의 일치 정도를 나타내는 반면에 일관성이 발견되면 측정도구가 목적을 달성했다는 신뢰성 있는 증거로 간주한다.

자료가 유관하고 실용적이며, 편리하고 예민한 것인지를 알아볼 필요가 있다. 조사문제와 관련된 자료의 확보, 선택한 지표의 적합성과 충분성 그리고 응답자에 대한 측정의 적절성 등이 유관함을 나타낸다. 실용적이고 편리하다는 것은 조사절차를 사용함에 있어 경비, 시간, 노력 그리고 윤리적 측면에 대한 고려를 의미한다. 예민성은 측정도구가 목적달성에 충분하리만큼 명확한 구분을 할 수 있는 민감성을 가지고 있느냐의 문제이다.

타당도와 신뢰도를 높이려는 노력은 경비, 시간, 노력이란 면에서 비용이 많이 드는 것을 감당해야 한다. 예민성을 높이게 되면 신뢰도가 낮아지는 경우가 많다.

2) 타당도(validity)

타당도는 우선 측정도구가 실제로 측정하고자 하는 개념을 측정하고 있는가 그리고 그 개념이 정확히 측정되었는가 하는 두 부분을 포함한다. 다른 개념이 대신 측정된다면 본래의 개념은 정확하게 측정될 수 없다(정영숙 외, 1998).

(1) 내용타당도

측정도구가 일반화하려고 하는 개념을 어느 정도로 잘 반영해 주고 있는가를 가리킨다. 구체적으로 말한다면 도구는 우리가 생각하고 있는 개념을 진정으로 측정하고 있는가, 도구는 그 개념을 대표하는 문항의 적절한 표본을 제공하는가 라는 두 질문이라 하겠다.

대체로 내용타당도는 하나의 판단과정이며 이 판단의 기초는, 거기서 도구의 항목을 도출해 내는 그 개념을 반영하고 있는 문항의 이론적 관념이다. 어떤 내용의 세계는 다른 것보다 분명하여 개념의 측정에 대한 판단이 쉽게 이루어진다. 도구의 일반적 내용타당도는 이것을 구성하는 사람의 기술과 판단에 거의 달려 있다.

내용타당도의 단계는 ① 개념을 주요 영역별로 층화하고, 주요 하위영역들은 가능한 한 모든 의미를 포함할 수 있도록 한다. ② 각 층이 뜻하는 의미를 포착할 수 있도록 여러 개의 문항을 만든다. ③ 문항들을 가지고 집락분석을 해본다. 또한 영역 내의 문항 간의 상관관계를 비교해 본다.

(2) 기준 관련 타당도

사용하고 있는 측정도구의 측정값과 기준이 되는 측정도구의 측정값과의 상관관계로 나타나는 것이다. 도구의 값을 비교하는 데 사용하는 외적 또는 독립적 기준이 하나 또는 그 이상 있다는 것이다. 타당도는 측정절차에 기초하여 마련된 외적 기준에 대한 예견의 정확도에 따라 판단되는 것이다(Shulman, 1978). 따라서 기준 관련 타당도를 위해 사용되는 증거는 경험적인 것이다.

동시적 타당도란 개인의 현재 위치나 상태를 정확하게 예견하여 서로 상이한 두 대상을 판별해 낼 수 있는 측정의 능력 정도를 말한다. 예로는 정신병리학의 척도를 들 수 있다(김영종, 2001).

예측적 타당도란 현재의 상태로부터 차후의 차이를 예측해 내는 도구의 능력 정도를 가리킨다. 예를 들면 적성검사의 예시적 타당도가 이에 해당한다(Chaiken, 1984).

(3) 구성체타당도

구성체란 기존 지식의 어떤 측면을 설명하고 체계화시키기 위하여 발전시킨 이론적 개념이다. 도구가 이론적 구성체를 성공적으로 측정하는 정도를 결정한다. 구성체는 고도의 추상적 성격을 지니고 있으며 또한 따로 분리되어 있고 관찰될 수 있는 행동으로 나타나지 않는 특성이 있어서 볼 수도, 만질 수도, 들을 수도 없으며 직접적으로 측정할 수도 없어서 이것의 존재는 확보된 증거에서 추리해야만 한다. 예로 적대감의 구성체는 적대적 또는 공격적 행동이라 생각되는 행동의 관찰에서 추리해야만 한다.

구성체타당도는 도구 자체만이 아니라 그 밑에 깔려 있는 이론을 포함하고 있다.

구성체타당도의 과정을 살펴보면, ⓐ 검사 수행을 당당할 수 있는 구성체의 암시, ⓑ 구성체를 둘러싼 이론에서 가설을 도출, ⓒ 이들 가설의 경험적 시험 등이다. 가설의 검사는 다시 수렴적·판별적 타당도와 요인분석과 같은 절차를 포함한다.

수렴적 타당도는 한 구성체의 상이한 측정은 유사한 결과를 낳는다는 것을 의미한다. 상이한 출처와 상이한 방법에서 얻은 증거가 구성체의 동일한 측정으로 귀결한다는 것이다.

변별적 타당도는 한 구성체는 다른 구성체와 경험적으로 구분될 수 있다는 것을 의미한다.

요인분석은 어떤 문항이나 도구가 유사한가를 발견하고 유사한 문항과 도구의 집락 간에 존재하는 관계를 찾아봄으로써 많은 수의 문항이나 도구를 요인이라 부르는 적은 수로 줄이는 것이다.

3) 신뢰도(reliability)

신뢰도란 반복되는 측정에서 어느 정도 동일한 결과를 얻게 되는가를 뜻한다. 도구의 신뢰도는 평점상의 차이가 측정된 특성의 진정한 차이와 측정오차를 얼마만큼 그대로 반영하고 있는지 그 정도를 지적한다. 모든 도구는 사전에 신뢰도에 대한 검사가 실시되어야 한다.

관심을 가지는 신뢰도의 측면에 따라 신뢰도의 형태는 다르다. 안정성과 동등성은 외적 일관성에 관련되어 있고 동질성은 내적 일관성과 관련되어 있다.

안정성은 반복해서 적용할 때 나타나는 측정의 일관성을 의미한다. 안정성은 측정의 시점과 관계가 있으며 두 시점 간의 길이가 길면 길수록 신뢰도의 추정값은 낮아진다. 동등성은 동일한 현상을 측정함에 있어 둘 이상의 측정도구를 사용할 때 이들 측정도구 간의 동등성이 곧 신뢰도가 된다. 동질성은 측정도구의 내적 일관성에 관계되어 있다. 검사되는 전제는 도구에 있는 모든 문항은 동일한 특성을 측정하고 있다는 것이다.

(1) 재검사법

동일한 도구를 같은 사람들의 집단에 둘 또는 그 이상의 서로 분리된 상황에서 적용하고 그 결과를 상관관계로서 비교한다. 만일 상관관계 계수가 높으면 도구는 좋은 재검사 신뢰도를 가졌다고 결론을 내릴 수 있다. 재검사는 도구의 안정성을 평가하는 것으로 점수의 일관성의 정도를 나타낸다.

두 검사의 시점 사이에 대상의 속성이 실제로 변할 수 있어서 첫 번째 검사 자체가 두 번째 검사에 영향을 줄 수 있는 제한점을 가지고 있다(Johnson, 1975).

(2) 대안법

재검사법의 시간적 간격의 문제를 극복하는 방법은 우선 시간적 간격을 최소로 줄이고 거의 동시에 관찰 또는 측정하되 측정수단이나 관찰방법을 두 가지 이상의 서로 다르지만 그 내용이 같은 것을 사용하는 기법이다. 대안법의 사용은 문항의 동등한 묶음을 필요로 하며, 각 대안양식은 대표성을 가진 문항의 표집을 함유해야 하고, 무작위추출로 뽑아야 한다. 또한 문항의 수도 같아야 하고, 유사한 형식, 동등한 난이도, 동일한 허용시간도 고려해야 한다.

(3) 반분법

동질성의 원리에 입각해서 신뢰도를 평가하는 방법이다. 같은 속성이나 특성을 다루기 위해 만든 측정도구에 포함된 지표들을 반(半)으로 나누어 별도의 척도로 간주하고 그들의 점수를 상관시켜 신뢰도를 평가한다. 이때 나누는 방법은 홀수와 짝수로 분류할 수도 있고, 무작위방법도 있다. 반분법은 도구의 내적 일관성을 측정하는 방법이다.

반분법은 동질성을 높이기 위한 비등가적 문항의 배제도 가능케 한다. 여기서 주의할 점은 내적 상관관계가 너무 높아서 각 문항이 측정하는 개념에 대해 더 이상의 정보를 줄 수 없을 수도 있다는 것이다. 관찰자 신뢰도는 안정성에 관련된 신뢰도를 구축하는 것이다.

한 사람이 여러 측면을 관찰할 수도 있고 둘 또는 그 이상의 사람이 한 측면을 관찰할 수도 있다. 이 방법은 주로 고려의 대상이 되는 현상이 아직 보다 전형적인 측정기술에 적용시킬 준비가 되지 않았을 때 사용한다.

4) 신뢰도와 타당도의 관계

신뢰도 없이 타당도를 가질 수 없지만 타당도 없이도 신뢰도를 가질 수 있다. 신뢰도는 다만 어떤 것이 일관성 있게 측정되었음을 나타낼 수 있지만 그 어떤 것이 우리가 측정하려는 변수일 수도 아닐 수도 있다. 이와 같이 신뢰할 수 있는 도구가 우리가 측정하기를 원하는 것을 측정하지 않을 수 있다. 반대로 타당하지만 신뢰할 수 없는 도구를 가진다는 것은 불가능하다. 도구가 측정해야 할 것을 측정한다면 이것은 반드시 신뢰성이 있다고 규정한다.

4. 측정오류

측정오류(measurement error)는 기본적으로 신뢰도와 타당도와 관련된 문제이며 조사과정에서 나타나는 여러 형태의 오류의 하나에 지나지 않는다. 조사단계마다 상이한 유형의 오차가 일어난다. 이들 오류는 체계적이 아니면 무작위적인 것으로 나누어질 수 있다.

1) 체계적 오류

측정한 변수에 일정하게 또는 체계적으로 영향을 주는 요인을 의미한다. 이러한 요인은 성격상 응답자가 가진 변함없는 속성과 관련되어 있다. 인구통계학적 특성과 개인적 스타일이 가장 전형적인 체계적 오류의 원천이다.

(1) 대조오류는 어떤 특정한 특성에 있어서 자기 자신과 상반되는 것으로 다른 사람을 평가하려는 경향을 말한다.
(2) 후광효과란 한 가지 호의적 특성에 의해서 부당하게 영향을 받거나, 일반적 인상이 특정한 특성을 평가하는 데 영향을 주게 하는 경향이 있다.
(3) 관대성의 오류는 지나치게 높게 평가하거나 항상 호의적 보고를 하는 경향과 이와는 반대적 경향이 있다.
(4) 가혹(엄격)성의 오류와 극단적 위치를 피하고 중립적인 평가의 경향과 같은 중앙집중 경향의 오류가 있다.

2) 무작위적 오류

측정하는 속성과 측정과정에 일정하지 않게 영향을 주는 미지의 또는 통제되지 않은 요인을 의미한다. 무작위적 오류는 어떤 경향이나 방향을 가지지 않는다. 무작위적 오류의 대부분은 개인의 일시적 속성, 상황적 요인 또는 사무적 요인으로 분류될 수 있다.

무작위적 오류를 감소시키는 방법으로, 응답자에게 측정도구에 관심을 갖게 하고, 사귀는 시간을 갖고, 동기를 증가시키고, 불안을 감소시키고, 해답을 완성할 수 있는 능력을 가지고 있음을 확신시키는 것 등이 있다.

(1) 일시적 속성은 신체적·정신적 건강상태, 기분, 동기, 관심의 집중도, 권태, 긴장의 정도, 환상 등을 말한다.
(2) 상황적 요인은 내적 조건과 함께 응답자나 측정과정에 영향을 미칠 수 있다. 좌석배열, 작업공간 등 물리적 장치와 익명성과 동료의 참석과 같은 사회적 상황이 측정상에 원하지 않는 변이의 원천을 만들 수 있다.
(3) 사무적 요인은 실제로 측정도구를 다룰 때 일어나는 오류의 원천이다. 이것은 흔히 표준화의 결여에서 온다. 질문지를 다루는 사람이 주관성을 배제하고 객관성을 최대화하는 것이 문제이다. 측정도구를 사무적으로 다루는 사람의 이미지에 관심을 두어야 한다.

제 6 절 설문지법 대 면접법

1. 설문지법

1) 설문지법의 특성과 종류

설문지는 응답자에게 전달되어 그들 자신이 조사자의 도움 없이 기입·작성하는 것이다. 이에 비해 응답자에게 직접 주어지지 않고 응답자에게 질문을 읽어주고 그 답을 면접자가 기입·작성하는 것을 면접지라 한다.

베일리(Bailey)가 말하는 우편설문지법의 장점과 단점을 살펴보면 다음과 같다. 장점은 ① 시간과 비용이 절약된다, ② 응답자의 편의에 따라 질문에 대한 대답을 완성 할 수 있다, ③ 익명성이 보장된다, ④ 표준화된 언어구성이 가능하다, ⑤ 면접자의 편의가 배제된다, ⑥ 응답자가 질문에 답하기 전에 필요한 정보를 제공할 수 있다, ⑦ 보다 넓은 범위에서 보다 쉽게 응답자에게 접근이 가능하다 등이다. 단점은 ① 융통성이 없다, ② 질문지의 회수율이 낮아질 가능성이 있다, ③ 비언어적 행위나 다른 개인적 특성이 자료로 기록될 수 없다, ④ 환경을 통제할 수 없다, ⑤ 질문순서에 대한 통제를 할 수 없다, ⑥ 많은 수의 질문이 빈칸으로 남아 있을 가능성이 있다, ⑦ 첫인상이나 첫 반응 또는 즉각적인 의견을 기록할 수 없다, ⑧ 무응답의 이유를 판별하기 어렵다, ⑨ 일자(日字)를 통제할 수 없다, ⑩ 복합적인 질문지 형식은 사용될 수 없다, ⑪ 편의적 표본이 될 가능성이 있다 등이다.

2) 설문의 유관성

설문지 작성에 앞서 조사자는 조작적 정의가 이론적 개념에 맞는지 그리고 표본이 인구에 부합하는지를 살펴보아야 한다.

연구목적과의 유관성은 무엇보다도 먼저 전체적 목적이 응답자에게 관련되어 있게 보여야 한다. 설문과 조사목적과의 유관성은 질문지에 있는 모든 질문문항이 연구의 목적과 유관함을 믿게 되어야 한다. 응답자들은 질문지를 하나의 시험과 같은 것으로 생각할 수도 있다.

질문과 응답자와의 유관성은 자기와는 관련이 없거나 자기에게는 적용이 되지 않는 질문에 응답케 하는 것은 응답자에게 실망감이나 좌절감을 주게 되어 결국 질문지에 대한 반응을 포기하게 한다.

3) 설문지의 언어구성

① 설문문항은 분명해야 하고 애매모호해서는 안 된다. ② 문항은 가급적이면 짧게 한다. ③ 적절한 언어구성의 수준을 유지한다. 언어의 난이도는 일차적으로 응답자의 교육수준에 달려 있다. 어느 정도의 공식적 언어가 사용됨이 마땅하다. ④ 추상적인 것보다는 사실적 질문이어야 한다. ⑤ 유도질문은 조심해야 한다. 질문은 가장 중립적 위치에서 물어야 한다. 명목적 대답이란 비록 특정 응답자에게는 틀린 대답일망정 규범에 맞추어진 답을 말한다. 이것을 사회적 요청에 의한 편의라고도 한다. ⑥ 직접질문과 간접질문 간의 선택을 필요로 한다. 사실적인 내용을 알기 위한 가장 편리한 질문은 직접적으로 하는 것이다. 그러나 직접질문이 응답자를 당황하게 하거나 또는 기억이 불충분한 상태에 있는 경우에는 간접질문이 보다 효과적이다. ⑦ 부정적 문항은 피해야 한다.

4) 설문과 응답의 형식

설문과 응답의 형식에는 개방형 질문과 폐쇄형 질문이 있다.

개방형 질문은 응답자가 거의 아무런 제약 없이 자유롭게 대답할 수 있도록 응답범주가 상세히 구체화되지 않은 채 질문만 던지는 형식이다. 개방형 질문은 조사자가 질문에 포함시킬 가능한 모든 쟁점에 대해서 알지 못하고 있을 때나 또는 조사자가 어떤 사항에 있어서 기본적 쟁점이 어떤 것인지를 탐색하려고 할 때 흔히 사용한다. 개방형 질문의 장점은 응답자의 감정을 개인적으로 진술할 때 압력을 가하지 않는다는 것이다. 단점은 응답률이 낮다는 것과 외적 타당성의 감소라는 면이 있다. 또한 측정오차의 문제인 내적 타당도가 개방형 질문에서 심각하게 고려될 수 있다. 그리고 자료에 대한 주관적 견해를 담을 수 있다.

폐쇄형 질문은 대답할 내용을 미리 범주화하여 이 가운데서 하나 또는 몇 개를 선택하는 형식이다. 응답이 여러 가지로 구성된다. 즉 '예', '아니요'를 단순히 표현하거나, 찬성의 정도를 선택하거나, 응답범주를 목록에서 하나 또는 그 이상을 선택한다.

폐쇄형 질문의 장점은 개별적 응답자로부터 신뢰성 있는 응답을 확보할 수 있고, 주제에 관한 자료를 이끌어 낼 수 있다. 단점은 응답자가 자기의 대답에 적절한 응답이 제공된 선택지 가운데 없다고 생각할 수 있다는 점과 그들이 한 번도 생각해 보지 않은 것에 대해서 의견이 있는 양 대답을 하고 싶어진다는 점이다. 개방형과 폐쇄형의 질문형식을 비교해 보면, 개방형 질문은 질문이 복합적이고 복잡할 때와, 조사자가 모든 가능한 선택을 알지 못할 때, 그리고 탐색적 연구에 적절하다. 폐쇄형 질문은 선택의 수가 한정되어 있거나 이에 대해 이미 알고 있을 때, 그리고 응답자가 특정한 쟁점에 대해 분명한 의견을 가지고 있을 때 보다 효율적이다.

개방형 질문에 대한 응답범주는 응답자가 답을 쓰는 데 필요한 공란이다. 조사자는 공란의 크기를 정해 줌으로써 응답의 분량을 조절한다. 폐쇄형 질문에 대한 응답은 응답지 또는 선택지를 사용하며 기본적 형식은 양자선택 또는 양분법, 선다형 그리고 척도법을 사용한다.

양분법의 선택지는 상호 배타적이어야 한다.

선다형은 보통 3~5개의 선택지로 구성되며 가끔 일곱 개도 사용된다. 하나만 택하게 할 수도 있고 수의 제한 없이 선택할 수도 있다. 선택지 사이에는 한계가 명확하게 중복되지 않도록 해야 한다. 응답지의 표현은 구체적이어야 하며 가급적이면 질적인 것을 피해야 한다. 기타라는 범주가 삽입되는데 이 경우 '기타'에 대한 답을 구체적으로 기입하도록 하는 것이 좋다.

척도법은 양적이고 연속성을 가진 내용으로 구성된 선다형 응답방식이다. 선택지는 가능한 한 동일한 영역에서 연속성을 가지도록 하고, 높은 것에서 낮은 것으로, 좋은 것에서 나쁜 것으로 질서 있게 열거한다.

5) 설문지의 작성

문항의 배열 배치 순서는 응답의 성격에 영향을 줄 뿐만 아니라 자료수집 활동을 좌우할 수 있다.

문항의 배열 배치 순서에서의 고려사항은 ① 답하기 쉬운 질문을 먼저 한다, ② 민감한 질문이나 개방형 질문은 뒷부분에 배치한다, ③ 질문은 논리적으로 배열한다, ④ 일정한 유형의 응답군(response set)이 조성되지 않도록 문항을 배치해야 한다, ⑤ 신뢰도를 검사하는 질문은 서로 떨어져 있어야 한다, ⑥ 일반적인

그림 2-4

설문지 형식

1) 질문과 진술

2) 개방형 질문과 폐쇄형 질문

(1) 개방형 질문
 : 개방형 질문은 응답자가 질문에 대해 자유롭게 답할 수 있는질문이다. 개방형 질
   문은 정보가 확실치 못할 때 주로 탐색을 위해 사용된다.
 : 개방형 질문은 응답자가 자유로이 답을 할 수 있다는 장점이 있지만 응답들을 정리·
   분석하는 데 시간이 많이 걸리고, 연구자의 주관적 판단이 개입할 위험성의 소지가
   있다.

<예>
1) 당신이 해외 봉사활동에 참여하게 된 이유는 무엇입니까?
   (   )
2) 최근 우리사회의 심각한 저출산 문제를 해결하기 위해 가장 시급한 정책과제
   가 무엇이라고 생각합니까?
   (   )

설문지 형식

2) 개방형 질문과 폐쇄형 질문

(2) 패쇄형 질문
 : 폐쇄형 질문은 가능한 대답의 항목들을 사전에 결정하여 응답자들에게 제시해 주
   고 그중에서 하나를 선택하는 방법이다.
 : 응답의 통일성이라는 면에서 탁월하고 보다 쉽게 처리할 수 있다는 장점이 있다.
 : 응답자의 생각이나 태도를 제대로 반영하지 못할 수 있고, 주어진 항목이 유사하
   거나 혹은 응답자의 생각과 전혀 달라 반응하기 곤란한 경우가 발생할 수 있다.
 : 폐쇄형 질문에는 크게 이분법적 설문, 선다형 설문, 평가척도식 설문, 순위매기기
   기법식 설문으로 구분할 수 있다.

<이분법적 설문의 예>
당신은10년 이내에 남북이 통일될 것이라고생각합니까?
① 예   ② 아니요

<선다형 설문의 예>
당신의 학년은?
① 1학년   ② 2학년   ③ 3학년   ④ 4학년

것을 먼저 묻고 특수한 것을 뒤에 묻는다, ⑦ 질문지에는 표지, 응답지침, 사전부호화 등이 포함되어야 한다 등이다. 표지의 모양과 구성은 보기 좋아야 하고 고유번호, 연구제목, 소개문 그리고 면접 시에는 면접일자, 시간, 면접자의 이름 등이 포함되어야 한다. 응답지침은 응답자가 읽고 답하는 요령을 터득하도록 하는 것이다. 질문서의 문항들은 차례로 번호를 주어야 한다. 또한 문항이 폐쇄형일 때에는 미리 질문지에 부호를 주어서 따로 부호화하는 일을 하지 않아도 되도록 한다.

6) 설문지의 사전검사

사전검사란 질문지를 본 조사에 들어가기 전에 실지로 일정한 수의 사람들을 대상으로 적용·시험해 보는 것을 말한다. 사전검사는 반드시 한 번 이상 실행해야 한다. 조사인구를 대표하는 사람들을 골고루 뽑아서 사전검사를 하지 않으면 이 조사의 의미가 없다. 사전검사에 있어서 표본의 수를 얼마로 하느냐에 대한 원칙은 없으나 일반적으로 20~50명이 적절하다고 본다. 질문지의 사전검사를 면접을 통해 실시하면 여러 가지 응답자의 자유롭고 자유스런 의견이나 반응을 얻을 수 있어 좋다. 사전검사에서 최우선으로 분석하는 것은 응답자의 특별한 비평과 의견이다. 질문지가 가진 문제점을 찾기 위해서 각 문항의 '무응답' '모르겠다' '대답할 수 없다'의 수를 먼저 계산한다. 또한 응답의 양태도 검토해야 한다. 그리고 응답이 유용한 자료인지를 확인도 해야 한다.

7) 설문작성 시 유의사항

(1) 문항의 명료화, (2) 이중질문 피하기, (3) 응답자의 대답능력 고려, (4) 응답의 자발성, (5) 응답자의 유관성, (6) 명료하고 짧은 문장, (7) 편향적인 문항과 부정적 용어 피하기 등이 있다.

2. 면접법

1) 면접법의 개념적 정의

면접법(interview)이란 연구의 목적을 달성하기 위하여 필요한 양적, 질적 자료를 면접자와 응답자의 상호작용을 통하여 얻는 방법이다.

사회복지조사에서 면접법은 일반적 조사목적을 달성하기 위해서도 사용되지만 특히 사회문제와 관련된 대상자를 연구하는 데 있어 유일한 방법이기 때문에 집중적으로 면접법을 사용하는 경우가 많다.

2) 면접법의 성격

면접법의 일반적 성격은 양자 간의 직접적 상호작용을 의미하며, 면접법의 성패 여부는 이 상호작용의 어떤 면을 고려하느냐에 달려 있다. 면접법의 기준을 살펴보면, ① 열성과 상호성은 서로를 유익하도록 만드는 데 대한 양쪽의 관심 정도를 말하며, 상호작용이 진행되면서 각자가 느끼는 유인성은 상호작용에 대한 개인적 열성의 정도와 내용을 결정한다. 만일 상호관계가 보상을 제공하지 못하면 끝나고 만다. 단순한 참여를 유발하기 위해서 현금으로 보상하는 방법을 사용할 수 있다. 면접을 통해서 솔직한 응답을 해줄 수 있는 피면접자의 동기와 능력이 중요하며, 응답자에게 긍지를 심어 주는 것이 더 중요하다. ② 의미의 이해는 상대방의 행동이나 진술의 진정한 의도를 인식하는 능력을 의미한다. 면접자나 피면접자가 의미하는 바를 서로가 정확하게 파악한다는 것은 매우 중요한 일이며 다른 문제가 부수되지 않는 한 예외적인 상황에서는 예외적인 수단을 사용할 수 있다는 것이다. ③ 융통성은 상호작용의 내용이 양쪽의 필요를 충족해 주는 정도를 의미한다.

응답자가 특별한 주석이 필요한 것을 언급했을 때, 면접자는 이에 대한 부가적 정보를 제공하여야 한다.

면접자가 사후에 토론하려는 주제를 피면접자가 가지고 나왔을 때 면접자는 즉시 주제를 바꾸게 된다. 피면접자가 질문에 대답하기를 주저할 때 면접자는 이 질문을 어느 정도의 관계가 형성될 때까지 뒤로 미루거나 아니면 다른 방법으로 물어야 한다.

(1) 면접법의 장점

질문지법과 비교할 때 면접법의 장점은 다음과 같다. ① 응답자의 필요에 맞추어 적절한 질문을 현장에서 결정할 수 있는 융통성을 가지고 있다. ② 질문지에 비해 높은 응답률을 확보할 수 있다. ③ 직접 관찰할 수 있으며 응답자의 답의 타당도를 사정할 수 있다. ④ 환경의 통제를 통하여 면접환경을 표준화할 수 있다. ⑤ 면접은 정보를 제공하는 사람에게 자연스러운 환경을 제공한다. 자연스런

환경은 보다 자발적인 응답을 유발한다. ⑥ 면접시간의 기록이 가능하다. 면접자는 면접일자, 시간, 장소를 기록할 수 있다. ⑦ 복잡한 질문이 가능하다. ⑧ 민감한 질문이 가능하다. ⑨ 모든 질문에 대한 응답이 있었는지를 확인할 수 있다. ⑩ 질문의 순서를 지킬 수 있고 질문지의 구조를 방해하는 일이 없도록 통제할 수 있다. ⑪ 응답자의 협조를 통하여 면접에 응하도록 동기지울 수 있는 분위기 조성이 가능하다. ⑫ 응답자의 환경조건이나 개인적인 것에 대한 자료를 얻을 수 있다.

(2) 면접법의 단점

면접법의 단점은 다음과 같다. ① 시간과 비용이 많이 든다. ② 면접자가 응답자의 해답을 오해할 수도 있고, 이해는 했지만 기록함에 있어 잘못이 있을 수도 있고 또한 응답자가 잘못 대답한 것을 그대로 기록할 수도 있다. 더욱이 피면접자의 응답이 면접자의 성, 연령, 외모, 말투, 옷차림 등에 대한 반응에 의해 영향을 받을 수 있다. ③ 묻지도 않은 질문에 대한 응답을 기록하거나 미완성된 응답내용을 보충하거나 하는 속임수가 있을 수 있다. ④ 응답자가 피곤하고 다른 일에 전념하고 있고 또는 불편할 때 면접이 이루어지면 피로, 노여움, 불편 등이 초래되고 이것이 응답에 영향을 주기도 한다. ⑤ 응답을 캐묻고 응답자에 따라 같은 질문을 다르게 표현하고 필요에 따라서는 다른 질문을 묻는 등 표준화되지 않는 경향이 있다.

3) 면접법의 종류

(1) 구조화 정도에 따른 분류

구조화란 계획이나 문항이 사전에 결정되는 정도를 말한다.

구조화 면접이란 조사표가 정확하게 질문문항, 문항의 연속, 구체적 언어까지를 지시해 준다. 개방형과 폐쇄형 질문 모두가 사용된다. 모든 응답자는 동일한 순서로 동일한 문항에 응답하게 되어 있기 때문에 분류하고 부호화하는 데 가장 편리하다. 그리고 비교적 훈련이 덜 된 면접자도 활용할 수 있다. 그러나 질문지 조사에 비해 면접법이 가진 장점을 충분히 살리지 못하면서 시간과 경비를 많이 소모하게 될 수 있다.

반(半)구조화 면접은 초점면접이라고도 한다. 구체적 문항을 가지고 있지만 조사 질문을 면접자 나름대로 탐색할 수 있게끔 면접자에게 상당한 허용도가 주어진다. 초점면접이라 불리는 이유는 주제나 가설은 결정되어 있지만 구체적 질문 문항이 사전에 마련되어 있지 않기 때문이다. 보통 공통된 경험을 가진 응답자들을 상대로 사용한다. 이 면접법은 질문은 미리 설정되지 않지만 탐색할 일반적 분야는 사전에 결정된다. 또한 부수질문과 같은 방법을 흔히 활용한다. 비(非)구조화 면접은 연구될 문제의 범위만이 면접 이전에 결정된다. 면접자의 능력과 자아의식에 크게 의존하고 있다.

구조화 면접의 장점은 정신치료분야에서 발전되어 온 것으로서 응답자의 깊은 곳에 숨겨져 있는 감정과 경험을 캐내고 면접 이전에는 의식하지 못한 정서, 태도, 믿음 등을 밝혀내는 데 사용한다. 반대로 단점은 분류와 부호화에서 일으키는 문제이다.

(2) 면접의 여러 형태

전화면접은 매우 빠르고, 비용이 적게 들며, 개인적 면접에 비해 익명성이 있는 장점이 있다. 그러나 전화면접은 표집문제와 응답자의 동기가 약하다는 단점을 가지고 있다. 또한 어떤 응답자는 면접자를 불신하고 숨어서 장난하는 줄 안다든가, 면접자가 비언어적 자료를 수집할 수 없다든가, 응답자나 상황을 통제할 수 없고, 응답자로 하여금 면접을 완성하도록 설득을 할 수 없는 단점이 있다.

집단면접은 정신치료법에서 연유된 것으로서 비구조화 면접을 주로 사용한다. 이 면접은 면접조사 대상자를 한자리에 모아 놓고 질문을 하나씩 읽어 주고 응답 요령도 동시에 알려 준다.

아동과의 면접은 아동의 한정된 용어 구사능력과 추상적 개념을 이해하는 데 관련된 능력, 아동과 성인의 역할관계, 면접상황에 대한 이해부족과 집중력의 제한성이라는 문제를 가지고 있다. 면접상황에서 연구의 목적이나 응답자의 협조에 대해서도 간단히 설명하고 놀이를 하도록 하는 것이 좋다. 놀이를 하게 되면 아동들은 기분이 좋아지고 응답을 잘하게 된다. 그림을 이용해서 질문하거나 전화 놀이, 인형놀이, 문장이나 이야기 완성하기 등이 많이 사용된다.

4) 면접의 기술

사회복지사와 클라이언트 간의 관계와 면접자와 피면접자의 관계는 둘 모두가 의도적이고 목적 지향적 관계이며, 클라이언트와 응답자에 대해서 인간적 존엄성,

비밀의 보장, 자기결정권의 수용과 같은 기본적 가치와 윤리에 기초하고 있다. 또한 클라이언트 또는 응답자가 솔직하고 완전한 정보를 제공할 수 있는 분위기를 만들려고 노력한다는 면에서도 이 두 상황은 동일하다고 하겠다. 차이점은 사회사업면접에 있어서는 돕는 관계를 형성하고 자료를 얻는 데 목적이 있고, 초점조사면접은 자료를 확보하는 그 자체가 목적이다. 다시 말해서 사회사업면접은 클라이언트를 위해서, 조사면접은 면접자를 위한 것이다.

임상적 관계에 대한 조사에 의하면 따뜻하고 감정이입적이며 순수한 치료자의 태도가 효과적인 치료에 긍정적으로 관계되어 있음이 증명되고 있다.

생각해 볼 문제 및 과제

1. 측정도구의 신뢰도와 타당도를 높일 수 있는 방법에는 어떤 것들이 포함되는지 토론해 보자.

2. 체계적인 오류는 무작위적인 오류에 비해 더욱 심각한 문제일 수 있는데 그 이유는 무엇인지 추리해 보자.

3. 실험설계 모형들이 사회복지실천현장에서 무리 없이 적용되기 위해 해결되어야 하는 과제에는 어떤 것들이 있는지 정리해 보자.

4. 표본추출 시 외부 영향요인의 효과적인 통제를 위해 어떤 기제를 활용할 수 있는지 생각해 보자.

5. 질문지 내용 작성 시 질문 배치순서는 어떤 방식으로 구성하는 것이 바람직한지 논의해 보자.

참고문헌

강영걸 · 박성복(2008). 사회복지조사론.

김광재 · 김효동 옮김(2009). 사회과학 통계방법론의 핵심 이론. 서울: 커뮤니케이션북스.

김기태 · 박병현 · 최송식(2009). 사회복지의 이해.

김석우 · 최태진(2007). 교육연구방법론. 학지사.

김영종(2000). 사회복지조사방법론. 학지사.

_____(2001). 사회복지조사론. 학지사.

_____(2007). 사회복지조사론-이해와 활용. 학지사.

남세진(2002). 사회복지조사방법론. 서울대학교출판부.

류성진 옮김(2011). 커뮤니케이션 통계방법론. 서울: 커뮤니케이션북스.

성숙진 · 유태균 · 이선우 역(1998). 사회복지조사방법론. 서울: 나남.

장택원(2012). 세상에서 가장 쉬운 사회조사방법론. 서울: 커뮤니케이션북스.

전상규(2011). 사회조사 분석사 조사방법론 Ⅰ · Ⅱ. 서울: 시대고시기획.

정영숙 · 이종한 · 배일섭 · 이상복 · 박충선(1998). 사회과학조사방법론. 대구대학교 출판부.

채구묵(2003). 사회복지조사방법론. 양서원.

최성재(1998). 사회복지조사방법론. 서울대학교 출판부.

최현철(2008). 사회통계방법론. 서울: 나남.

황창순 · 김형수 · 노병일 · 도종수 · 유지영(2010). 사회복지조사론. 양서원.

Agresti, A., & Finlay, B.(1997). *Statistical methods for the social science*(3rd ed.). Upper Saddle River, NJ: Prentice Hall.

Allen Rubin and Earl Babbie(1997). *Research Methods for Social Work*.

Babbie, E.(2001). *The practice of social research*(9th ed.). Belmont, CA: Wadsworth/ Thomson Learning.

Chaiken, M. R., & Chaiken, J. M.(1984). *Offender types and public policy, Crime and Delinquency*, 30, 195-226.

David Ryose(1991). *Research Methods in Social Work*(Chicago: Nelson-Hall, 1991), 37-52.

Gravetter, F. J., & Wallnau, L. B.(2008). *Statistics for the behavioral sciences*(8th ed.).

Hayes, A. F.(2005). *Statistical methods for communication science*.

Johnson, J. H.(1975). *Field Research*. NY: The Free Press.

Kahn, A.(1979). *Social Policy and Social Services*. New York: Random House.

Kaplan, A.(1964). *The Conduct of Inquiry*. San Franacisco, CA: Chandler Publishing Co.

Levin, J., & Fox, J. A.(1997). *Elementary Statistics in social research*(8th ed.). Needham Heights, MA: Allyn & Bacon.

Rubin, A., & Babbie, E.(2001). *Research Methods for Social Work*. Wadsworth.

Shulman, L. A.(1978). *A study of Practice Skills*. Social Work 23, 274-280.

제 **3** 장

사회복지행정론

제1절 사회복지행정

1. 사회복지행정의 개념 및 특성

1) 사회복지행정의 개념

⑴ **사회복지행정의 정의**

사회복지행정은 사회복지와 행정의 복합어로 행정은 관리, 경영, 운영 등과 그 밖의 여러 가지 의미로 혼용되어 사용되고 있다(이철수 외 공저, 2009). 사회복지행정의 발전과정을 보면 하나의 흐름은 일반경영이론에 기초를 두고 시설관리론으로서 발전하였고 다른 하나는 행정이 비대화하여 사회복지분야에 영향을 미치고 국민의 생존권보장에 대한 국가의 책임이 높아져 국가에 의한 복지행정이 강화되기에 이른다.

전자는 1910년대에 출발한 것으로 이른바 사회사업방법으로서 사회사업가의 양성, 훈련과 관련하여 사용되었고 또 사회사업기관 및 시설의 관리행정이 주가 되고 있는 반면에 후자는 대상자 원조에 관한 사회적 제 서비스가 다양하여 국가 또는 지방자치단체의 행정과 관련을 갖게 됨으로써 보다 광범위한 의미를 갖는 사회복지행정이라는 광의의 개념으로 사용되고 있다.

사회복지분야에 있어서 행정은 사회복지단체, 기관(사회복지시설기관)의 활동 전체를 지칭할 때도 있으나 일반적으로는 "사회복지적 활동목적을 지진 조직체가 갖고 있는 목적을 달성하기 위한 방법이나 수단의 선택과 그 목적을 달성하기 위한 과정의 효과적, 효율적 추진을 도모하기 위한 접근방법"으로 이해할 수 있다.

(2) 사회복지행정의 영역

그림 3-1 사회복지정책 및 실천과 사회복지행정 간의 관계

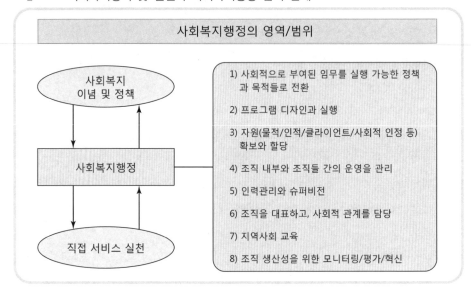

2) 사회복지행정의 범위

(1) **협의의 사회복지행정**(미시적 접근)(최성재, 2009)

① 사회사업실천방법의 하나로서 사회사업행정이다.

② 사회복지조직의 목표달성을 위해 관리자에 의해 수행되는 상호 의존적인 과업이다.

③ 사회복지조직의 관리자에 의해 사회복지조직의 목적과 특성에 영향을 받는다.

④ 사회복지조직의 구성원들에게 개입하여 사회복지서비스의 개발을 촉진하고 전달될 수 있도록 하기 위한 과정이다.

(2) **광의의 사회복지행정**(거시적 접근)(Patti, 1998)

① 클라이언트의 기능향상과 같은 사회사업적 기술보다는 사회과학적 지식과 관리과업을 강조한다.

② 사회정책을 사회복지서비스로 전환시키는 데 필요한 사회복지조직에서의 총체적인 활동

③ 사회복지조직의 목표달성은 구성원 전체에 있으며 전체의 참여를 강조한다.

3) 사회복지행정의 이념

사회복지행정의 이념은 사회서비스 제공의 기준과 목표를 분명하게 하기 위해 클라이언트의 욕구를 명확히 파악하고 그에 적합한 서비스 전달과정에 있어 효과성, 효율성, 공평성, 편의성을 고려하여 사회복지행정이 지향하고자 하는 정신과 실천적 방향을 제시하는 것이다(사회복지행정학회, 2003).

(1) 효과성

'클라이언트의 욕구충족을 위해 제공된 서비스가 적합했는가?'

계획된 목표의 달성 정도이다. 목적과 수단을 통하여 산출과 성과가 원래의 목적을 어느 정도 충족시켰는가 하는 성취도를 말한다.

(2) 효율성

'최소의 투입(input)으로 최대의 산출(output)을 달성했는가?'

최소의 자원을 투입하여 최대의 효과를 거두는 것이다.

(3) 공평성

'동일한 욕구를 가진 클라이언트에게 동일한 서비스가 제공되었는가?'

사회적, 경제적으로 열악한 계층에게 보다 많은 그리고 양질의 서비스를 제공해야 한다는 관점에서 출발한다. 동일한 욕구를 가진 사람들에게 동일한 서비스 혜택을 제공해야 한다는 것이다.

(4) 접근성

'클라이언트가 사회적 서비스를 쉽게 이용할 수 있는가?'

대상자가 서비스를 쉽게 이용할 수 있도록 되어야 한다는 것이다.

4) 사회복지행정의 필요성

(1) 산업화, 도시화, 복잡화된 현대사회

산업화로 인한 사회변동은 빈곤, 의료, 주택 등의 다양한 사회문제를 야기하였고 이에 따라 사회 전체에 사회복지제도와 정책적인 개입이 필요하게 되었다.

(2) 상호 연관되어 있는 인간사회

인간은 사회적인 체계와 관계 속에 존재하고 있으며 따라서 지역사회 내 인적·물적 자원을 효율적으로 활용하기 위해서는 합리적인 행정과정이 필요하다.

(3) 재정의 효과성과 효율성 향상

사회복지조직의 유한한 자원을 고려했을 때, 사회복지행정은 클라이언트에게 필요한 서비스를 적절히 제공하고 서비스의 효율성을 높일 수 있으려면 필수 불가결하다.

5) 사회복지행정의 특성

(1) 사회복지조직의 대상

사회복지조직의 대상은 클라이언트, 즉 인간이다. 그러므로 사회복지서비스 기술은 사회적 가치에 제약을 받게 되고 도덕적으로 정당화될 수 있어야 한다.

(2) 사회복지조직 목표의 애매성

대상이 인간이므로 목표를 달성하기 위한 직원 간의 합의점을 찾아내기가 어렵다. 조직 내부의 가치, 규범, 이념체계 등이 다를 수 있으며 외부적으로 과업환경은 클라이언트와 이해관계를 가지고 있는 다양한 사회집단으로 구성되어 있으므로 사회복지조직에서 사회집단의 상이한 목표들을 모두 수용하려는 과정에서 목표과정이 모호해지고 불확실해지기 쉽다.

(3) 도덕적 모호성

클라이언트가 속해 있는 환경은 이해관계를 가진 이익집단으로 각자의 가치관과 목적을 달성하고자 한다. 특히 사회복지조직은 운영자금을 지역사회 후원자로부터 받기 때문에 더욱 이들 집단에 의존하기 쉽고 환경의 영향을 쉽게 받는다.

(4) 기술의 불확실성

사회복지조직의 대상이 인간이라는 측면에서 발생한다. 인간은 복잡한 체계로 상호 연관되어 있으며 다양한 속성을 지녔고, 변동적이며 불안정한 존재로 인간의 변화, 기능하는 방법에 대한 기술은 명료하지 못하고 불확실하다.

(5) 직원-클라이언트 간의 거래관계

사회복지서비스의 전달과정은 사회복지조직의 직원과 클라이언트 관계에서 이루어지므로 직원-클라이언트의 관계는 조직의 성패를 좌우하는 요인이 된다.

(6) 효과성, 효율성 척도 부재

사회복지조직은 인간을 원료로 하고 있어 도덕적 모호성과 목표의 애매성으로 인해 신뢰성과 타당성을 갖춘 척도가 부족하다.

2. 사회복지조직의 개념과 의의

1) 조직화의 의미

조직은 둘 이상의 사람이 목표를 달성하기 위해 설립한 의도적으로 구조화된 일정한 틀로서 구조를 만드는 작업은 조직의 목표를 보다 효과적이고 효율적으로 달성하기 위함이다.

2) 조직의 유형

(1) 공식조직 대 비공식조직

① 공식조직

기구 도표 상에 표현할 수 있고 가시적이고 계획적인 구조로서 행정책임자, 이사회, 위원회, 직원 등의 배열이고 조직의 기구표에 나열된 지위와 관계를 의미한다. 공식조직의 구조적 요인(Fulmer의 조직의 네 가지 요소)로 분업, 위계질서, 구조, 통제범위를 들 수 있다.

a. 분업: 분업이란 과업의 수행에 있어서 구성원들 간에 업무를 분담하는 것으로 기능적 업무분담(업무의 분업화를 뜻함)과 전문화(특정 분야의 전문가가 업무를 담당하는 것)이 있다.

b. 위계질서: 조직의 구조적인 요소로서 위계적인 과정은 첫째, 명령의 개선으로 상관 → 하부로의 위계질서를 갖는 명령계통이 존재한다. 둘째, 명령의 통일성으로 상부부서에서 하부부서를 지휘하고 통솔할 수 있는 명령의 통일성을 가져야 한다. 셋째, 권한의 위임으로 하부조직 또는 구성원들에게 적절하게 권한을 위임함으로써 조직의 효율성을 도모한다.

c. 구조: 조직의 구조는 업무의 역할과 범위를 명확히 구분 짓는 의사결정 통로이다. 서비스 부문(클라이언트를 대상으로 서비스나 프로그램을 제공하는 업무)과 관리부문(회계, 재정, 설비, 인사, 시설 등 운영과 관련된 업무)로 나뉜다.

d. 통제범위: 통제범위란 한 명의 상관이 효과적으로 통솔할 수 있는 부하직원의 수를 의미한다.

② 비공식조직

조직 내 빈번하게 접촉하는 구성원들 사이에서 자연적으로 발생한 소규모 집단으로 비공식조직은 생각과 감정을 나눌 수 있는 의사소통 채널이다. 행정가는 비공식적인 자리에서 대화와 제의를 받아들여 집단의 응집력을 향상시키며 비공식적 자리에서 구성원들을 지지하고 인정함으로써 직원의 자기존중을 향상시킨다.

■ **기능**

a. 비공식조직은 공식조직의 결함이나 약점을 보완하고 유지한다.

b. 공식조직 내 약점을 평가하고 새로운 욕구에 대한 주의를 환기한다.

c. 공식조직의 긴장감을 완화한다.

d. 변화를 위한 프로그램이나 계획에 기여한다.

■ **역기능**

a. 거대한 비공식조직은 비합리적 의사결정을 초래할 수 있다.

b. 조직의 목적이 도치될 수 있다.

c. 공식적 조직의 분열을 초래할 수 있다.

(2) 수직조직 대 수평조직

① 수직조직(계선조직)

명령과 복종관계를 가진 수직적 구조를 형성하여 목표달성에 중심이 되기도 하는 구조로서 조직 내 관장-부장-과장-팀장 등과 같은 계층적인 형태를 띤다. 조직의 목표달성에 결정권을 가지며 서비스 대상자와 직접적인 참여를 가지고 조직의 목표달성에 기여한다.

■ **기능**

a. 위계적인 구조로 권한과 책임이 분명하다.

b. 결정권과 집행권을 가짐으로써 결정의 신속성을 꾀할 수 있다.

c. 통솔력을 행사할 수 있으므로 조직의 안정성을 확보할 수 있다.

■ **역기능**

a. 대규모 조직에서는 불리하다. 즉, 책임자의 총괄적인 지휘·감독으로 업무량이 과중된다.

b. 결정권에 있는 책임자가 독단적, 주관적인 의사결정을 내릴 우려가 있다.

c. 특수분야에 전문적인 지식을 활용할 수 없으며, 조직이 경직될 우려가 있다.

② 수평조직(참모조직)

수직조직이 원활하게 기능을 수행할 수 있도록 지원하고 촉진하여 조직의 목표 달성에 간접적으로 공헌하는 구조이다. 자문, 정보수집, 기획, 인사, 회계, 연구 등의 기능을 수행한다.

■ **기능**

a. 책임자의 통솔범위가 확대되어 업무의 효율성을 가할 수 있다.

b. 전문지식과 경험을 활용할 수 있다.

c. 독단적이지 않으며 참여적이고 객관적인 의사결정을 가능하게 한다.

d. 조직의 융통성이 있으므로 대규모 조직에 유리하다.

■ **역기능**

a. 조직 내 인사관계가 복잡해진다.

b. 책임소재를 둘러싸고 갈등이 야기될 수 있다.

c. 운영과 행정의 지연이 야기될 수 있다.

d. 의사소통의 경로를 혼란에 빠뜨릴 수 있다.

(3) **권력의 형태에 따른 분류: 에치오니(Etzioni)의 조직유형**

복종관계에 따라 조직유형을 1~9까지 분류한다.

☞ 표 3-1 권력의 형태에 근거한 조직의 유형 분류

구분	소외적 관여 (복종은 강한 부정과 같음)	타산적 관여 (획득한 보상에 따른 무관심을 드러냄)	도덕적 관여 (강한 긍정)
강제적 권력 (위협, 신체적 탄압)	유형1 (수용소, 정신병원, 형무소 등)	유형2	유형3
보상적 권력 (물질, 금전)	유형4	유형5 (산업조직)	유형6
규범적 권력 (지위의 상징, 존엄)	유형7	유형8	유형9 (종교조직, 정치조직, 사회복지조직, 학교조직, 병원조직)

(4) 클라이언트의 종류에 따른 분류: 블라우와 스코트(Blau & Scott)의 조직유형

☞ 표 3-2 일차적인 클라이언트의 성격에 따른 조직의 유형 분류

구분	1차적인 클라이언트	조직의 종류
상호수혜조직	조직의 회원	정당, 종교단체, 노동조합 등
사업조직	사업체의 소유자	상업적인 회사, 은행 등
서비스 조직	클라이언트	사회복지조직
공공조직	일반대중	행정기관, 군대조직 등

(5) 클라이언트 상태와 조직기술에 따른 분류

사회복지조직이 사용하는 기술에 따라 조직을 여섯 가지 유형으로 구분한다.

☞ 표 3-3 조직기술에 따른 조직의 유형분류

기술의 유형 클라이언트 유형	인간식별기술	인간유지기술	인간변화기술
정상기능	유형1 대학교(신입생 선발) 신용카드회사	유형2 사회보장청 요양시설	유형3 공립학교 YMCA
비정상기능	유형4 소년법원 진료소	유형5 공적부조사무소 요양시설	유형6 병원 수용치료센터

⑹ 업무통제성에 따른 분류: 스미스(Smith)의 조직유형

업무통제의 수준에 따라 사회복지조직을 관료제와 일선조직, 전면적 통제조직, 투과성 조직으로 나누어 설명하였다.

☞ 표 3-4 업무통제의 수준에 따른 조직유형의 분류

구분	특성
관료제	• 공식적인 조직과 규정 • 계층적인 권위구조 • 명확하고 전문화된 분업 • 문서에 의한 업무처리 • 기술에 의한 신분보장 • 합리적인 통제조직
일선조직	• 주도권이 일선에 있는 조직 • 각 업무단위는 독립적으로 상호업무를 수행 • 업무단위의 직접적인 통제가 어려움
전면적 통제조직	• 관리자가 전면적으로 강한 통제를 갖는 조직 • 정신병원, 기숙사, 교도소, 요양시설
투과성 조직	• 조직 구성원, 클라이언트의 자발적인 참여 • 가정과 사생활의 침해를 받지 않음 • 조직의 통제가 약하며 조직의 활동이 노출되는 조직 • 자원봉사활동 조직이 해당됨

제 2 절 　사회복지행정의 역사

1. 한국의 사회복지행정의 역사

그림 3-2　한국의 사회복지행정의 역사적 변천단계

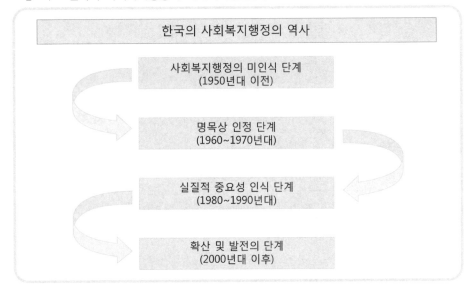

1) 사회복지행정 도입(1940년대 말)

우리나라의 사회복지행정의 역사는 사회복지교육이 처음 도입된 1940년대 말에 출범했다.

2) 사회복지행정 미인식 단계(1950년대 이전)

공적 사회복지조직이 형성된 것은 일제강점기인 1921년에 조선총독부 내무부 지방국 내에 사회과를 설치한 것에서 시작된다. 그러나 해방되기까지 공적 조직의 사회복지활동은 시혜적인 활동에 국한되어 진정한 의미의 사회복지행정조직이라 보기 어렵다.

미군정 기간의 보건위생부(1946~1948), 정부수립 이후의 사회부(1949~1955)가 있었으나 공적 조직에서의 사회복지활동이 주로 전쟁피해자에 대한 긴급구호 위주었기 때문에 사회복지개념에서의 행정이라고 보기 힘들다. 1947년 이화여자대학교에 기독교사회사업학과가 설치된 것이 전문 사회복지교육의 출발로 1953년에 중앙신학교(현 강남대학교 전신)에 사회사업학과 설립, 1958년에 서울대학교 대학원에 사회사업학과가 설립되었고 1959년에 학부과정이 설치되었다.

3) 명목상 인정 단계(1960~1970년대)

1960년대 보건사회부(1955년 2월 설립)의 역할은 주로 생활보호 위주의 정책 수행이었다. 1960년대는 한국전쟁의 복구에서 벗어나 경제발전에 매진하던 시기로서 정부의 사회복지정책은 저소득층 중심의 공적부조(시설보호 및 거택보호)였으며 정부예산의 2배가 넘는 민간 외원단체(123개)의 원조로 사회복지적으로 긴급한 문제와 욕구를 해결했다.

1960년대 서울 내 7개 대학에 새로이 사회사업학과가 설립되어 총 10개 대학에서 사회복지교육이 이루어지고, 교과목으로 사회복지행정을 가르치기 시작했다.

1970년대에는 경제발전으로 인한 불평등과 불공평한 분배문제가 사회문제로 부각되기 시작하였으나 정부의 사회복지부문에 대한 투자는 여전히 미미한 상태였다. 공적 조직에서 수행하는 사회복지프로그램들은 아직도 저소득층 중심과 시설보호 위주의 구호행정에서 벗어나지 못하였다. 민간의 경우 외원단체에 대한 의존도가 높았으며 1970년대에 들어와서도 토착적인 사회복지조직의 설립은 매우 저조하였다. 1970년대에 3개 대학에 새로이 사회사업학과가 설립되었다. 1970년대 후반에 경제발전으로 인해 평균소득이 향상되고 이에 대한 국가의 재정능력이 향상되었다는 외국의 평가로 인해 외원단체들이 원조를 중단하거나 철수하기 시작하였다.

4) 실질적 중요성 인식 단계(1980~1990년대)

1980년대 이후는 산업화의 급속한 진전과 경제발전 위주의 국가정책 추진의 결과로 다양한 사회문제가 나타나기 시작하여 이를 해결하기 위해 여러 가지 제도적 장치가 구축되기 시작한 시기로 아동, 노인, 장애인을 위한 사회복지 관련 법들이 제정 및 개정되기 시작한다. 1989년에 전국민건강보험이 출범함에 따라 공공사회복지조직인 보건사회부 조직과 지방자치단체의 조직도 복지 대상자 및 문제별로 분화되기 시작한다. 또한 국내의 토착적 민간사회복지기관들도 많이 설립되기 시작하여 1980년대 이후 대학 수준에서 사회복지학과 또는 사회사업학과 들도 집중적으로 설립되었다.

5) 확산 및 발전 단계(2000년대 이후)

사회복지의 한 분야로서 사회복지행정의 중요성이 크게 인식된다. 특히 사회복 지프로그램의 규모가 날로 확대되면서 효과성과 효율성의 중요성이 강조되고 복 지행정 및 복지서비스에 대한 대중의 관심이 증가된다. 또한 사회 내 사회복지에 관한 새로운 분석 및 평가방법의 보급이 확대되었다.

2. 미국의 사회복지행정의 역사

사회복지행정이 사회복지학분야에서 독립된 한 분야로서 가장 먼저 발전된 사 회는 미국이다. 행정역사학자인 패티(Patti, 1983)에 따르면 미국의 사회복지행정의 역사는 4단계로 나누어 볼 수 있다.

1) 명목상 인정단계(1900~1935년)

전문직으로 사회복지가 정체성을 형성하고 사회복지실천방법론으로 개별사회사 업(casework)이 개발되던 시기로서 병원, 법정, 학교, 정신과 등의 분야에서 사회 복지가 도입되었으며 관련 협회들이 설립되기 시작한다. 또한 뉴욕의 컬럼비아대 학교를 필두로 사회복지교육기관이 설립되기 시작하였으며, 이 시기 복지행정의 대표적 학자들로는 Edith Abbott, James Hagerty, Arthur Dunham 등이 있다.

2) 사실상 인정단계(1935~1960년)

1930년대 초 경제대공황(the great depression)이 전 세계를 강타하여(1929년 10월 월가의 Black Friday가 시초) 이에 따른 빈곤 및 실업문제 해결을 위해 정부의 직접 적 개입이 요구되었고 이것이 사회복지행정이 전문사회복지방법론으로 발전하는 데 중요한 영향을 미치게 된 시기이다.

1934년 연방긴급구호청(Federal Emergency Relief Administration)의 설립, 1935년 사회보장법(Social Security Act) 제정에 다른 연방과 각 주별 공적부조제도가 생겨 나면서 공공복지부문에서의 공무를 담당한 인력수요가 급증하였다. 각 주(state) 및 지방(county)의 정부 내 공공복지국이 설립되었고 연방정부에 의해 위임된 사 회복지서비스 전달을 기획하고 조직하며, 감독하기 위해 많은 훈련된 직원들을 필요로 하였던 시기로(Brown, 1940) 이것이 사회복지전문 공무원의 시초이다.

대학에서도 많은 사회복지전공 지원자들이 몰리고 이에 따라 교과과정 또한 사회복지실천 전문가 양성을 위한 개별사회사업(casework) 및 집단사회사업(groupwork) 중심의 교과에서 공공복지부문의 행정 및 감독책임을 어떻게 적용할 지에 대한 내용이 추가로 필요하게 된다.

3) 정체 단계(1960~1970년)

1960년대 미국의 역사는 청년, 소수민족, 박탈 또는 소외된 집단 등이 사회제도를 인식하고 관계하는 방식에 중요한 변화가 있었던 시기이다. 1960년대 초 낙관주의가 만연하여 정치 및 경제 제도가 사회문제들을 효과적으로 해결할 수 있다고 믿었으나(사회복지부문의 지출이 역사상 그 어느 때보다도 늘어남) 사회정책 및 프로그램들이 별로 효과가 없음이 드러나고 베트남 전쟁으로 경제적 자원의 부족현상이 도래하고 인플레이션과 경제성장 둔화 등의 여파로 사람들은 좌절하고 공공복지정책 및 제도에 대한 의구심이 고개를 들기 시작하였으며 이 시기에는 사회복지 조직 및 기관에 대한 도전과 불신이 만연하였다.

4) 도전과 발전 단계(1970~1990년)

1960년대의 사회 및 경제적 배경을 기반으로 하여 사회복지행정에 대한 관심과 필요성이 증대하고 전문 사회복지행정가에 대한 수요가 급증하여 사회복지행정의 발전이 가속화된 시기이다. 이 시기에는 비용대비 가장 큰 효과를 낼 수 있는 사회복지프로그램을 선정하여 재정지원을 하였는데, 사회복지프로그램 개발 및 평가에 대한 관심이 전 사회적으로 증대되고 새로운 관리기법들이 개발되었으며(PPBS, PERT, Cost-benefit analysis 등) 대학에서도 사회복지행정 교과과정이 급속도로 확장되었다.

5) 관리 중시 단계(1990~현재)

효율성과 효과성을 강조함으로써 행정에서의 관리부문이 강조되었던 시기로 사회복지행정에서의 새로운 패러다임과 모형에 대한 기대가 증폭되고 있다.

제3절 조직관리론

1. 관료제이론

1) 의의와 배경

(1) 의의

19세기 말 베버(Max Weber)는 권한(권위, 지배, 명령, 권력, 규율)의 유형을 전통적 권한(traditional authority), 카리스마적 권한(charismatic authority), 합리적-법적 권한(rational-legal authority)으로 분류하고 정부조직 같은 거대한 조직을 고도로 전문화된 지식을 바탕으로 합법적이고 합리적인 규칙과 최대한의 효율성을 발휘하여 운영하기 위한 토대로서 합리적-법적 권한에 기초를 둔 통치체제인 관료제를 제시하였다(Weber, 1978).

(2) 대두배경

공식적 조직이 역사발전의 중요한 현상으로 등장한 것은 18세기 영국을 시작으로 유럽에 등장한 산업혁명(industrial revolution) 이후이다. 산업혁명을 통한 기계화의 성공으로 생산기술이 급속히 발전했고 발전된 기계적 생산력을 극대화하는 방향으로 대규모의 인력을 효율적으로 조직하는 일이 중요한 과제로 등장하게 되었다. 이런 배경에서 공식조직이 등장하는데, 이러한 공식조직들의 구조적 특성으로 작업과정에서의 분업과 통합, 작업에 관한 규칙과 절차의 명시, 고용과 승진에 있어서의 실력주의, 원자재, 시장, 고객에 대한 분류화와 범주화, 전문요원의 배치 등이 목격되었다. 이러한 구조적 특징들은 생산의 극대화와 지속성을 보장하는 데 초점을 맞추고 있었는데 생산조직체에서 먼저 나타났지만 곧 사회의 모든 조직으로 확대되었고 오늘날에는 학교, 병원, 군대 등을 막론하고 모든 공식조직에서 공통적으로 추구되고 있다.

베버의 관료제이론(bureaucracy)은 위의 유럽 관료제에 대한 막연한 인상을 토대로 한 가설적인 모형으로, 공사행정을 막론하고 모든 조직이 소기의 목적을 달성하기 위해서는 인적·물적 자원을 집중적이고 최고도로 활용할 수 있도록 편제되어 있으며 계층제에 의한 능률성과 법 앞의 평등에 의한 합법성을 추구할 수 있는 가장 이상적인 조직으로 관료제조직을 보았다.

2) 관료제이론의 주요 내용

본래 관료제(bureaucracy)는 합법적 권한에 기초를 둔 대규모 조직을 말하는 것으로 공공행정기관을 의미하는 것은 아니며 군대나 기업도 여기에 해당될 수 있다. 따라서 관료제의 개념적 정의는 구조적 관점에서 계층적 형태를 가지고 합법적 지배가 제도화되어 있는 보편성을 가진 대규모 조직을 의미한다.

정치권력적 관점으로는 행정 엘리트에게 권한이 집중되고 대중을 지배하면서도 대중으로부터 통제받지 않는 조직을 의미하고, 구조기능적 관점에서는 구조적으로 고도의 계층제 형태를 지니고 합리적, 권력적 기능을 수행하는 조직체로 이해될 수 있다.

베버는 자신의 저서에서 권한의 정당성을 기준으로 지배의 유형을 인류 역사적 관점에서 다음 세 가지로 분류하였다(Weber, 1888).

첫 번째의 전통적 지배는 정당성의 근거가 전통과 관련이 있다고 보았는데 중세 봉건관료제와 조선시대의 관료제가 이에 해당한다. 두 번째 카리스마적 지배는 정당성의 근거가 개인의 비범한 능력이나 초인적인 품성에 기인한다고 기술했는데 종교, 정치, 군대 지도자가 여기에 해당한다고 설명한다. 세 번째 합법적 지배는 정당성의 근거가 성문화된 법령에 있다고 보는데 근대사회를 특징짓는 합법적, 합리적 관료제가 해당된다.

3) 관료제의 특징

(1) 기본가정

① 조직구성원들은 합리적으로 행동하며 조직의 업무는 변하지 않고 일정한 특성을 보인다.

② 고도로 전문화된 기술적 지식을 바탕으로 최대한의 효율성을 추구한다.

(2) 특성

① 규칙과 절차의 공식화

성문화된 규칙을 통한 조직관리로 관리자의 주관적 의사결정에 의한 조직불안을 최소화한다. 법규에 의한 행정으로 관료의 자의에 의해서가 아니라 법의 규정에 따른 행정을 추구하는데 권한, 업무, 과업 등이 법규에 규정되어 있으므로 명확하고 예측 가능성을 가진다.

② 기술전문인의 양성

기술이나 지식에 의한 신분보장과 관료의 충원을 실시한다. 전문지식과 기술을 가진 관료에 의해 행정이 수행되며 공공사무와 사적 사무를 엄격히 구분하였다.

③ 과업의 분업화

명확하고 고도로 전문화하고 분업화한 직무를 부여하여 직무의 능률을 극대화한다.

④ 직위와 소유의 분리

능률 향상의 목표를 위해 직위와 소유를 분리한다.

⑤ 권한의 계층화

조직계층에 따라 책임과 권한을 부여하고 구체적으로 규정하여, 권한남용이나 임의성을 최소화한다. 조직의 구조, 상하관계는 계층제의 원리를 따르고 하급기관은 상급기관의 감독과 통제를 받는다.

⑥ 비개인성

관리자의 개인능력에 상관없이 조직의 지속적인 안정을 유지한다.

⑦ 문서화된 의사소통과 기록

문서화를 강조하는데 업무책임의 명확화와 간접적이고 객관적 사무처리를 위하여 업무를 문서로 수행한다.

(3) 비판

① 사회복지조직의 과업의 다양성을 고려하지 않는다. 조직의 업무가 변하지 않는다는 가정과 구성원들이 합리적으로 행동한다는 가정 자체가 현실에서 성립되기 어렵다.

② 위계적인 권위와 공식적인 규칙에만 의존함으로써 비공식적 요인을 도외시하였다. 규정의 비공식적인 수정이 때에 따라서는 오히려 조직의 능률을 제고시킬 수도 있다.

③ 비인간적, 성과중심의 비인격적인 방법으로 직원을 평가하고 클라이언트의 소외, 비인간화를 초래한다. 인간은 합리적이지 않으며 공식적 규정에 얼마든지 회피적 내지 저항적인 반응을 보일 수 있다.

④ 서비스 전달에 있어 융통성이 결여되어 있다.

⑤ 조직의 환경이 비교적 안정적인 경우의 일부 정부기관이나 조직을 제외하고는 급변하는 환경에 적응해야 하는 대부분의 조직을 설명하는 데는 적합하지 않다. 예를 들어 최근에는 군대조직 역시 탄력적인 조직으로 변모하고 있어 관료제론의 유용성이 줄어들고 있다.

2. 과학적 관리론

1) 의의와 배경

(1) 의의

1910년대 등장한 과학적 관리론(scientific Management)은 개별 노동자의 작업에 관한 시간 및 동작연구에 의하여 작업여건을 표준화하고 적정 하루 작업량을 과업으로 부여해서 최대한의 절약과 능률로 과업을 달성하려는 관리이론이다. 과학적 관리론은 테일러 시스템(Taylor system)이라고 불리는데 이는 임금과 저노무비의 관리이념을 표방하고 노동자와 기업주를 다 만족시키고자 노력한 테일러 (Taylor)의 과업관리가 핵심이기 때문이다. 구체적으로 테일러주의(Taylorism)는 성과급제도 도입, 직무에 적합한 작업자 선발 및 교육훈련, 시간 및 동작연구를 통한 직무설계, 직능별 직장제 도입 등을 주장하였다.

(2) 대두배경

19세기 말부터 본격적으로 시작된 산업혁명과 과학의 급진적인 발전, 대기업의 출현으로 인한 기업 간 경쟁 심화, 기업도산, 공장폐쇄, 노조의 설립으로 인한 파업전개 등의 상황을 해결하기 위한 산물로 과학적인 근거를 통해서 조직관리의 효율성을 높이려 했다. 생산과정에 있어서 필요한 지식과 기술을 적절히 활용해 최소비용으로 최대 능률을 올리고자 하는 관리이론으로 대표적으로는 테일러 (Frederick Taylor)의 시간-동작 연구(time and motion study),[1] 베버의 관료제가 있다.

과학적 관리론은 일반 기업경영과 조직행정을 한 가지 시스템으로 보는, 즉 공공행정과 사적행정을 통합한 공사일원론으로 조직관리에 영향을 주는 요인으로 정

---

1) 생산공정에 있어서 개개의 작업을 요소동작으로 분해하고 각 요소동작의 형태, 순서, 소요시간 등을 시간연구 및 동작연구에 의해 표준화함으로써 하루의 적정작업량을 설정한 후, 이것을 기준으로 관리의 과학화를 도모하려고 했다. 즉 작업수행에 있어 낭비와 비능률을 제거하고 생산과정에 있어서 필요한 지식과 기술을 활용해서 생산효과를 높이려는 이론이다.

치를 떼 놓고 생각하기 때문에 정치-행정이원론의 기틀이 되는 이론이기도 하다.

인간을 다루는 데에는 물리적인 시스템만을 향상시키거나, 당근(성과급)을 통해서만 다룰 수 있다고 말한다. 즉 노동자가 반대하는 고용감축이나 임금인하 대신 노동생산성이나 기업능률을 향상시키면서 생산비용을 절감사키고자 하는 경영합리화, 행정의 능률적 운영 등에도 기여했다. 과학적인 기준이나 표준시간을 이용한 연구, 근로자 선발에 있어서 과학적인 선발, 교육과 같은 경영합리화, 최적화를 성립하는 데 근본이 된 고전적인 관리이론이다.

2) 과학적 관리론의 주요 내용

(1) 테일러의 〈과업관리의 원리〉

① 시간 및 동작 연구를 통한 일일과업의 설정

② 작업의 표준적인 제 여건의 설정

③ 과업달성 시 고임금 지불, 실패 시 저임금을 통한 경제적 불이익 감수

④ 과업은 일류직공만이 처리할 수 있는 정도의 많은 양일 것 등

(2) 테일러의 〈기업관리의 4대원칙〉

① 눈대중이나 경험에 의한 측정을 지양하고 진정한 직업과학 및 관리원칙의 발견

② 직공의 과학적인 선발, 교육 및 능력 발전

③ 노사의 협동에 의해 과학적으로 직무를 실시할 것(관리의 전문화)

④ 일과 책임이 관리자와 노동자의 쌍방 간에 균등하게 구분될 것

3) 과학적 관리론의 특징

(1) 기본가정

① 사람의 육체적 능력의 중요성을 강조한다.

② 과업수행에 필요한 시간과 동작에 초점을 둔다.

③ 고도의 분업화를 통한 합리성과 효율성을 강조한다.

(2) 특성

① 작업의 효율은 노동의 분업에 의해 얻어질 수 있다.

② 개인의 동작에 대한 소요시간을 표준화하여 적정한 일의 분업을 확립한 다음 과업의 성과와 임금을 관련시키는 것이다.

③ 과업을 달성한 정도에 따라 임금이 지불된다.

④ 권한과 책임성은 행정 간부에게만 주어진다.

(3) 비판

① 폐쇄체계이론

과학적 관리론은 사회복지조직의 외부환경과의 관계를 고려하지 않는다. 환경은 언제나 변하지 않는다는 전제를 하고 있지만 사회복지조직은 지역사회 등과의 호의적인 관계가 매우 중요하며 클라이언트를 둘러싸고 있는 환경은 다변적이며 클라이언트는 환경의 영향을 받는다.

② 명확한 목표

조직은 변하지 않고 중요성에 따라 우선순위를 정할 수 있는 뚜렷한 목적을 갖는다. 과학적 관리론에서는 사회복지조직의 애매한 목표를 다룰 수 없다. 사회복지조직은 인간을 대상으로 하기 때문에 구성원 간, 클라이언트를 둘러싸고 있는 이해집단의 상이한 규범이나 가치체계에 따라 목표가 달라질 수 있기 때문에 사회복지조직의 목표는 모호하고 불확실한 특성이 있다.

③ 엘리트주의

행정상 간부에게만 조직의 목표를 설정할 수 있는 책임을 부여하므로 엘리트주의적이다. 그러나 사회복지행정조직의 의사결정과정은 전 직원의 참여를 통한 민주적 절차이다.

④ 협동체제

조직을 갈등과 불화가 없는 협동체계로 본다.

⑤ 기계적 인간관

구성원들은 오로지 금전적인 요인에만 반응한다는 가정을 하며, 인간에 대한 기계적인 견해를 갖게 한다.

4) 동시관리(Ford system)

(1) 의의

과학적 관리론의 전통을 계승하고 있으나 테일러의 과업관리가 인간의 육체적·정신적 능력의 한계를 노정시키는 등 많은 문제점을 야기했다고 보고 포드(Henry Ford)는 직업공정과정을 세분화·전문화·표준화하고 이를 인간이 아닌 기계로 대치하는 이동조립법(conveyer system)을 강조하였다.

(2) 대두배경

① 경영이 이윤추구의 수단이라기보다는 국민대중에 대한 봉사의 수단이 되어야한다고 주장한다(인간관계론자들에게 백색사회주의라는 비판을 받음).[2]

② 이윤 자체를 부정하는 것은 아니지만, 합리적 경제인관에 입각하여 고임금 저가격(생산비용을 가격에 반영하여 국민에게 전가시키지 않음)에 의해 종업원과 국민 대중에게 봉사해야 함을 강조한다.

(3) 포드의 4대 경영원리

① 생산의 표준화

② 부품의 규격화

③ 공장의 전문화

④ 유동조립방법에 의한 작업의 기계화와 자동화

5) 전체관리(Fayol system)

(1) 의의

20세기 초 프랑스의 파욜(Henry Fayol)은 그의 저서 『일반 및 산업관리론(1916)』에서 생산공정에 대한 기계적 관리를 넘어서 기술, 경영, 재무, 보존, 회계 등 조직의 전반적인 관리가 생산성에 미치는 영향까지도 종합적으로 파악하고 관리하고자 14대 관리원칙을 주장하였다.

파욜은 자신의 이론과 테일러의 과학적 관리론이 대립적이기보다는 상호 보충적임을 밝히고 있다. 그의 이론은 생산중심의 테일러주의와는 달리 관리를 고위 관리계층의 업무 관점에서 살펴보았다.

(2) 대두배경

원리주의의 선구자인 파욜은 고전적 행정학자(원리주의자)에게 미친 영향이 지대하였으며, 생산현장의 하위공정 파악에 치중했던 테일러와는 달리 최고위 관리층의 역할을 강조하는 등의 하향적 관리를 중요시하였다.

(3) 주요 내용

① 파욜(1916)은 기업에서 이루어지는 활동을 크게 6개의 활동으로 나누고 개별 직능별로 필요한 능력요인을 설명하고 있다. 6개의 주요 활동은 관리활동(계

---

2) 백색사회주의는 자본주의의 상징인 회사에서 사회주의를 추진하는 경영방침으로 포드의 경영방침으로 불린다.

획, 조직화, 명령, 조정, 통제), 기술적 활동(기술, 생산, 제조, 적응), 상업적 활동(구매, 판매, 교환), 재정적 활동(자본획득, 최적이용 모색), 안전활동(재산과 직원의 보호), 회계활동(재고조사, 대차대조표, 비용, 통계)으로 상대적 중요도에 따라서 단계적인 경영교육이 필요하다고 주장한다. 특히 이 중에서 관리직능(경영관리활동)을 강조하고 과학적 관리를 위한 14개의 일반원칙과 경영관리의 5대 요소를 소개하고 있다.

② 관리활동의 14개 원칙

작업의 분배, 권위, 규율, 명령의 통일성, 지시의 통일성, 개인적 이익을 전체의 이익에 종속, 종업원 보상, 중앙집중화, 위계계통, 질서, 공평성, 고용안정성, 창의성, 단체정신의 총 14가지를 제시하고, 이러한 관리원칙의 구체적 실현수단으로 연구활동, 실행계획, 보고활동, 부서회의, 조직도를 기술하였다.

③ 경영관리의 5대 요소

계획, 조직, 지휘, 조정, 통제로서 나중에 쿤츠(Kuntz)는 5대 요소를 발전시켜 집대성한다.

(4) 한계

① 이론적 성격을 강하게 보이고 있어 이론을 뒷받침할 수 있는 실증적 연구가 따르지 못했다.

② 전반적으로 원리 자체가 논리적 명분에 불과하고 의문시되는 전제에 기초한다.

③ 개인의 이익보다 회사의 이익을 우선시한다.

④ 동일한 발전단계에 있는 모든 조직이 동일한 수준의 기능적 분업과 구조를 가져야 한다는 주장과 직원 수가 조직의 일반적 형태의 주된 결정요인이라는 점은 비판의 여지가 있다.

6) 공공행정관리론(administrative management)

(1) 의의

공공행정관리론은 과업관리에 있어 분업을 강조하고 중앙집권화된 통제의 필요성(권한의 책임은 한 사람의 책임자에게 있어야 한다)을 주장한다. 또한 조직의 목적, 관리과정, 영역, 소비자(클라이언트)에 따른 각 조직단위의 전문성 강화에 초점을 맞추고 있다.

(2) 주요 내용

굴릭(Gulick)은 조직행정의 핵심적 기능을 POSDCORB의 약자로 표현하였다. 즉 조직을 유지하는 기술에는 계획, 조직, 인사, 지시, 조정, 보고, 재정, 평가가 있으며 영어 알파벳 두문자를 따서 'POSDCORBE'라고 설명하였다(원석조, 2009).

① P...planning(계획)

목표의 설정과 목표를 달성하기 위한 과업 및 수행방법을 결정하는 단계로 과업을 달성하기 위한 방법은 변화하는 목표에 따라 달라질 수 있으며, 사회복지행정가는 변화하는 목표에 맞춰 과업을 계획하고 방법과 기술을 결정해야 한다.

② O...organizing(조직)

조직구조를 설정하는 과정으로 과업이 할당되고 또는 조정된다.

③ S...staffing(인사)

직원의 채용과 해고와 관련된 인사과정으로 사회복지행정 책임자는 직원의 임명뿐만 아니라 교육, 훈련, 직원의 적절한 활동환경의 유지에 대해서도 책임을 진다.

④ D...directing(지시)

합리적인 결정, 능동적인 관심, 헌신적인 태도, 직원의 공헌을 칭찬하고 책임과 권한을 효과적으로 위임하며 개인과 집단의 창의성을 고려하여 지시하는 지도자가 되어야 한다.

⑤ C...coordinating(조정)

행정가는 부서 간, 직원들 간의 효과적인 의사소통의 망을 만들어 유지, 조정해야 한다. 이를 위한 방법으로는 위원회의 조직 등이 있는데 위원회에서는 프로그램, 인사, 재정 및 긴급한 문제상황, 임시적인 활동 등을 다루게 된다.

⑥ R...reporting(보고)

행정가가 직원, 이사회, 지역사회, 행정기관, 후원자 등에게 조직에서 일어나는 상황을 알려 주는 과정으로 주요 활동으로는 기록, 정기적인 감사, 조사연구가 있다.

⑦ B...budgeting(재정)

재정을 투명하게 사용할 수 있어야 하며 조직의 행정가는 중·장기적인 재정계획을 수립해야 하고 회계규정에 따라 재정운영에 대한 책임을 진다.

⑧ E...evaluating(평가)

클라이언트의 욕구나 문제의 해결이 적절했는지에 대한 서비스 효과성과 자원의 투입과 산출과 관련된 효율성을 평가한다.

(3) 한계

분업과 통제의 전문성 강화를 통해 기존의 권위적 조직관리 행태를 탈피하기 위한 시도였으나 현실에서 슈퍼비전을 자주하게 되면 생산성과 창의성은 떨어지고 의존성이 높아지는 결과를 가져올 수 있다.

3. 인간관계론

1) 의의와 배경

(1) 의의

진정한 능률을 추구하기 위해서는 인간을 기계적으로 취급할 것이 아니라 인간의 감정적 요소를 중시하는 인간적인 접근방법이 요구된다고 주장한 1930년대의 신고전적 관리이론이다. 이전의 고전적 관리모형(과학적 관리론과 관료제이론)들이 조직의 능률성, 생산성, 합리성 등에 초점을 두고 인간을 기계의 부속품으로 취급하고 있다는 비판을 받게 됨으로써 이를 개선하기 위한 시도로 인간관계론이 등장하였다.

(2) 대두배경

① 1930년대 대공황 이후 과학적 관리론에 대한 노동조합의 반대운동에 따라 새로운 관리기법의 필요성이 대두되는데 기계적인 조직관과 인간을 이기적 · 경제적인 존재로 전제하는 과학적 관리론의 반성에서 출발하였다.

② 폴렛(Follet)의 조직심리연구의 영향

폴렛은 고전이론 시대에 인간관계론적 접근의 단서를 제공한 학자로 조직의 기본문제는 역동적이고 조화로운 인간관계를 발전시키고 유지하는 것이라고 주장하여 행정에 심리학적 관점을 도입하였다. 그는 행정의 심리적인 측면을 중시하여 경직된 과학적 관리원리와 조직원리에 역동감과 창의적인 민주정신을 도입하는 것이 중요하다고 보았다. 또한 조직관리에 사회학적 측면을 강조하여 조직을 하나의 사회체제로 보고 권위의 수용, 수평적 조정의 중시, 조직구성원의 통합, 역동적인 행정과정의 필요성을 역설하였다.

그는 갈등을 새로운 시각에서 접근하여 갈등이 반드시 무익한 것은 아니며, 사회적으로 가치 있는 견해차는 모든 사람이 관심을 가지는 것에 대하여 특정한 사람들이 자신의 발전을 위해 야기하는 정상적인 과정으로 파악하고, 갈등을 해소하는 방법으로 지배, 타협, 통합 등을 제시하고 어느 쪽의 일방적인 희생 없이 각자의 요구를 반영하여 해결하는 통합의 방식이 가장 좋은 것임을 강조하였다. 그의 연구는 민주사회에서 행정관리의 일차적 과업은 노동자가 자발적으로 협동할 수 있도록 작업상황을 마련하는 것이라고 주장하여 호손(Hawthorne) 실험에 큰 영향을 주었다.

③ 엘튼 메이요(Elton Mayo)와 프리츠 뢰슬리스버거(Fritz Roethlisberger)의 호손 실험의 영향

1927년부터 1932년까지 진행된 호손 실험은 사회과학 역사상 큰 영향을 준 연구 중 하나로서 산업체에서 능률을 올리기 위해 조명의 질과 양의 관계에 관한 네 가지 실험연구(조명실험, 전화계전기 조립실험, 면접 프로그램, 건반배선 조립 관찰실험)이 행해졌는데 최종적으로 생산량은 관리자의 일방적인 지시나 종업원의 육체적 능력이나 기술이 아니라 비공식적으로 합의된 사회적 규범에 의해 결정된다고 결론지었다(Holland & Petchera, 1987).

결과적으로 비경제적 동기부여가 조직의 생산성에 큰 영향을 미친다는 사실과 함께 생산성 제고에 있어 비공식적 조직의 중요한 연관성 발견함으로써 과학적 관리론의 비인간적 합리론과 기계적 도구관을 부정하고, 조직관리의 인간화를 모색할 수 있는 연구결과를 도출하여 인간관계론의 기초를 제공하였다.

2) 인간관계론의 주요 내용

호손 실험은 인간의 사회적·심리적 욕구는 금전적인 동기 못지않게 효과적이고, 작업집단의 사회적인 상호작용은 작업과업의 조직만큼이나 영향력을 지니며, 인간적인 요인은 어떠한 관리에 있어서도 결코 무시될 수 없다는 것을 입증하였다. 사회심리적학 접근방법, 사기와 생산성, 동기와 만족, 리더십, 소집단행동의 역동성, 조직구성원들의 행위와 그들의 상호작용이 인간관계론적 관점에 초점을 맞추고 있다. 고전모형의 결점을 보완하기 위한 신고전이론으로 호손의 실험을 통하여 생산과 관리에서 인간적인 요소와 감정의 중요성, 인간의 사회적·심리적

욕구와 구성원의 사회적인 상호작용에 초점을 두었다.

① 조직관의 변화: 공식조직보다 비공식조직을 중시하게 되었다.

② 인간관의 변화: X론적 인간관에서 Y론적 인간관의 변화를 가져왔다.

③ 인간가치에 대한 새로운 평가: 합리적·경제적 존재에서 사회·심리적 존재로 인간가치에 대한 평가가 새롭게 이루어졌다.

④ 사회적 능률관의 성립과 집단사기를 중시하는 데 기여하였다.

⑤ 행태과학의 발전에 이바지하였다.

3) 인간관계론의 특징

(1) 기본가정

① 사람의 육체적 능력의 중요성을 강조한다.

② 과업수행에 필요한 시간과 동작에 초점을 둔다.

③ 고도의 분업화를 통한 합리성과 효율성을 강조한다.

(2) 특성(Mayo, 1945)

① 작업능률과 생산성은 인간관계에 의해 좌우된다.

② 조직 내 비공식집단은 개인의 생산성에 영향을 미친다.

③ 근로자는 개인으로서가 아니라 집단의 일원으로서 행동한다.

④ 집단 내 인간관계는 정서적인 것과 같이 비합리적 요소에 따라 이루어진다.

(3) 비판

인간관계론은 조직에 미치는 환경의 중요성, 자원, 조직의 목표 등과 같은 다른 요인들을 간과하고 인간을 비합리적이고, 정서적인 측면만을 강조하고 있다는 비판을 받고 있다.

① 지나친 비합리성·비경제성, 즉 심리적 감정주의 지향

② 경제인관에 대한 지나친 부인

③ 비공식집단의 지나친 강조에 따라 야기된 조직구성원의 상호의존적 성향과 보수성

④ 조직 외부환경을 무시한 폐쇄조직이론

⑤ 조직에 대한 지나친 이원론적 인식 등(공식 대 비공식, 이성 대 감정 등)

⑥ 조직 내부에 있어 갈등의 순기능을 고려하지 못함

☞ 표 3-5 **과학적 관리론과 인간관계론의 비교**

구분	과학적 관리론	인간관계론
조직관	직무중심	인간중심
인간의 수단화	인간을 기계의 부품화	인간을 '감정적 존재'로 인식
조직과 개인	합리적·경제적 인간	사회적 인간
능률성	기계적 능률성	사회적 능률성
정치-행정 이원론	경제적 동기	비경제적·인간적 동기
과학화	과학적 원리 강조	보편적 원리에 치중하지 않음

4) X이론과 Y이론(McGregor, 1960)

(1) X이론

① 평범한 인간은 본성적으로 일을 싫어하며 가능하면 일을 하지 않으려고 한다.

② 일에 대한 이러한 인간의 속성 때문에 조직의 목표를 성취하려면 대부분의 사람들은 강제와 통제 및 지시를 받아야 한다.

③ 평범한 인간은 지시받기를 좋아하고 책임을 회피하려고 하며 야망이 작고 무엇보다도 안정을 원한다.

(2) Y이론

① 작업에서 육체적, 정신적 노력의 지출은 놀이나 휴식과 같이 자연스러운 것이다

② 인간은 자신이 헌신하고 있는 목표에 기여하기 위하여 자기통제와 자기지시를 행한다.

③ 보상의 가장 중요한 것으로서 자기실현 욕구와 자아의 만족은 조직의 목표를 지향하는 노력의 직접적인 산물이 될 수 있다.

④ 평범한 인간은 적절한 조건하에서 책임을 받아들일 뿐 아니라 스스로 추구한다.

⑤ 대부분의 사람들은 조직의 문제해결에 있어 비교적 높은 수준의 창의성과 상상력을 발휘할 능력을 갖고 있다.

⑥ 현대 산업생활의 상황하에서 인간의 지적 가능성은 단지 부분적으로 활용되고 있다. 인간은 본래 일을 싫어한다. 이러한 속성 때문에 인간은 통제와 지시가 필요하다. 그럼에도 조직의 문제해결에 있어 창의력을 발휘할 능력이 있다.

5) Z이론: X, Y이론의 보완

Z이론은 특수분야에 종사하는 사람, 예를 들면 과학자나 학자들에 관한 관리이론이다. X와 Y 이론에 포함시킬 수 없는 인간의 단면을 부각시키기 위해 사용한 이론으로 자유방임적이고 고도로 자율적이며 관리자는 구성원의 자유의지에 따라 행동하도록 분위기만 조성한다.

그림 3-3 맥그리거(McGregor)의 X이론, Y이론

McGregor의 X·Y 이론		
맥그리거는 고전론에 입각한 전통적 관리전략을 정당화시켜 주는 이론을 X이론이라고 부르고, 인간의 성장적 측면에 착안한 새로운 관리전략을 뒷받침하는 이론을 Y이론이라고 하여, X·Y 이론을 제시하였다.		
X이론	구분	Y이론
사람들은 일을 하기 싫어하기 때문에 억지로 시켜야 함	직무태도	사람들이 자신이 세운 목표에 스스로 매진하는 것을 좋아함
사람들은 은근히 위에서 명령이 하달되기를 원함	명령하달	외부의 명령보다는 스스로의 판단으로 행동하는 것이 훨씬 효과적이라고 봄
사람들에게 유일한 동기부여의 수단은 통일	동기부여	기본적인 욕구만 충족된다면, 사람들은 내부적인 동기부여를 통해 자신의 능력을 최대한 발휘하려고 함
대부분의 사람들이 발휘하는 창의력이란 일을 하는 중이 아니라, 일을 하지 않기 위해 잔꾀를 부릴 때 발휘됨	창의력	모든 이들은 기본적으로 창의적이고 지적이지만 직장에서 무시·간과 때문에 활용되지 못하고 있음
성악설	인성	성선설

6) W이론: 일명 신바람이론

우리나라의 문화적인 특성을 감안한 한국인에게 적용될 수 있는 이론으로 지도자의 솔선수범적인 노력과 구성원들 간의 유대감이 형성되면 전문지식과 기술보다 더 창의적이 될 수 있고 생산성을 향상시킬 수 있다(단점: 한국인의 특성에만 적용-보편성 결여).

4. 구조주의이론

1) 의의와 배경

(1) 의의

고전모형(Barnard, 1970)과 인간관계모형을 통합한 이론(Etzioni, 1964)으로 합리성, 공정성에 중점을 둔 전통적 조직이론과 비합리적, 비공식성에 중점을 둔 인간관계론의 조직이론을 종합하여 조직의 포괄적인 준거기준들을 제시하는 것으로 구조론적 접근법이라고도 한다.

(2) 대두배경

20세기 중반 조직 내외부의 환경이 급변하면서 그 중요성이 점차 강조되기 시작하였다. 조직에게 영향을 미치는 환경은 크게 일반환경과 과업환경으로 나누어 설명할 수 있다.

☞ 표 3-6 조직환경의 유형별 사례: 일반환경, 과업환경

환경의 유형	주요 사례
일반환경	경제적, 사회, 인구통계적, 정치적, 법적, 기술적 조건
과업환경	재정자원의 제공자, 정통성과 권한의 제공자, 클라이언트의 제공자, 보충적 서비스의 제공자, 조직 산물의 소비자 및 수혜자, 경쟁조직

2) 주요 내용

구조주의 이론은 개인의 목표와 조직의 목표 간 갈등은 불가피하다고 이해하며, 조직 관련 환경의 중요성을 강조하고 있다. 한편 조직 내외부의 환경과 관련해서는 경제적·사회적·법적·정치적·기술적 등 환경의 변화가 조직에 미치는 영향을 중요시한다(그러나 조직환경을 변하지 않는 일정한 특성을 갖는 요소들로 이해하고 있다는 측면에서 폐쇄체계이론에 속한다). 대표적인 이론으로서는 사이먼과 마치(H. Simon & J. March)의 의사결정론을 들 수 있다.

조직 내 개인과 개인, 개인과 집단, 집단과 집단은 서로 다른 가치관, 규범의식을 갖고 있으므로 개인과 집단 간의 갈등은 불가피하며 갈등은 문제를 노출시켜 해결책을 찾을 수 있도록 하기 때문에 순기능적으로 이해한다. 갈등을 일으키는 주요 요인으로는 공식적 요인 대 비공식적 요인, 비공식집단의 범위 대 비공식집

단의 관계, 상급자 대 부하직원, 사회적 보수 대 금전적 보수, 업무조직 대 비업무조직 등을 들고 있다.

3) 특징

(1) 기본가정

① 고전모형과 인간관계모형의 총합이다.

② 인간관계이론은 관리자들을 유리하게 만들고 근로자들에게는 불리하다.

③ 고전모형, 인간관계이론의 차이점은 개인과 조직의 목표가 일치하지 않으므로 갈등은 불가피하다.

④ 구조주의자들은 갈등을 순기능적이라고 본다.

⑤ 고전모형과 인간관계이론에서 간과했던 조직의 환경적 요인과 영향을 중요시한다.

(2) 특성

① 고전모형과 인간관계모형을 조화시키고 종합하는 다요인적 접근

② 조직을 사회집단들이 상호작용하는 크고 복잡한 사회적 단위라고 봄

③ 갈등을 순기능적인 것으로 봄

④ 조직에 대한 환경의 영향을 강조

(3) 비판

① 인간관계론자들은 구조주의가 갈등에 대한 인간의 욕구와 성격을 무시하고 있다고 주장한다. 구조주의가 갈등은 공개적인 의사소통을 통해 해결 가능하다고 주장하지만 인간의 욕구를 표현하고 창의성을 발휘할 기회를 주지 않아 조직은 건조해지고 비효율성을 증대시킨다고 비판한다.

② 구조주의는 인간의 욕구(자기표현, 창의성, 독립성)를 충족시킬 여지를 주지 않기 때문에 결국은 비효율을 초래하고 조직을 건조하게 만든다고 비판한다.

③ 극단적으로 구조주의는 비용통성과 기계조립회사의 단조로움을 만든다고 비판한다.

5. 생태이론

1) 의의와 배경

생태론은 환경을 최초로 고려한 현대적 이론으로 1940~1950년대 등장한 거시적 이론으로, 행정을 단순한 내적 업무분담 및 수행체제로서만 인식하지 않고 살아 움직이는 유기체로 인식하고, 이러한 유기체로서의 행정이 환경이나 문화로부터 어떠한 영향을 받는가 하는 양자의 상호관계를 밝히고자 노력하였다. 그러나 행정이 환경에 영향을 받는 요인만을 고려하고 영향을 주는 것을 고려하지 않았다.

2) 주요 내용

조직과 환경과의 관계를 최초로 분석하였고 시간·장소에 따라 차이를 보이는 조직관리현상을 이해하는 데 공헌하였다(개방체제로 파악). 비교행정의 필요성과 방향을 제시하였다.

☞ 표 3-7 생태론적 관점에 따른 사회환경의 변화

구분	농업사회(융합사회)	전이사회(과도사회)	산업사회(분화사회)
정치적 측면	정치권력의 근거를 천명에서 구함	농업사회와 산업사회의 중간에 위치한 전이사회는 프리즘 사회라고도 하며, 융합사회와 분화 사회의 중간적 특징을 지닌다. 발전도상국이 여기에 해당됨.	정치권력의 근거를 국민에서 구함
경제적 측면	자급자족 경제		시장중심의 경제
사회적 측면	혈연적·폐쇄적 1차집단 중심의 사회		개방적·실적중심의 2차집단이 중심
이념적 측면	육감이나 직관에 의한 인식, 지식의 단일성		경험에 의한 인식, 지식의 다양성
의사전달 측면	• 의사전달의 제한 • 하의상달 제한 • 상의하달 중심		• 의사전달의 원활화 • 하의상달 원활 • 수평적 의사전달 원활

(1) 가우스의 생태론

가우스(J. K. Gaus)는 정부기능을 설명하는 데 유용한 환경적 요소로서 일곱 가지를 지적하고 있는데, 이는 사람, 장소, 영향력 있는 인물, 물리적 기술, 사회적 기술, 재난, 욕구와 사조 등을 들고 있다.

(2) 릭스의 생태론

릭스(F. W. Riggs)는 비교행정을 연구함에 있어서 생태론적 접근방법에 의존하여 행정이 주도적으로 발전하기 위해서 생태적 요인을 적극적으로 이용하는 문제를 고려하였다. 그리하여 사회이분법에 따라 구조기능분석을 통해 행정의 비교모형으로 농업사회와 산업사회의 유형을 제시하면서, 환경적 요인으로서 정치적 요인, 경제적 요인, 사회적 요인, 의사전달, 상징 등의 다섯 가지를 들고 있다. 이러한 요인들에 의해 야기되는 환경적 변화는 행정조직의 변화를 초래하며 그 양상은 사회의 성격, 즉 농업사회, 전이사회, 산업사회에 따라 상이하게 나타난다는 것이다.

3) 특징

생태학적 관점에서 조직과 환경 간의 관계를 규명한 최초의 개방체제이론으로서 행정을 환경에 대한 종속변수로 파악하고 있다.

4) 한계

구조기능적 분석에 입각한 균형이론으로 쇄신적 행정가들의 노력을 과소평가(발전에 있어 인간적 요인의 경시)하는 경향이 있으며 행정의 사회변동적·적극적 역할을 무시(생태론적 결정론)하고 있다.

외부환경의 영향에만 치중한 나머지 내부문제는 상대적으로 경시하는 성향이 있으며 개별적인 환경의 영향을 고찰하는 데 그쳐 일반이론화에는 실패하였다. 또한 행정이 환경에 좌우된다고만 생각하여 환경적 요인이 성숙되지 못한 신생국의 경우 숙명론적인 패배론 또는 비관론으로 흐를 수 있다(행정의 독립변수성 경시).

6. 체계이론

모든 체계이론에서는 기본적으로 조직을 유기체로 인식하여 조직 내 개체 간의 상호의존성, 조직의 욕구, 조직환경을 중요시하고 있다(Clegy, 1980).

1) 자연체계론(natural systems theory)

조직체는 개방체계로서 변화하는 환경 속에 존재하며 자체적인 생존 유지를 위해 상호의존적인 하위체계들로 구성된다.

(1) 생산하위체계(producton subsystem)

클라이언트에게 서비스를 제공하는 것을 조직의 본연적 서비스 생산과업으로 수행하는 하위체계이다. 사회복지조직에서 생산하위체계의 기능은 대상자에게 서비스를 제공하는 것이며, 숙련과 기술을 강조하므로 전문화의 원리가 중요하다.

(2) 유지하위체계(maintenance subsystem)

조직의 계속성과 안정상태를 유지하여 지속성을 확보하는 하위체계이다. 사회복지조직에서 유지하위체계의 기능은 조직원 각자의 목표가 조직의 목표에 통합되도록 촉진시켜 주는 것이다. 또한 이 체계는 절차를 공식화하고 표준화하며 직원을 선발하여 훈련시키며 보상하는 제도를 확립함으로써 조직원 각자의 목표를 조직의 목표에 통합시키는 기능을 수행한다.

(3) 경계하위체계(boundary subsystem)

환경과 영향을 주고받는 생산지지체계와 제도적 체계이다. 사회복지조직에서 경계하위체계의 목적은 조직의 외부환경에 영향을 미치는 것이며, 이는 생산지지체계와 제도적 체계의 두 가지 구성요소를 통해 반응한다고 본다.

(4) 적응하위체계(adaptive subsystem)

환경에 적응하기 위해 연구하고 계획하는 체계로 조직의 변화를 강조한다. 사회복지조직에서 적응하위체계는 연구와 계획에 관련되어 있으며 조직의 지적인 부분에 해당된다. 이 체계는 변화하는 환경의 요구에 반응해서 조직변화의 필요성을 인식하고 이를 위해 관리층에 적절한 건의를 할 수 있다.

(5) 관리하위체계(management subsystem)

위의 네 가지 하위체계를 조정하고 통합하는 체계로서 사회복지조직에서 관리하위체계의 목적은 다른 네 가지 하위체계를 조정하고 통합하기 위한 리더십을 제공하는 것이며, 이 체계가 원활히 이루어지기 위해서는 갈등을 건설적으로 다루고 그 해결을 할 수 있는 지식과 기술을 필요로 한다.

2) 상황이론(contingency theory)

(1) 의의

상황이론은 일반체계이론의 거시적 관점을 구체화하고 실용화한 이론으로 개방체계로서의 조직체계와 환경 간의 상호작용을 강조하고 있다. 조직의 효율성을 증대하기 위해 환경의 우연성을 감안한 조직구조화를 주장한다(개연성 이론). 상황적합이론, 상황적응적 접근, 합리적 상황적응이론 등이 있다.

(2) 주요 내용

상황이 달라지면 효율적인 조직화 방법도 다르다고 주장하면서 모든 문제를 해결하기 위한 단 하나 최선의 방법은 존재하지 않는다고 보는 이론이다(Fielder, 1967). 즉 주어진 상황요인(환경, 조직의 규모, 기술)에 따라 적합한 대응책을 선택하고 조직구조를 결정해야 한다고 주장한다. 이때 조직에 대한 연구는 경험적 자료의 체계적인 수집을 전제로 진행되어야 하며 수많은 영향변수들을 고려하여 상이한 조건하에서 조직이 어떻게 기능하는지를 설명할 수 있어야 한다. 조직구조나 관리체계는 외부환경이나 조직구조, 또는 기술에 의해 영향을 받아 여러 개의 가장 적합하고 합리적인 조직구조나 관리방식이 존재하게 된다고 설명한다. 특정한 조사방법이나 특정 학문 영역 및 개념에 얽매이지 않는 개방적인 연구를 지향한다.

(3) 특징

① 조직과 상황과의 관계 중시

② 원인보다 결과 중시

③ 조직 내 개인이나 집단의 행동보다 조직 자체를 분석단위로 봄.

④ 사회현상에 관한 이론을 통합하여 일반적인 통찰을 만들어 내는 중범위이론 지향

3) 정치경제적 이론(political-economic theory)

조직의 역동성을 강조하여 조직 내부와 조직 외부 간의 상호작용을 중심으로 설명하는데 정치적 영향(권력관계, 목표설정)과 경제적 영향(자원획득, 분배, 산출) 간의 상호작용을 기술한다.

7. 목표관리이론

1) 의의

드러커(Peter Drucker)가 주창한 목표관리이론(MBO: Management By Objectives)은 조직구성원의 적극적 참여과정을 통해 생산활동의 목표를 명확하고 체계 있게

설정하여 활용함으로써 관리의 효율화를 기하려고 한다.

2) 주요 내용

조직계층의 상·하위자 간에 협의를 통하여 부서 및 개인의 목표를 명확히 설정하고, 평가자와 수행자가 목표달성에 관하여 의견교환을 통해 평가하여 다음 목표설정에 피드백하고 그 결과를 보상체제에 반영하는 관리제도이다.

■ **목표관리의 구성요소**

① 명확한 목표설정

② 참여

③ 환류

3) 특징

① 결과 지향적 목표설정

② 참여적 의사결정

③ 최종 결과의 평가 및 피드백

④ 공공부문의 생산성 향상, 고품질의 행정서비스를 제공하기 위해서 기존의 경직된 관료체제를 성과와 고객중심의 관리체제로 제도개혁 추진

그러나 MBO 체계는 목표가 불확실한 상황 속에서는 목표달성이 쉽지 않기 때문에 실현 가능한 단기목표를 남용함으로써 장기적이고 이상적인 목표를 저하시킬 수 있는 단점이 있다.

8. 애드호크러시 이론

애드호크러시(adhocracy) 이론은 그때그때의 일을 유연하게 대응하는 주의로서, 유기적 적응조직, 특별위원회형 기구, 비관료적 고객기구, 변증법적 조직으로 불리며, 급변하는 환경변화에 적절히 대처할 수 있어 변동이 많은 항공, 전자, 광고대행사 같은 현대산업에 적합하다.

1) 특징

① 표준화에 의한 통제나 역할의 명확성을 거부하고 혁신을 추구

② 수평적 직무 전문화

③ 조정수단으로 통합관리자

④ 권력분권

⑤ 기능별 집단과 목적별 집단이 공존

2) 문제점

권한과 책임의 명확성 결여로 구성원의 역할이 모호하고, 상이한 전문가들로 구성되어 있어 구성원 간의 갈등이 상존하며, 프로젝트가 없는 경우 기능별, 목적별 운영으로 비용문제가 발생한다.

① 특별위원회형 기구, 일시적으로 유연한 조직 등을 의미

② 임시적이고 민주적인 조직

③ 부여된 업무를 가장 잘 처리할 수 있는 조직이나 운영방식을 채택

　　예: 사조직(기업)인이 특정 목적을 위해 전문성이 있는 그룹에게 임무를 맡

　　　기고 이를 통해 기업 전체의 업무효율화를 달성하는 모습

3) 애드호크러시 조직의 장점

① 애드호크러시는 공동의 목적을 달성하기 위하여 전문 지식을 가진 사람들의 협력을 통해 문제를 해결할 필요가 있는 경우에 매우 유용한 조직구조이다.

② 조직의 과업 자체가 기술적·전문적이고 비정형적인 경우에는 애드호크러시가 매우 유용하다.

③ 애드호크러시는 특히 현대와 같이 매우 복잡하고 급격한 환경변화에 대응하여 높은 적응력과 창조성을 요하게 되는 조직에 적합한 조직구조이다.

4) 애드호크러시 조직의 단점

① 애드호크러시는 베버의 관료제와 달리 비효율적인 구조를 이루고 있으므로 관료제만큼의 정확성과 편의성을 기하기 힘들다.

② 애드호크러시는 조직의 성격상 구성원들 간에 상급자와 하급자의 명확한 구분이 되어 있지 않기 때문에 조직구성원들 사이에 갈등을 일으키는 경우가 많다.

③ 애드호크러시는 조직구성원들의 대인관계에서 문제를 야기시키며 심리적인 불안감을 안겨 주는 경우가 많다.

9. 전사적 품질관리

전사적 품질관리(TQM: Total Quality Management)는 품질을 중요시하는 조직관리로 고객만족, 인간성 존중, 사회공헌을 통해 경쟁우위를 확보함으로써 장기적인 성장을 추구하는 경영체계라고 할 수 있다.

■ **TQM의 6가지 기본요소**

① (서비스의)질

② 고객

③ 고객만족

④ 변이

⑤ 변화

⑥ 최고관리층의 절대적 관심

(1) 전사적 품질관리

대량생산체제의 산업현장에서 제품의 결함을 줄이고자 하는 품질에 대한 관심이 초창기인 1920년대에 품질관리의 노력으로 나타나면서 시작되어 품질향상, 품질보장으로 발전하고, 1980년대에 미국에서 총체적 품질경영 개념으로 집대성되어 관리기법으로 체계화되었다.

(2) TQM의 기본요소(Weinbach, 1994)

① 품질

② 고객

③ 고객만족

④ 변이

⑤ 변화

⑥ 최고관리층의 절대적 관심

10. 신공공관리론

1) 의의

신공공관리론은 1980년대 이후 OECD를 중심으로 한 여러 나라에서 추진된 정

부개혁을 포괄하여 이론화한 틀이다. 신공공관리론의 핵심적인 내용은 고위 행정
가의 정책결정기능보다는 관리기술을 중시하고 과정중심에서 산출중심으로, 공공
서비스 공급에 있어 계층적 내부생산에서 계약적 경쟁체제로, 고정임금에서 변동
임금으로의 행정개념의 변화로 요약할 수 있다.

2) 등장배경

(1) 복지개혁과 신보수주의

신보수주의 정권들이 공통적으로 추진한 변화는 '작지만 강한 정부'를 지향하
는 행정개혁의 시도였다. 경쟁적인 시장경제 활성화를 위해 복지부문의 감축과
민영화 정책을 추진하고 있다. 이를 위해 아웃소싱(outsourcing), 리스트럭처링(re-
structuring), 리엔지리어링(re-engineering), 리오리엔테이션(re-orientation), 벤치마킹
시스템(bench-marking system)을 강조한다. 1980년대 이후 진행된 OECD 국가들의
정부개혁은 바로 신공공관리론과 관련성을 가지며 우리나라 김대중 정부의 정부
개혁의 이론적 토대도 신공공관리론에 기초를 두고 있다.

오스본과 개블러(David Osborne & Ted Gaebler)는 그들의 공저인 『정부혁신론
또는 정부재창조론(*Reinventing Government*, 1992)』에서 '기업가적 정부'의 10대 원
칙을 제시하고 있는데, 이것은 신공공관리론에 입각한 정부혁신의 원칙이라고 할
수 있다.

(2) 세계화 및 국제화

정부관리의 측면에서 공공 및 민간 경제의 국제화와 병행해 공공관리의 국제화
가 진행되었다.

(3) 거버넌스와의 관련성

행정을 거버넌스(governance)로 보는 견해가 행정학자들에게 확산되고 있다. 프
레데릭손(H. George Frederickson), 피터스(B. Guy Peters), 오스본과 개블러(David
Osborne & Ted Gaebler) 등이 이러한 입장을 지지하고 있는데 거버넌스는 정부·
준정부·비영리·자원봉사 등 공공서비스의 공급체계를 구성하는 다원적 형태의
조직 또는 조직 네트워크의 활동으로 설명할 수 있다.

☞ 표 3-8 공공행정관리론과 신공공경영론의 비교

구분	공공행정관리론	신공공경영론(신공공관리론)
조직환경관	폐쇄체제이론	개방체제이론
공행정과 사행정	공행정과 사행정의 동질성	공행정과 사행정의 차이성
관리방식	경직적 관리, 관리기법 강조	유연한 관리, 기업가정신 강조
추구목표	관리기법 자체의 생산성 향상	고객지향성, 고객만족의 향상
강조점	조직구조와 관리원칙의 강조	산출과 성과의 강조
대두배경	엽관주의에 대한 반발	정부실패에 대한 반발

3) 내용

신공공관리론은 전통적인 공공행정이론의 두 기본적인 가정인 공공조직의 특수성과 절차 및 규칙의 중요성 대신에 공사조직의 유사성과 관리 자율성 및 결과중심의 관리를 강조한다. 신공공관리론은 관리주의와 계약주의의 결합으로 이해할 수 있으며 공공선택이론, 거래비용이론, 대리이론에 기반하여 공무원에 대한 막연한 신뢰감 대신에 분명한 성과계약관계를 강조한다. 경쟁 가능성, 소비자 선택권, 투명성, 유인장치에 대한 개혁에 이론적 기초를 제공한다.

4) 특징

(1) 경쟁도입

공공조직 간 또는 공사조직 간의 경쟁을 강조한다.

(2) 민간관리기법 수용

입증된 민간관리기법(private-sector style of management practices)의 공공조직에의 적용을 강조한다.

(3) 자원이용의 규율과 절약

자원이용에 있어 규율과 절약을 강조한다.

(4) 관리자율성

재량적 전문관리를 강조하여, 최고관리자에게 자유재량권을 통한 관리의 자유를 부여한다.

(5) 공식적 성과기준

분명하고 측정 가능한 업무성과기준을 강조한다.

5) 비판

(1) 정책-관리의 이원화 문제

정부기관의 기능을 크게 정책과 집행기능으로 이원화하여, 서비스를 직접 생산하는 일선기관의 관리기능을 분리시키려는 처방을 하나 기능분리가 용이하지 않고 또한 결정기능과 집행기능의 분리에 의한 정책 환류장치 결여로 정책기능이 오히려 약화될 우려도 있다.

(2) 공공성과 책임성 문제

신공공관리론은 대리이론의 문제의식 위에서 결국 공공조직 및 관리의 특수성을 부정한다. 즉 관리의 원칙은 사조직, 공조직의 차이를 초월하여 적용된다는 것인데 이는 책임성의 약화를 초래한다.

(3) 시민 대 소비자

신공공관리론은 국민을 시민으로 보지 않고 단순한 소비자(구매자)로 간주한 나머지 권리만 강조하고 시민으로서의 의무는 과소평가하고 있다.

(4) 기업가성의 한계

기업이란 본질적으로 상대방의 무지를 이용해 이윤을 창출하는 것이다. 이러한 기업성의 측면이 공공행정의 가치로 적당한지, 그리고 형평성이나 책임성, 민주성, 가외성 등의 행정의 전통적 가치를 이러한 하위가치가 구축해 줄 수 있는지 의문이다.

(5) 행정의 공동화 및 공무원의 사기저하

정부기능의 일방적 축소는 행정의 공동화를 초래하여 전반적인 행정역량의 약화를 초래할 수 있고, 성과측정이나 감축관리 일변도의 관리는 '관료제 흔들기'식이 되어 공무원의 사기저하를 유발할 수도 있다. 지나친 경쟁이 목표의 하향조정이나 조직의 긴장감을 유발하여 생산성을 저하시킬 우려도 있다.

6) 리엔지니어링(re-engineering)

리엔지니어링은 어려운 상황을 타개하기 위해 이익, 품질, 서비스, 속도와 같은 기업의 핵심적 성과를 획기적으로 향상하기 위해 기업활동의 과정을 근본적으로 재검토하고 원천적으로 재설계하는 것이다.

이는 프로세스 리엔지니어링을 의미하는 것으로 해머(M. Hamer)는 리엔지니어링의 핵심단어를 '분업의 부정'으로 들고 있다. 리엔지니어링은 한마디로 '조직업무의 전반적인 과정과 절차를 축소·재정비하여 가장 합리적인 방법으로 업무를 수행하려는 조직관리이론'으로 TQM 이후 1980년대에 등장하였다. 리엔지니어링은 업무절차의 최소화, 통제의 최소화, 고객지향, 구성원에 의한 의사결정, 분권화, 서류전달점 축소 등을 그 특징으로 한다.

7) 리스트럭처링(re-structuring)

리스트럭처링은 조직경쟁력 강화를 위한 전략 차원에서 기존 사업단위의 축소, 통폐합 및 확대 여부와 신규사업에의 진입 여부, 주력사업의 선정 등에 관한 결정과 함께 이러한 사업들을 어떻게 연계하여 통합할 것인지를 결정하는 복잡하고 다차원적인 전략기획의 방법이다. 유형·무형의 사회간접자본을 재구축하자는 것으로, 재구축이라는 말은 일반적인 사회간접자본 외에 투자역량 강화, 교육환경개선과 인적·지적 자본의 형성, 과학기술의 수준제고와 학습역량의 극대화, 시민참여를 통한 사회통합역량의 강화 등이 포함되는 포괄적인 개념이라 할 수 있다. 협의의 의미로는 정부조직과 기능의 재조직화를 뜻하기도 한다(re-organization).

8) 리오리엔테이션(re-orientation)

리오리엔테이션은 자유경제의 시장원리와 성과지향적 경제원칙을 수용해서 '보호보다는 경쟁, 규제보다는 자유'를 지향하는 새로운 관리목표의 재설정을 의미한다.

9) 벤치마킹(benchmarking system)

벤치마킹은 지속적인 개선을 달성하기 위해 기업 내부의 활동과 기능, 그리고 관리능력을 외부기업과의 비교를 통해 평가하고 판단하는 것으로 최고의 성과를 얻기 위하여 최고의 실제 사례를 찾는 과정이다. 즉 어느 특정 분야에서 우수한 상대를 표적삼아 자기 기업과의 성과차이를 비교하고 이를 극복하기 위해 그들의 뛰어난 운영 프로세스를 배우면서 부단히 자기혁신을 추구하는 기법이다. 벤치마킹의 가장 큰 장점은 최고 업체의 뛰어난 경영성과를 그대로, 또는 창조적으로 모방함으로서 연구개발과 시행착오 과정에 투입되는 막대한 시간과 금전적 손실을 절약할 수 있다는 점이다. 또한 시장에서 경쟁자가 추구하고 있는 목표를 쉽게 알 수 있으며, 경쟁력 확보에 필요한 새로운 기준을 쉽게 인식할 수 있어 선두기업을 따라잡아야 하는 기업의 경우 전략계획을 보다 쉽게 세울 수 있게 된다.

벤치마킹의 종류는 다음과 같다.

① 역 엔지니어링

② 경쟁적 벤치마킹

③ 프로세스 벤치마킹

④ 전략적 벤치마킹

⑤ 글로벌 벤치마킹

제 4 절 사회복지조직과 환경

1. 사회복지서비스 전달체계의 특성과 원칙

1) 전달체계의 특성

(1) 구조·기능적 분류

① 행정체계: 행정체계는 서비스 전달을 기획, 지원, 관리, 지시한다(보건복지부, 특별시·광역시·도, 시·군·구).

② 집행체계: 집행체계는 클라이언트와 직접 접촉을 가지면서 서비스를 직접 전달한다(읍·면·동, 클라이언트).

(2) 운영주체별 분류

① 공적 전달체계

공적 전달체계는 정부(중앙, 지방)나 공공기관이 관리, 운영하므로 행정체계적 성격을 지닌다(예: 보건복지부를 중심으로 한 중앙 및 지방정부).

② 사적 전달체계

사적 전달체계는 민간(단체)이 운영, 관리하므로 집행체계적 성격을 보인다(예: 민간복지재단, 자원봉사단체, 사회복지협의회, 이용 및 수용시설 등).

2) 전달체계 구축의 원칙

(1) 전문성

사회복지서비스 전달에 있어 효과성, 효율성을 위한 핵심업무는 반드시 사회복지문가가 담담당해야 한다.

(2) 적절성

클라이언트의 욕구를 해결하기 위해 서비스의 충분한 양과 질, 충분한 기간의 서비스 제공이 적절하게 이루어지고 있는지를 파악하는 것이다.

(3) 포괄성

클라이언트의 욕구는 다양한 문제와 관련되어 있으므로 다각적인 접근과 서비스 제공이 필요하다.

(4) 지속성

클라이언트에게 서비스가 지속적으로 제공될 수 있어야 하며, 복합적인 욕구에 대해서도 지역사회 내 연계를 통해 지속적으로 제공되어야 한다.

(5) 통합성

조직 내의 의사소통과 협력이 없을 때 서비스는 중복될 수도 있고 아예 제공되지 않을 수 있으므로 지역사회 내 사회복지서비스들은 상호 통합적으로 제공되는 것이 바람직하다.

(6) 평등성

클라이언트의 연령, 성별, 소득, 지역, 종교나 지위에 관계없이 모든 국민에게 사회복지서비스를 평등하게 제공해야 한다.

(7) 책임성

클라이언트의 욕구와 문제해결을 위해 얼마나 목표달성을 이루었는가에 대한 효과성과 최소한의 투입과 최대한의 산출에 의한 효율성의 문제이다.

(8) 접근성

클라이언트가 사회복지서비스를 이용하는 데 지리적인 거리, 경제적인 이유, 개인적 동기와 인식 등 클라이언트의 사회복지조직이나 서비스에 대한 접근성이 높아야 한다.

2. 전달체계의 기능과 문제점

1) 공적 전달체계의 기능과 문제점

(1) 상의하달식 수직전달체계

보건복지부 → 지침 하달 → 중간 및 하부기관 형태의 수직적 전달체계 내에서 중간 및 하부기관은 클라이언트의 욕구에 능동적, 자율적인 대처가 어렵다(적절성, 통합성, 포괄성 문제).

(2) 사회복지행정을 지방 일반행정체계에 편입

서비스 전달을 위한 행정체계가 안전행정부의 지방행정체계에 편입되어 사회복지 전문성을 살리지 못하고 있으며 일선 전문요원의 경우 일반 행정업무를 겸함으로써 전문성을 발휘하기 어려워지고 따라서 서비스 전달업무의 효과성, 책임성, 업무만족도가 저하되고 쉽게 소진될 수 있으며 결국 서비스의 효율성도 저하될 것이다.

(3) 전문인력 관리 미흡

사회복지전담 공무원은 승진의 기회가 적어서 사기가 저하되고 일반공무원이 사회복지 전문직으로 전환되고 있는 실정이라 서비스의 효과성을 악화시킬 수 있다.

(4) 전문인력 부족

국민기초생활보장법 실시 이후 사회복지전담 공무원의 업무는 더욱 과중되었으나 인원의 보충은 부족한 상태이므로 결국 서비스의 질을 저하시키고 효과성을 악화시킬 것이다.

(5) 서비스 통합성 결여

공적 사회복지전달체계의 관련 부서들은 분리되어 설치되어 있으며 통합성아 낮고 결국 서비스의 단편성을 초래하여 서비스 효과성을 악화시킨다.

(6) 각종 위원회 활동 부진

전달체계 내에 자문위원회, 심의위원회 등 다양한 위원회들이 존재하지만 형식적으로 운영이 되고 있어 서비스의 효과성, 효율성 향상에 도움이 되지 못하고 있다.

2) 사적 전달체계의 기능과 문제점

(1) 정부 제공 서비스 비해당자에게 서비스 제공

정부에서 제공하는 서비스의 대부분은 클라이언트의 자격기준을 심사하여 선별하기 때문에 서비스가 필요함에도 불구하고 누락되는 경우가 있는데 이들을 위한 서비스를 제공하기 위하여 존재한다.

(2) 정부가 제공할 수 없는 서비스 제공

클라이언트의 욕구가 날로 다양해지는 현실에서 정부는 서비스의 1차적인 욕구 충족에 목표를 두고 있는 만큼 민간사회복지전달체계에서 보다 다양하고 질 높은 서비스를 제공할 수 있다.

(3) 동종 서비스에 대한 선택기회 제공

정부에서 제공하는 서비스와 동일할 경우 지리적으로, 기호적으로 시간상 편리한 여건을 선택할 수 있게 하여 공사기관의 경쟁을 유발함으로써 서비스의 질을 높일 수 있다.

(4) 사회복지서비스의 선도적 개발과 보급

사적체계는 행정적으로 융통성이 있고 의사결정 라인이 신속하므로 환경의 변화와 클라이언트의 새로운 욕구를 민감하게 파악하고 새로운 프로그램을 개발, 보급하는 데 유리하다.

(5) 민간의 사회복지 참여욕구 수렴

지역사회 내 인적·물적 자원을 쉽게 동원할 수 있고 자원봉사자, 후원자의 형태로 민간의 사회복지 참여를 유도할 수 있다.

(6) 정부의 사회복지활동에 대한 압력단체 역할

민간기관의 경우 연합체를 형성하여 정부의 서비스를 감시하거나 건의할 수 있고 새로운 서비스를 위한 영향력을 행사할 수 있다.

(7) 국가의 사회복지비용 절약

국민의 복지욕구는 나날이 높아가지만 서비스의 공급은 한정되어 있는 실정에서 민간사회복지전달체계가 대신하므로 비용의 절약을 가져올 수 있다.

3. 조직환경의 정의

1) 지리학적 정의

일정한 지표면의 범위를 가리키는 지방 또는 지구 등과의 동의어이며, 학술상으로는 일정한 목적과 방법에 의하여 구획되어진 특색 있는 지구를 말한다. 지역에는 대·중·소의 면적의 구분도 있으나, 대지역이 되면 될수록, 구체적 개성은 적어진다. 따라서 대지역의 이해는 되도록 많은 소지역이나 아(亞)지역으로 구분한다.

환경은 다시 산맥이나 구릉·하천유역 등과 같은 자연환경에 의하여 구분되는 자연적 지역과 정치적·행정적 영역이나 역사적 영역, 동일한 방언이나 민속, 경제지역 등으로 된 인문적 지역으로 대별된다. 그러나 참다운 지리학적 환경이란 이들 자연·인문의 양 현상이 혼연히 조화된 지역적 유기체로서의 성격을 가진 것이어야 한다.

2) 사회복지적 정의

공통의 사회문제와 복지욕구를 공유(동질성)하면서 이에 대한 해결(공동의 이익)을 위해서 사회연대성(social solidarity)에 기초한 집단적 해결 또는 발전을 추구하고자 하는 시간적 또는 공간적 단위이다(김학주, 2008). 브뤼그만(Brueggemann, 2002)은 우리의 삶의 의미를 제공하는 공통의 경험과 관계의 묶음에 기초한 자연적 인간협의체라 하였으며 놀린과 체스(Norlin & Chess, 1997)는 지리적 영역에서 공통의 욕구와 갈망이 만족되며, 공통의 문제를 다루고, 번영을 추구하는 수단을 찾으며, 사회에 연관이 있는 사회적 조직의 내재적 형태로 설명하였다.

4. 조직환경에 대한 이론적 관점들

1) 체계론적 관점

사회체계이론(social system theory) 또는 체계이론에서는 모든 사회적 실체, 즉 개인, 가족, 소집단, 조직, 지역사회, 국가사회를 하나의 유기체와 같은 체계로 보고 이들 체계들이 위상에 있어서 등위적인 체계, 상위적인 체계 및 하위적인 체계들과 상호의존적인 밀접한 관계를 가지고 있다고 본다.

따라서 모든 사회체계는 그것이 전체로서 다른 하위체계를 내포하고 있는 동시에 부문으로서 상위체계에 속해 있다. 사회체계는 속성상 살아 있는 개방체계이며 등위체계, 상위 및 하위 체계 간의 상호작용을 통해 필요한 에너지를 만들고 이 에너지의 상호 교환과 이전을 통해 체계가 존속, 분화, 진화, 그리고 발전하게 된다.

이러한 관점에서 사회복지조직은 분명히 사회체계이며 개방적인 체계로서 외적인 환경과의 상호작용은 불가피하다.

2) 교환이론적 관점

교환이론(exchange theory)에서는 인간을 이기적이고 합리적이고 환경의 변화에 적응하는 존재로 본다. 그리고 사회적 관계를 개인 간, 개인과 집단 간 및 개인과 집단 간에 상호 필요한 자원을 주고(비용)받는(보상) 관계로 보고 사회를 개인으로 구성된 소집단 간의 교환관계가 지속적으로 이루어져 정교화되고 발전되고 유형화된 것으로 본다.

따라서 사회적 집합체인 사회복지조직도 사회복지조직을 둘러싸고 있는 외적인 조직들 또는 환경과의 끊임없는 교환관계를 가지게 된다. 사회복지조직은 외부환경에서 사업을 위한 인적 및 물적 자원을 조달하여야 하므로 환경과의 교환관계에서 의존-권력관계를 피할 수 없다. 권력에 의하여 지배되는 관계에 처하면 의존-권력관계를 피하고 균형적 교환관계를 구축하려는 전략을 차용해야 할 것이다.

5. 조직주변의 환경요소

1) 일반환경

경제적 조건, 사회/인구통계학적 조건, 문화적 조건, 정치적 조건, 법적 조건, 기술적 조건을 일컫는다.

2) 과업환경

재정자원의 제공자, 정당성과 권위의 제공자, 클라이언트 및 클라이언트의 제공자, 보충적 서비스 제공자, 조직 산출물의 소비 및 인수자, 경쟁조직들을 말한다.

제 5 절 기획

1. 기획의 개념 정의

1) 기획(Planning)의 정의 및 유형

조직의 목표를 달성하고자 행동으로 실행하기 전에, 무엇을 어떻게 할 것인가를 결정하는 것으로 체계적인 사고와 조사, 통찰력, 대안의 선택에서 가치 선호에 따라 문제를 해결하고 미래의 일의 방향을 통제하려는 의도적인 시도이다.

표 3-9 유형별 기획의 종류

유형	위계수준에 따른 유형	최고관리층	목표, 정책, 장기적인 계획
		중간관리층	배분, 프로그램 계획, 정책, 보완적 목표
		감독관리층	구체적 프로그램 계획, 일정표, 단기목표
		관리실무자	일상적 업무
	시간에 따른 유형	장기계획	• 1년 이상 5년, 10년 이상, 그 이상에 걸친 기획 • 외부 영향을 중요시하고 조직의 목적과 목표의 재설정
		단기계획	• 장기기획에 근거하여 1년 미만에 걸친 기획 • 구체적, 행동지향적, 실행방법에 관한 내용
	대상에 따른 유형	전략적 기획 (Burch, 1997)	• 조직의 구체적 목표의 설정과 변경, 구체적인 목표달성을 위한 자원의 획득과 사용 및 배분을 위한 정책을 결정하는 과정 • 목표설정, 우선순위 결정, 자원획득과 분배에 관한 기획과정
		운영기획	• 획득한 자원으로 조직의 목표를 효과적으로 달성하기 위하여 사용되도록 하는 과정 • 자원의 관리에 관한 기획과정

2) 기획의 특성 및 필요성

(1) 특성(Perry, 1996)

① 미래지향적인 과정이다.

② 계속적인 과정이다.

③ 결정을 내려야 하는 의사결정과 연관이 있다.

④ 목표달성을 위한 수단적 과정이다.

(2) 필요성(York, 1982)

① 사회복지조직의 목표의 모호성 감소

② 문제해결을 위한 합리성 증진

③ 효율성 증진

④ 효과성 향상

⑤ 책임성 강화

⑥ 구성원의 사기진작에 기여

3) 기획의 순서

(1) 구체적인 목표설정

구체적, 단순, 현실 가능한 기술, 주어진 기간 내에 계량화될 수 있는 의도된 결과로서 프로그램에 적합하고, 기대하는 결과가 명확하게 명시되어야 하며, 관찰 가능, 측정 가능한 목표이어야 한다(SMART: Specific, Measurable, Attainable, Relevant, Time-bound).

(2) 조사, 정보수집, 자원고려

조사 및 정보수집은 문헌조사, 면접, 관찰, 설문지 등의 이용이 가능하다.

(3) 대안방법 모색

창의력이 요구되는 단계, 집단토의, 대화, 수집된 정보로부터 목표달성을 위한 대안을 찾을 수 있다.

(4) 대안결과 예측과 기대효과 평가

대안결과에 대한 비용적인 측면, 인적 자원 등을 검토하고, 기대효과와 장단점을 찾아내어 평가하는 과정이 필요하다.

(5) 최선의 대안 선택

평가과정을 통해 최선의 대안을 찾아내서 선택하는 단계이다.

(6) 구체적인 실행계획 수립

구체적인 프로그램을 기획하는 단계로 도표 작성 등 단계적 개요가 기록된다.

2. 조직 내 의사결정

1) 의사결정의 정의

조직의 목표를 달성하기 위한 여러 가지 대안 가운데 최적의 것을 선택하는 연속된 과정으로 문제해결에 목적을 두고 있다(Weihrich, 1990).

2) 의사결정방법

☞ 표 3-10 의사결정을 위한 방법 비교

방법	직관적 결정	합리성보다 영감이나 감정에 의존하여 결정
	판단적 결정	개인이 가지고 있는 지식과 경험에 의존하여 결정하는 방법
	문제해결적 결정	합리적인 절차를 통해 이루어지는 결정으로서 즉각적인 결정이 불필요한 경우에 주로 사용되는 방식

3) 의사결정과정

(1) 문제인지와 목표설정

문제나 욕구가 무엇인지 규정하고 문제에 관련된 환경과 심리적, 사회적, 문화적 요인과 직원과 구성원의 욕구를 파악한다.

(2) 관련 정보의 수집과 분석

관련된 정보를 수집하여 분석한다. 정보 수집은 객관적으로 이루어져야 한다.

(3) 대안의 개발 및 선택

대안은 결과를 예측할 수 있는 것들이어야 하고, 장단점과 현실 가능성을 충분히 고려하여 우선순위에 따라 선택해야 한다.

(4) 대안의 실행

직원들이 적극적으로 참여하여 실행되도록 지원해야 한다.

(5) 환류(feedback)

개방적인 태도와 융통성을 가지고 의사결정의 전 과정에서 의견을 들을 필요가 있으며, 이미 결정되었다 하더라도 다음 의사결정에 반영할 수 있는 융통성을 가져야 한다.

4) 의사결정 모형

표 3-11 의사결정 모형 비교: 합리주의 모형, 점진주의 모형, 제한적 모형

모형	합리주의적 모형	인간은 이성과 합리성에 따라 결정짓고 행동함으로써 고도의 합의점을 찾아낼 수 있다는 전제. 이 방법은 가장 이상적이지만 인간의 능력으로는 사실상 어려우며 현실적인 제약점을 고려하지 않으므로 예측한 결과를 가지고 오는데 많은 문제점이 있다.
	점진주의적 모형	인간의 능력은 한계가 있고 현실적인 제한점이 따르므로 고도의 합의점을 찾아내기란 어려운 일이 아니라는 전제. 이 방법은 현재의 상황에 저항을 가장 적게 받고 대부분의 문제를 효율적으로 해결할 수 있다는 측면에서 많이 이용되고 있지만 급변하는 환경에 점진적인 모형으로 대응하는 것은 무리가 있다.
	제한된 합리주의적 모형	합리주의 모형과 점진주의 모형을 절충한 방법으로서 인간의 정보 수집능력과 처리능력의 한계점을 고려하면서도 문제를 전체적으로 검토하여 문제가 된다고 판단되는 것에 전제, 이 방법은 사회복지조직의 기획과 의사결정에서 가장 바람직하다.

제6절 인사관리

1. 인사관리의 개념 정의

1) 인사관리(human resource management)의 개념 정의

인사관리란 인사활동을 가리키는 것으로 피고용자 혹은 종업원의 욕구와 관리자의 기대 및 사회의 욕구에 부합하여 조직구성원들이 조직의 목적달성을 효과적이고 효율적으로 달성할 수 있게 관리하는 것을 말한다.

(1) 전통적인 인사관리

종업원들을 통제, 감시하고 잘잘못을 가리거나, 업적에 대한 상벌 시행을 위주로 운영된다. 특히 조직의 경제적 효율성 목표에 중점을 두어 비용 측면에서 노동력을 바라봄으로써 개인의 욕구를 무시하고 이들을 통제하고 활용하는 데에 초점을 두고 종업원의 순응을 강조하는 경향이다.

(2) 현대 인적자원관리

종업원들의 능력개발이나 육성을 통해 개인과 조직의 목표를 일치시켜 나가는 개발지향적 성격을 가지고 있다. 즉 개개인의 욕구와 개성을 중시하면서 조직에서의 사람을 자산으로서의 인적 자본 또는 인적 자원으로 인식하여 개발하는 것에 초점을 둔다.

2) 인사관리의 의의와 기능

(1) 의의

① 공공부문의 인사활동을 인사행정이라고 하고 사기업의 인사활동을 인사관리라고 한다.

② 기관의 운영목적 달성을 위하여 인적자원을 최대로 활용하기 위한 관리적 활동이다.

③ 직원을 채용하고, 그들의 활동을 유지하며, 해고하는 활동과 관련된 주요 행정과정이다.

(2) 기능

인력계획, 경력관리, 보수 및 퇴직금, 보건, 안전 및 복지후생, 사기와 인간관계 관리, 복무와 근무규율, 노사협조, 인사관리 정보체계 등이다.

(3) 사회복지기관의 인사관리

① 공적 부문의 경우: 정부 인사관리행정에 의하고 있으나, 사회복지직을 확대·배치해야 하는 과제를 안고 있다.

② 민간부문의 경우: 조직의 규모, 예산 등이 빈약하여 합리적인 인사관리에 어려운 점이 있고 경력관리, 보수 및 퇴직금, 복리후생, 사기와 인간관계 관리 등 여러 면에서 미흡한 실정이다.

2. 인사관리과정

스키드모어(Skidmore)는 인사관리의 주요 과정을 충원, 선발, 임용, 오리엔테이션, 승진, 평가 및 해임으로 구분하였다.

1) 직원의 채용과 개발

자격을 갖추어 지원한 사람들 중 공석 중인 직위에 유치하는 과정이다. 전문성을 갖춰 유능하고 클라이언트 및 다른 직원들과 원만한 대인관계를 맺을 수 있는 능력을 지닌 직원을 고용하는 것이다. 모집의 절차는 해당 직무에 대한 직무분석이 선행되어야 하고 어떤 업무를 수행해야 하는지에 대한 기술인 직무명세서 및 직무기술서를 작성하는 것이다.

2) 선발

조직에 충성심과 조직의 요구에 기초하여 선발되어야 하며 전문성과 원만한 인간관계, 클라이언트 및 직원들을 보호할 수 있는 능력이 고려된 사람을 선발해야 한다. 선발기법으로는 시험이 있는데 시험은 객관성과 타당성을 갖추어야 한다.

3) 임용 및 업무분장 부여

채점이 끝나면 성적순, 직종별로 등급을 부과하고 신입직원별 업무를 배정하는 과정을 갖는다.

3. 직원개발

1) 직원개발의 정의

직원들 소양과 능력을 개발하고 직무수행에 필요한 지식과 기술을 향상시키며 직무수행에 필요한 지식과 기술을 향상시킨다. 또한 가치관과 태도를 바람직한 방향으로 변화시키기 위한 교육과 훈련활동을 말한다.

2) 직원개발의 필요성

지속적인 교육과 훈련을 통해 전문지식과 기술, 태도의 수준을 향상시켜 사회복지조직이 제공하는 서비스의 효과성을 높이는 것이다.

3) 직원개발 종류

(1) 신입직원 훈련

새로운 직원에게 조직과 조직의 서비스 및 지역사회를 소개하는 과정으로 적응훈련 또는 기초훈련이라고도 한다. 조직의 역사와 미션, 목적, 기본정책, 규정, 조직구조, 급여, 보상체계 등이 소개된다.

(2) 일반직원 훈련

직무수행 개선을 위한 교육훈련으로, 현재 근무하고 있는 직원들에게 필요한 새로운 기법을 습득하게 하는 등의 직무수행 능력을 향상시키는 것을 목적으로 한다.

(3) 감독자 훈련

슈퍼바이저에 대한 훈련으로 업무수행에 필요한 지식과 지도력, 의사전달, 인간관계, 인사관리 등에 걸쳐 있고, 훈련방법으로는 강의, 토의 사례발표 등이 이용되고 있다.

(4) 관리자 훈련

최고 계층에 속하는 중·고급 관리자에 대한 훈련으로 정책수립에 관한 것과 지도력에 관한 훈련을 받게 된다. 교육방법으로는 사례발표, 회의, 토론 등이 이용될 수 있다.

(5) 직원개발 방법

강의, 회의, 토론, 계속 교육, 슈퍼비전, 사례발표, 역할연기, 집단행동 등이 있다.

4. 동기부여

근무의욕을 북돋고 사기를 진작시켜 업무의 생산성을 향상시키며 나아가 사회복지서비스 제공에 있어 효과성과 효율성을 높이기 위한 중요한 요소이다.

1) 동기부여를 위한 이론적 관점

표 3-12 동기부여 관련 주요 이론 비교

	종류	동기	내용
욕구	고전이론 (최성재 외, 2001)	경제적인 요소(돈)	금전적인 보상만이 직원의 동기를 유발하여 생산성을 향상시킨다고 주장하지만 사회복지조직에서 금전적인 보상만으로 동기가 유발되지는 않는다.
	매슬로의 욕구이론	직원들 개인의 욕구	매슬로는 인간의 욕구를 5단계로 나누고 근로자의 동기는 직원들의 욕구에 따라 유발된다고 주장한다.
	인간관계 이론	인간관계와 상호작용	행정가는 동기부여가 되고 직원들에게 동기를 유발하기 위한 핵심적인 역할을 해야 한다고 주장하고, 직원 상호 간에 인간관계가 좋은 집단에서는 생산성이 극대화된다고 가정하며, 직원들의 인간관계와 상호작용에 따라 동기가 유발된다고 한다.
	행동수정 이론	조작적 조건화 보상과 처벌	인간의 행동은 지속적인 처벌이나 보상에 따라 변화될 수 있다고 보는데 처벌보다는 보상이 더 바람직한 방법이라고 주장한다.
	X, Y이론	(X이론) 규제와 지시 (Y이론) 인간의 자율성	X이론의 인간은 일하기 싫어하고 통제가 있어야 작업의 동기부여가 된다는 가정을 하고 있으며, Y이론은 인간은 창의적이고 지지를 받고 싶어 하므로 근로자를 의사결정에 참여시키고 규제와 통제는 최소화해야 한다는 관점을 가지고 있다.
	동기부여-위생론	일의 내용과 심리적 만족	근로자는 고통을 피하고 심리적 성장과 만족을 성취하려는 욕구가 강하기 때문에 일의 내용과 심리적인 만족에 의해 작업의 동기가 부여된다는 입장이다.

2) 동기부여를 위한 제 요소

① 개인적 관심: 과업에 대한 과중은 능률이 향상되는 것은 물론, 생산성 향상에 지대한 영향을 미친다. 행정책임자는 운영의 중요한 과정에 직원을 참여시킴으로써 개인적인 관심을 높일 수 있다.

② 시간관리: 최소의 시간을 활용하여 최대의 효과를 낼 수 있도록 직원 개인의 시간가치를 존중하는 조직에서 사기와 생산성이 높다

③ 승인과 칭찬: 직원이 성취감을 갖게 하고 새로운 동기를 유발하며 사기를

진작시키는 데 매우 중요한 요소가 된다.

④ 책임과 권한의 명확화: 직원들에게 일정한 권한을 부여하고 책임을 명확히 인식시켜 줄 때 자신의 업무에 주인의식을 가질 수 있고 자율성을 가지고 업무를 수행할 수 있다.

5. 직원의 유지관리

1) 직무수행 평가과정

(1) 직무수행 기준을 확립

(2) 직무수행 기대치 전달

(3) 직무수행 측정

(4) 실제 직무수행과 직무수행 기준을 비교

(5) 평가에 대한 토의

2) 직무수행 평가도구

(1) 도표평정식

왼쪽에 평가기준이 되는 요소를 나열하고, 오른쪽에 직무수행의 등급을 나타내는 척도이다.

- 단점
  - 평가자가 각각의 수행등급을 표시하는 것으로 직위 간에 직무의 차이를 구별하지 못한다.
  - 평가요소들이 일반적이므로 일반적인 평가밖에 할 수 없다.

(2) 개조서열식

평가자들이 모든 직원들에 대해 최상에서 최하까지 등급을 매기는 척도이다.

- 단점
  - 직원들이 평가에 따라 서열이 매겨지므로 직원들을 지나치게 경쟁으로 몰아간다.
  - 평가요소가 구체적이지 못해 평가에 한계가 있다.

(3) 이분비교식

등급을 매기거나 서열을 정하는 것이 아닌 자신을 제외한 나머지 같은 서열

내의 다른 직원들과 비교하여 평가가 이루어지는 척도이다. 다른 척도에 비해 다소 구체적이다.

(4) 강제배분식

일반적인 평가의 경우 최상이거나 최하의 등급이 매겨지는 그룹은 소수인 것을 적용하여 다수의 직원들이 중간에 집중하도록 강제로 분산시켜 사실에 가까운 평가를 얻을 수 있는 척도이다.

(5) 중요사건평가식

직원이 직무수행 시 과정이나 결과가 좋은 업무와 나빴던 업무를 기록하게 하여, 좋은 업무는 강화하고 나빴던 업무는 교정하여 검토하는 척도로서 직원들에게 피드백을 제공한다.

(6) 행동계류평정식

업무와 업무들과 관련된 행동의 효과성에 대한 평점을 매기는 델파이 기법을 사용하여 전문가들에 의해 등급을 매기는 척도이다. 가장 높은 점수를 받은 업무와 관련된 행동이 바로 직무평가의 기대치가 된다. 시간이 많이 소요되고 비용이 많이 든다는 단점이 있지만 직무평가도구로서 타당성이 가장 높다.

제 7 절   재정관리

1. 재정관리 개념 정의

재정관리(financial management)란 서비스의 목적과 수단 사이의 관계를 원활히 하고 목적달성의 가장 바람직한 수단을 결정해 주는 행정적 수단이다.

서비스의 목적이 설정되면 이를 위한 재정적 수단을 조정하고 통제하여 효과적으로 목적을 달성해 주도록 지원하는 과정이다(Weiner, 1982).

1) 예산수립(budgeting)

재정계획을 세우고, 제원을 조달하여 프로그램의 목적에 할당되는 것이다.

2) 회계활동(accounting)

예산수립과정에서 설정된 항목들을 보고서로 작성하며 각 항목에 대해 검토, 기록, 정리, 주기적 보고서 작성 및 발행을 한다.

3) 지출관리(auditing)

예산의 집행이 계획에 따라 이루어졌는지 재정기록에 대한 감독 및 관리를 하는 것이다.

4) 평가(evaluation)

재정관리의 절차들이 제대로 이루어지고 있는지에 대한 평가이다.

2. 재정관리의 과정

1) 예산수립

(1) 예산(budgeting)의 개념 정의

예산은 독립적인 실체의 장래 일정기간의 계획된 지출과 그 지출을 위한 자금조달계획으로 일반적으로 다음 1년간의 조직의 목표를 금전적으로 표시한 것이고 1년 동안의 재정활동의 감시장치를 제공하는 것이다.

(2) 예산수립의 성격

① 정치적인 과정: 재정자원 배분 의사결정은 정치적이다.

② 프로그램 기획과정: 예산수립은 결국 프로그램을 수행하기 위해서이고 이는 프로그램 기획과정인 목적과 목표설정－예산편성－추진일정 수립－기대효과 분석－효과성 평가기준 설정 등을 포함하므로 예산수립은 프로그램 기획과정이다.

③ 프로그램 관리과정: 예산수립은 조직의 관리자가 조직 각 단위의 활동과 책임자의 시행일정을 검토하므로 프로그램 관리과정이다.

④ 회계과정: 회계담당자가 자금의 내외적 흐름을 통제하고 재정활동을 승인하는 근거가 되므로 예산수립은 회계절차의 성격을 가진다.

⑤ 인간적인 과정: 서비스 제공에 있어 클라이언트, 직원, 지역사회 주민들에게 영향을 미치기 때문에 이들과 커뮤니케이션이 있어야 한다.

⑥ 미래를 변화시키는 과정: 미래 활동에 대한 계획이고 이에 따라 새로운 활동을 할 수 있으므로 미래를 변화시키는 과정이다.

(3) 예산수립의 절차

① 조직의 목표설정: 단기적, 측정 가능, 구체적인 목표를 장기적인 목표와 부합하는지 검토하여 수립한다.

② 정보수집과 연구과정: 조직의 운영에 관하여 이용할 수 있는 자료, 즉 부서별, 개인별 업무내용과 프로그램 실적, 프로그램 평가, 조직 내외의 가용자원, 재정현황 등 기본적인 정보를 수집하고 연구하는 과정이다.

③ 새로운 운영방법 검토: 기존의 운영방법과 수집된 자료를 기초로 새로운 목표달성을 위한 운영방법의 효과성과 효율성을 검토한다.

④ 우선순위 결정: 목표와 효과성, 효율성, 시급성, 재정의 가용성 등 기존의 운영방법과 새로 설정된 운영방법을 비교하여 우선순위를 결정한다.

⑤ 우선순위에 따라 잠정적인 예산안을 설정한다.

⑥ 재정자원을 확인하고 확정한다.

⑦ 필요성 해석과 홍보: 예산 승인자에게 예산청구의 필요성을 합리적으로 설명하고 홍보할 필요가 있다.

2) 예산의 형식

(1) 항목별 예산(LIB: Line-Item Budget)

가장 기본적인 예산형식이며 가장 많이 사용되는 형식이다. 지출항목별 회계와 전년도에 기초하여 작성되며 액수의 점진적인 증가에 기초를 둔 점진주의적 특성을 가진다.

① 장점
- 지출근거가 명확하므로 예산통제에 효과적이다.
- 예산항목별로 지출이 정리되므로 회계에 유리하다.

② 단점
- 전년도 예산을 기준으로 점진주의적 특성을 갖기 때문에 예산증감의 신축성이 없다.
- 전반적인 인상률을 적용하므로 예산증감 기준의 타당성이 희박하고 효율성을 무시한다.
- 프로그램 목표나 내용, 결과를 고려하는 것이 부족하다.

(2) **성과주의 예산**(PB: Performance Budget)

기능적 예산관리라고도 하는데 개별 지출항목들을 조직활동과 연결시키는 데 특징이 있다. 성과주의 예산은 지출을 프로그램의 실행결과 나타나는 '성과'에 관심을 둔다. 조직의 활동을 기능별, 프로그램별로 나누고 다시 세부 프로그램으로 나누어 프로그램 단위 비용을 편성하는 과정 중심 예산형식이다. 사회복지조직의 책임성과 관련하여 중요성이 강조되고 있다.

① 장점
- 프로그램의 목표와 운영에 대한 모니터링이 가능하다.
- 예산할당의 기준이 성과물에 근거를 두기 때문에 프로그램의 효율성을 기할 수 있다.
- 단위비용을 계산하여 자금배분을 합리적으로 할 수 있다.

② 단점
- 직접비용과 간접비용을 계산해야 하므로 범위를 정하는 것이 쉽지 않다.
- 비용산출의 단위(시간, 횟수, 클라이언트 수)설정과 단위비용 책정의 어려움이 있다.

(3) **프로그램 예산 관리**(PPBS: Planning-Programming-Budgeting System)

목표와 목적, 프로그램이 예산체계의 중요한 부분이다. 프로그램 목표들과 장기적인 사업계획을 수립하고, 프로그램을 기획하고 예산을 수립하는 과정으로 프로그램과 예산을 통합하는 것이 특징이다. '프로그램 중심'이다.

① 장점
- 목표와 프로그램을 명확히 알 수 있고 재정자원을 합리적으로 배분할 수 있다.
- 프로그램 계획과 예산수립의 괴리를 막을 수 있고 프로그램의 효과성을 높일 수 있다.

② 단점
- 장기적인 계획에 의해 프로그램 목표와 재정계획이 뒷받침되어야 한다.
- 결과에만 치중하여 과정을 무시하고 권력과 의사결정이 중앙집권화되는 경향이 있다.

(4) 영기준예산(ZBB: Zero-Base Budget)

전년도 예산과는 무관하게 영의 상태에서 기존의 프로그램이나 신규 프로그램의 정당화를 역설하고 프로그램의 우선순위에 따라 예산을 편성하는 형식으로 현재의 프로그램 효과성과 효율성, 시급성에 따라 예산의 증감을 결정한다.

① 장점
- 예산절약과 프로그램 쇄신에 기여한다.
- 재정자원을 합리적으로 배분하고 탄력성에 기여한다.
- 프로그램의 효과성, 효율에 기여한다.

② 단점
- 의사소통, 의사결정, 프로그램 평가에 대한 관리자의 전문성과 객관성이 필요하다.
- 합리성만을 강조하므로 심리적인 요인을 무시하는 경향이 있으며 장기적인 프로그램의 예산계획으로는 부적절하다.

3) 예산의 집행

(1) 예산통제 원칙

① 개별화 원칙: 각 조직의 개별적인 환경과 요구사항에 맞게 예산을 통제한다.
② 강제의 원칙: 규칙의 동일한 적용을 통한 공평성과 활동을 공식화한다.
③ 예외의 원칙: 예외상황을 고려해서 적용해야 한다.
④ 보고의 원칙: 보고가 없으면 예산 오남용과 같은 제정관리에 대한 감시와 통제가 불가능하다.
⑤ 개정의 원칙: 예산통제를 위한 규칙은 개정될 수 있어야 한다.
⑥ 효율성 원칙: 예산통제에 소요되는 비용과 노력을 최소화할 수 있어야 한다.
⑦ 의미의 원칙: 효과적인 예산통제를 위해 모든 사람들이 의미 있게 이해할 수 있도록 전달해야 한다.
⑧ 환류의 원칙: 여러 가지 결과들은 피드백을 통해 수정과 개선에 사용한다.
⑨ 생산성의 원칙: 예산통제가 사회복지서비스 제공에 장애요인이 되어서는 안 된다.

(2) 예산집행에서 통제 기제

① 분기별 할당: 수입과 지출예산의 지출을 분기별로 조정하여 수입·지출의 균형 유지가 필요하다.

② 사전승인: 최고행정책임자의 사전승인을 받아야 하고, 이는 균형 유지에 도움을 준다.

③ 지출의 최소: 예산이 인가되지 않거나 삭감되었을 경우 지출을 잠정적으로 취소할 수밖에 없다.

④ 정기적 재정현황보고서 제도: 지출에 대한 월별, 분기별 재정현황을 보고받아 검토해야 한다.

⑤ 대체: 사업별 과도지출 또는 과소지출되었을 경우 과소지출에서 과다지출분을 메우기 위하여 대체할 필요가 있다.

⑥ 지불 연기: 정당한 방법을 통해 지불을 연기할 수 있다.

⑦ 차용: 은행이나 사회복지 관련 단체로부터 장기적 또는 단기적으로 대출을 받을 수 있다.

4) 회계관리와 회계감사

(1) 회계관리

회계란 재정적 거래를 분류, 기록, 요약하고 결과를 해석하는 표준화된 기술적인 방법이다.

① 기록업무: 수입과 지출에 관한 기록장부를 마련하고 회계원칙에 따라 장부에 기록하는 일이다.

② 정리업무: 기록된 회계사항을 월별, 분기별 종결하여 정리하는 업무로서 재정상태를 파악하기 위한 재정보고서 작성을 위해 반드시 필요하다.

③ 재정보고서 작성과 발행: 조직의 재정상태를 파악하고 재정자원의 사용현황을 알리기 위해 일정한 양식의 보고서를 작성하여 정부 및 이사회에 보고해야 한다.

(2) 회계감사

회계감사란 조직의 수입지출 결과에 관한 사실을 확인하고 검증하며, 이를 보고하기 위하여 장부 및 기타 기록을 체계적으로 검사하는 것이다.

제8절 | 마케팅

1. 마케팅의 개념 정의

마케팅(marketing)이란 소비자에게 상품과 서비스를 제공하면서 구입하도록 격려하는 활동으로서, 구매 가능성이 있는 소비자의 욕구를 만족시키면서 기업의 이익을 극대화하기 위한 상호 유익한 교환을 창조, 촉진, 유지하기 위해 제시된 프로그램과 활동을 계획, 조직, 촉진하는 과정이다.

2. 비영리조직 마케팅

1) 개념

사회복지조직을 포함한 비영리조직이 조직의 목적을 달성하기 위해 클라이언트 관리, 서비스의 개발, 전달, 비용, 홍보, 자금확보 등에 있어 영리조직의 마케팅 기법을 도입하여 다변화하는 사회적 환경에 부응하여 경쟁력을 확보하는 활동이다.

(2) 마케팅의 필요성

(1) 책임성 측면

정부의 보조금이나 기타 단체의 기부금으로 운영되기 때문에 서비스 제공에 있어서 효율성과 효과성을 달성할 책임을 가지고 있다. 이러한 책임성의 요구에 부응하려면 비영리조직의 운영도 전략적인 마케팅의 도입이 절실하다.

(2) 대상자 관리 측면

클라이언트, 기관의 이용자, 기부자, 지역사회를 고객으로 유인하여 욕구를 세분화하고 관리에 있어 궁극적으로 고객만족을 이끌어 내는 마케팅 접근이 필요하다.

(3) 서비스 개발 측면

사회복지조직의 특성상 외부환경의 강한 영향을 받게 되는데 급변하는 정치적·사회적·법적·문화적 환경을 세분화하고 분석하여 서비스의 개발에 있어 상품의 가치를 높여야 한다.

(4) 재정확보 측면

목표를 달성하기 위해 필요한 재정자원의 계획과 동원, 배분, 효율적인 사용과 책임성 있는 관리는 필수적이다.

☞ 표 3-13 **현대 마케팅 기법 비교**(비영리조직에서 주로 활용하는 기법들을 중심으로 정리)

마케팅 기법	다이렉트 마케팅 (DM: Direct Marketing)	우편을 이용하여 고객에게 상품과 기업의 정보를 전달하는 방법. 잠재적 후원자 등에게 현재 기관의 운영현황이나 이용할 수 있는 서비스와 프로그램에 대한 다양한 정보를 전달하는 방법이다. 특히 다양한 모금상품을 개발하여 정기적·지속적으로 발송하는 것도 자원확보에 유리하다.
	고객관계 관리 마케팅 (CRM: Customer Relationship)	특히 후원자 관리에 이 마케팅 기법이 유용한데 신규 후원자의 개발, 기존 후원자의 관리, 잠재적 후원자 개발을 위해 그들의 욕구를 파악하여 이른바 '맞춤 서비스'를 지속적으로 제공함으로써 모금효과를 극대화할 수 있다. 개인은 기부를 함으로써 사회에 공헌하며 사회적으로는 기부문화의 확산이라는 측면에서 바람직하고, 사회복지조직은 자금을 조달할 수 있으므로 원-원 전략을 달성할 수 있다.
	기업연계 마케팅 (CRM: Cause Related Marketing)	기업이 사회복지조직에 기부함으로써 이윤을 사회에 환원한다는 철학을 달성하고 세제 혜택을 누린다는 개념보다 더욱 광범위한 의미로 사회복지조직에 기부함으로써 기업의 이미지는 좋아지고 그것이 바로 상품판매를 촉진시킨다는 홍보전략으로서의 마케팅 전략이다. 비영리조직에서 기업연계 마케팅을 효과적으로 달성하기 위해서는 먼저 기업의 욕구를 정확히 파악하고 기업의 생산성을 향상시킬 수 있는 측면을 강조하여 모금 프로그램을 개발하고 접근한다면 소위 "사회복지조직도 좋고, 기업도 좋은" 원-원 전략으로 활용될 수 있다.
	데이터베이스 마케팅 (Database Marketing)	고객의 지리적, 인구 통계적, 심리적 특성, 생활양식, 행동양식이나 구매기록 같은 개인적인 정보를 컴퓨터 베이스화하여 구축함으로써 수익공헌도가 높은 고객에게 마일리지와 같은 차별적인 서비스를 제공하는 등 개별 고객의 정보를 바탕으로 차별적인 전략을 펼치는 마케팅 기법이다.
	인터넷 마케팅 (Internet Marketing)	인터넷을 통해 고객에게 정보를 전달하고 전자우편이나 홈페이지 등을 통하여 이익을 극대화하는 마케팅 기법이다. 기관의 사업과 프로그램을 알릴 수 있는 홍보, 기부금 모집 등이 가능하고, 메일링 서비스를 통해 개별적인 고객관리를 할 수 있으며, 배너 교환이나 이메일링 서비스 등의 방법이 있다.
	사회 마케팅 (Social Marketing)	정부나 지방자치단체, 시민과 지역사회를 위한 공중의 행동변화를 위한 마케팅 기법으로 공익을 실현하기 위한 집단적이고 조직적인 노력이다.

3. 마케팅의 핵심요소

1) 마케팅 믹스 4Ps(Product, Price, Place, and Promotion)

마케팅 믹스란 마케팅의 모든 요소를 통합하여 그 효과를 최대한 발휘하는 것을 말한다.

(1) **상품**(product)**전략: 어떤 상품을 제공할 것인가?**

비영리조직의 상품은 프로그램과 서비스라고 할 수 있는데 영리조직의 브랜드와 같은 상품의 구성요소를 강조함으로써 마케팅을 더욱 효과적으로 할 수 있다(예: 사회복지공동모금회의 사랑의 열매처럼 기부문화를 확산시키는 전략이다. 세 개의 빨간색 열매가 의미하는 더불어 사는 사회를 만들어 가자는 뜻을 품고 있는 구성요소로 공동체의식과 기부를 독려하는 마케팅 효과를 상승시킨다).

(2) **가격**(price)**전략: 가격을 어떻게 결정할 것인가?**

비영리조직의 가격은 수익사업의 이용료, 모금 프로그램에 대한 가격, 즉 후원금 등이며 비영리조직에서의 가격개념은 조직의 목표를 달성하는 데 필요한 원가의 회수에 있다.

(3) **유통**(place)**전략**

비영리조직의 유통전략이란 서비스의 전달과 입금경로, 접근성과 관련 있으며 지역사회 네트워크 형성과 관계있다. 비영리조직의 유통경로는 상품(서비스)이 기관에서 클라이언트에게 직접적으로 전달되는 형태로서 중간상의 개입이 없는 비교적 짧은 것이 특징이다. 즉 고객을 직접 접촉한다.

(4) **촉진**(promotion) **전략**

비영리조직에서 가장 익숙해 있는 마케팅 믹스 요소가 촉진인데 서비스의 홍보와 보다 많은 기부금을 확보하기 우한 인쇄물 제작이나 언론·방송 매체를 통한 홍보, 인터넷을 이용한 홍보, 판매촉진, 인적 판매 등과 같은 커뮤니케이션 수단들을 오래 전부터 사용해 왔다.

2) 신 마케팅 믹스(new marketing mix)(4P+3P)

(1) **상품전략**(Product)

어떤 상품을 제공할 것인가?

(2) **가격전략**(Price)

가격을 어떻게 결정할 것인가?

(3) **유통전략**(Place)

어떻게 접촉하도록 할 것인가?

(4) **촉진전략**(Promotion)

어떻게 판매를 증진시킬 것인가?

(5) **생산자**(Producer)

서비스 생산의 주체는 누구인가?

(6) **구매자**(Purchaser)

잠재적 고객은 누구인가?

(7) **조사**(Probing)

소비자에 대한 조사

4. 마케팅 과정

1) 환경분석

기관의 목표와 프로그램, 자원, 정당성 등을 분석하여 준비상태를 확인하며 기관을 둘러싼 내부/외부 환경분석을 통해 기관의 강점과 약점을 파악한다.

(1) **경영자원 및 능력 분석**

① 인력: 충분성, 숙련성, 충실성, 근면성, 서비스 지향성

② 자금: 충분성, 융통성

③ 시설: 충분성, 유연성, 배치의 질 등

④ 시스템: 정보시스템 질, 계획시스템 질, 통제시스템 질 등

⑤ 시장자산: 고객기반, 기부자기반, 관계기반, 일반적 평가 등

(2) **SWOT 분석**(Drucker, 1954)

☞ 표 3-14 SWOT 분석의 목적과 내용 비교

구분	Strength 구성원들의 업무의욕이 높음	Weakness 신규조직이라 재정이 빈약함
Opportunity 사회문제가 증가함 (결식아동, 노인문제)	사회문제를 해결할 우월한 프로그램 개발	사회문제를 해결할 모금 및 후원자 확보활동 강화
Threat 경제난으로 재정지원 감소예상	조직을 유지하기 위한 수익성 있는 프로그램 개발	조직목표에 합당한 프로그램만 존치시켜 최저예산 유지

2) 시장조사

시장조사는 정확하고 충분한 자료를 얻기 위하여 관리자와 소비자를 직접 연결시켜 줄 수 있는 커뮤니케이션 수단으로서 기관이 관심을 갖는 문제에 대해 지역사회가 가지고 있는 인식과 태도를 분석한다. 조사 시 주요 질문사항으로는 (1) 특정 상품이나 서비스에 대한 욕구 및 욕구를 지닌 사람들의 구매욕구, (2) 상품구매력 여부, (3) 구매 의지력 여부 등을 확인한다.

3) 마케팅 목표 설정

(1) 범위와 방향 설정

정확한 문제의 진술, 표적집단의 성격과 규모, 기관의 정책, 자원동원 등 변수들에 의해 범위와 방향을 설정한다.

(2) 세부목표는 'SMART'하게 구성

① 구체적(Specific)

② 측정 가능(Measurable)

③ 달성 가능(Attainable)

④ 결과지향적(Relevant)

⑤ 시간적 한계(Time-bound)

4) 마케팅 전략

(1) 시장세분화(segmentation)

비슷한 욕구, 개성, 행위의 특징에 따라 소비자 집단을 선정하여 공략한다.

① 대량 마케팅

② 세분화 마케팅

③ 틈새시장 마케팅

④ 미시적 마케팅

(2) **표적시장 선정**(targeting)

시장이 세분화된 곳의 매력적인 요소(후원 가능성)를 발견하여 하나 또는 그 이상의 시장(후원자)을 선정하여 진입한다.

① 단일구획 집중화: 단일시장을 선택하여 마케팅 집중

② 제품전문화: 한 가지 제품으로 다양한 고객층에 판매

③ 시장전문화: 특정의 고객층이 지니고 있는 상이한 여러 욕구의 충족

④ 선별적 전문화: 선수익성이 높고 기업의 자원이나 목표와 부합되는 몇 개 시장만 선별해서 진출

⑤ 전체시장 포괄: 각 고객집단들이 필요로 하는 모든 제품을 생산하고 판매

(3) **시장 포지셔닝**(positioning)

표적시장의 고객들에게 자사제품이 경쟁제품들에 비해 어떤 차별점을 갖고 있으며, 고객의 욕구를 제대로 만족시켜 주고 있음을 확신시켜 주는 것이다. 즉 집단으로 하여금 후원을 하도록 확정하는 것이다.

① 제품속성에 의한 포지셔닝: 자사제품이 차별적 우위를 갖고 있음을 직접적으로 강조하는 방법

② 사용상황에 따른 포지셔닝: 제품이 사용될 수 있는 적절한 상황과 용도를 자사제품과 연계시키는 방법

③ 제품 사용자에 따른 포지셔닝: 표적시장 내의 전형적 소비자를 겨냥하여 자사제품이 그들에게 적절한 제품이라 소개하는 방법

④ 경쟁제품에 의한 포지셔닝: 소비자들의 마음속에 강하게 인식되어 있는 경쟁제품에 비한 자사제품의 차별점을 제시하는 방법

5) 마케팅 실행

(1) 마케팅 정보시스템

조직을 효과적으로 경영하기 위해 마케팅 환경요인과 조직 내부에 관한 지속적인 정보수집을 한다.

(2) 마케팅 계획시스템

목표, 전략, 마케팅 실행계획 및 예산 등을 포함하는 계획 수립을 일컫는다.

(3) 마케팅 통제시스템

마케팅 목표의 달성 여부를 검토하고 달성되지 않았을 시 마케팅 성과를 개선하기 위해 필요한 수정활동을 취할 수 있는 시스템을 구축한다.

(4) 평가시스템

계획이 목표에 얼마나 접근했는가? 변화를 주어야 할 것은 무엇인가?

6) 마케팅 평가

(1) 마케팅 평가의 특성

① 포괄적 평가

② 체계적 평가

③ 독립적 평가

④ 주기적 평가

(2) 거시적 평가 및 미시적 평가

① 거시적 평가: 모금목표에 대비한 실제 목표달성률, 다른 경쟁조직과 비교한 목표달성률, 모금액에 비한 모금비용의 비율

② 미시적 평가: 실제로 투입한 노력으로서 제안서 제출횟수 또는 모금제안서의 모금 평균액 등

5. 홍보

1) 홍보(promotion)활동의 개념 정의

클라이언트에게 서비스 정보를 제공하고 서비스에 대한 반응조사를 말한다.

집단, 기관, 회사, 단체와의 대외관계를 개발하고, 선전을 통해서 사회의 이해를 촉구할 목적으로 단체들과 시민들 간에 건설적인 관계를 확립, 유지하는 활동들이 있다.

2) 홍보활동의 필요성

(1) 지역사회와의 신뢰관계 구축

(2) 책임성의 이행

① 일반대중과 정치집단들을 대상으로 사회복지지출의 정당성을 입증한다.

② 사회복지기관에서 제공한 서비스와 그 효과를 평가하여 조직체와 해당 사회복지제도의 필요성을 제고하여 지속적인 지지를 확보한다.

⑶ 조직의 서비스 산출을 지속

지역사회로부터 인적·물적 자원을 쉽게 확보함으로써 서비스를 유지한다.

⑷ 클라이언트의 서비스 이용 유도

지역사회의 잠재적 클라이언트들로 하여금 서비스 이용을 유도한다.

⑸ 조직체의 자기시정

여론을 반영하여 조직체 자체의 결점을 시정하고 개선한다.

3) 사회복지기관 PR의 중요성

① 사회복지기관의 시설 및 이미지 PR

② 자원봉사자 모집 PR

③ 후원자 개발 PR

④ 프로그램 PR

4) 홍보를 위한 매체

① 시각적 매체: 신문, 잡지, 소식지 등

② 청각적 매체: 라디오, 좌담 등

③ 시청각적 매체: 영화, 텔레비전, 인터넷 등

5) 홍보매체의 이점

① 일반인들의 복지기관에 대한 인지도를 높일 수 있다.

② 복지기관의 모금에 도움을 줄 수 있다.

③ 문제가 심각해지기 전에 여론화함으로써 사회문제를 예방할 수 있다.

④ 문제를 부각시켜 정책결정자들에게 영향을 미칠 수 있다.

생각해 볼 문제 및 과제

1. 사회복지서비스의 생산 및 전달의 효율성 증대를 위한 최적의 조직관리방법은 어떤 요소들을 필수적으로 포함하고 있어야 하는지 토론해 보자.

2. 조직과 환경 간의 관계에서 조직구성원들의 역할과 기능은 무엇이라고 생각하는지 서로 토론하고 논의결과를 정리해 보자.

3. 관리모형 중에서 고전이론과 현대이론를 구별 짓는 핵심적인 요소는 무엇인지 정리해 보자.

4. 조직변화에 영향을 주는 과업환경에는 어떤 요소들이 포함되어야 마땅한지 생각해 보자.

5. 고전적인 마케팅 믹스와 신 마케팅 믹스의 차이점을 가져오는 요인에는 어떤 것이 있는지 생각해 보자.

참고문헌

사회복지학사전(2009). 이철수 외 공저.

원석조(2009). 사회복지행정론. 서울: 양서원.

최성재·남기민(1996). 사회복지행정론. 서울: 나남출판.

한국사회복지행정학회 편. 2003: 30.

Barnard, C.(1970). *Formal organizations.* In H. A. Schatz(Ed.), Social work administration: A resource book. New York: Council on Social Work Education.

Burch, H. A.(1997). *Basic social policy planning: Strategies in practice models.* NewYork: The Haworth Press.

Clegy, S. and D. Dunkerley.(1980). *Organizations, Class and Control.* London: Routledge and Kegan Paul.

Drucker, P.(1954). *The practice of management.* New York: Harper&Brothers.

Etzioni, A.(1975). *Comparative Analysis of Complex Organization,* New York: John Wiley & Sons.

Fielder, F. E.(1967). *A theory of leadership effectiveness.* New York: McGraw-Hill.

Gates, B. S.(1993). *Social Program Administration: the Implementation of Social Policy.* Englewood Cliff, Prentice-Hall.

Hall, R. H.(1996). *Organization: Structures, processes, and outcomes.* Englewood Cliff, NJ: Prentice Hall.

Holland, T. P., & Petchers, M. K.(1987). *Organizations: The context for social service delivery.* In Encyclopedia of social work (18th Edition). Silver Spring, MD: National Association of Social Workers, pp. 204~217.

Mayo, E.(1945). *The social problems of an industrial civilization.* Boston: Division of Research, Harvard Graduate School of Business Administration.

McGregor, D.(1960). *The human side of enterprose.* New York: McGraw-Hill.

Patti, R.(1983). *Social welfare administration.* Englewood cliffs, NJ: Prentice-Hall.

Perry, *Handbook of Public Administration,* 1993: 10.

Tayor, F. W.(1997). *The Principles of Scientific Management.* New York: Dover Publisher.

Weber, M.(1978). *Economy and society: An outline of interpretive sociology*(Guenther Roth and Claus Wittich, Eds.; E.Fishoff, Trans.) New York: Bedminster Press.

Weihrich, R. W.(1990). *The Social Work as Manager: Theory and Practice*(2nd ed.). Needham Hights, MA: Allyn & Bacon.

_____.(1994). *The social work as manager: Theory and practice*(2nd ed.). Needham Heights, MA: Allyn&Bacon.

Weiner, M. E.(1982). *Human Service Management: Analysis and Applications*. Homewood, IL: The Dorsey Press.

York, R. O.(1982). *Human service planning: Concepts, tools, and methods*. Chapel Hill: The University North Carolina Press.

제 **4** 장

사회복지법제론

제 1 절 사회복지법의 개념

1. 일반법의 정의 및 특성

법이란 사전적으로 국가의 경제력을 수반하는 사회규범으로 국가 및 공공기관이 제정한 법률, 명령, 규칙, 조례 따위를 의미한다. 사회를 유지하기 위해서 사회시스템을 조정하고 구성원들의 행동을 규율하기 위한 사회규범이자 그 위반의 경우에 타율적·물리적 강제를 통하여 원하는 상태와 결과를 실현하는 강제규범이며 행위규범, 조직규범, 재판규범인 것이다. 또한 법은 국가 내에 존재하는 다른 어떠한 사회의 강제규범보다도 우월한 국가규범이며, 사회정의를 실현하고 안정적인 삶을 살 수 있도록 하며 사회질서를 유지하기 위하여 존재한다.

법은 사회생활의 필요에 의해 사회가 만들어 낸 사회적 제도인 까닭에 그 사회적 역할은 매우 중요하다. 법이 하나의 사회현상으로서 존재하여 생명력을 가지려면 그 기능을 다하여야 한다. 법의 목적을 실현하는 수단이 법의 기능이기 때문에 법은 그 기능을 발휘할 때 존재할 수 있다(홍성찬, 2001). 법의 기능은 지도적 기능과 교정적 기능으로 나누어 볼 수 있는데 법의 지도적 기능은 법이 있다는 그 자체만으로도 사회의 질서를 유지하고 관련 사회문제를 예방할 수 있는 것을 말하며, 법의 교정적 기능은 법을 위반했을 시 시정조치로서 강제 가능성을 갖고 작용하는 것을 말한다.

2. 사회복지법의 정의 및 특성

1) 사회복지법의 정의

사회복지법이 다른 법과 차별성을 두고 정체성을 확립하기 위해서는 사회복지법의 개념을 확실하게 하는 것이 마땅하다. 사회복지법에 대한 개념은 시대에 따라 국가의 이념 등에 따라 변화하고 있으며 다양한 형태를 갖고 있기 때문에 사회복지법에 대한 정의가 어렵다. 그러나 변화가 잦고 다양한 형태를 띠는 것은 사회복지법이 그만큼 필요하며 욕구가 증가하고 있다는 것이기 때문에 그 중요성이 커지면서 보완하고 제정되는 것을 반복해 가고 있다. 이에 사회복지법에 대한 개념을 이해함으로써 사회복지법을 바탕으로 사회복지법의 전반적인 발전을 꾀하는 것이 필요하다.

사회복지법이란 간단히 말하면 사회복지에 관한 법이다. 사회복지는 일반적으로 국민 전체를 대상으로 인간의 기본적·사회적 욕구를 해결하는 것을 목표로 하며, 사회문제에 대한 예방과 해결을 통해 삶의 질을 향상시키는 조직적 노력이라고 볼 수 있다. 이에 사회복지법은 사회복지의 내용을 국가의 강제적 규범으로 규정하는 제반 법규를 의미한다. 사회복지법은 크게 광의의 개념과 협의의 개념으로 나누어 볼 수 있는데 광의의 개념에서의 사회복지법은 사회구성원 전체의 안녕을 도모하고자 하는 노력 전체를 규율하는 법규범이다. 협의의 개념에서의 사회복지법은 사회적 취약계층, 즉 사회적 약자의 삶의 질 개선을 위한 노력을 규율하는 법이다. 우리나라에서의 '사회복지'는 사회정책 및 임상사회사업까지 모두 포괄하는 의미로 사용되고 있으며 현대사회의 국가들은 광의의 사회복지 개념을 각 나라의 복지목표로 삼고 있다. 이에 사회복지법의 개념을 광의의 개념으로 수용하여 살펴보는 것이 바람직하다.

대한민국 헌법 제34조 제1항에 '모든 국민은 인간다운 생활을 할 권리를 가진다'라고 국민의 사회권적 기본권으로서 생존권을 명시하고 있다. 이 생존권의 의미는 사회복지의 가치와 이념의 목표이자 사회복지행위 자체의 권리이다. 광의의 개념에서의 사회복지법으로서 이해하여 국민이 인간다운 생활을 하는 데에 부정적 영향을 미치는 그 무엇이 보편적이고 사회성을 띠고 있다면 국민의 기본권을 보장하기 위하여 구체적이고 세분화된 정책이 사회복지법이라 할 수 있다.

2) 사회복지법의 특성

사회복지법은 생존권을 중심으로 하여 발달하였으나 산업화를 거쳐 자본주의 사회가 되고 시민계층이 나눠지면서 대다수의 노동자를 위한 노동법을 중심으로 한 사회권이 발달되었다. 결국 사회복지법의 궁극적인 목적은 국민에게 위험을 분산시켜 소득을 재분배하고 국민의 사회적·경제적 위화감을 완화시켜 정치·사회적 안정을 기함으로서 국민적 사회통합의 실현에 있다고 할 수 있다(이용환 외, 2006).

사회복지법은 다른 법들과는 차별되는 특성으로 법의 행위주체, 적용대상, 개입문제, 목적, 개입방법 등으로 살펴볼 수 있다(김훈, 2006). 사회복지법은 사회복지법의 존재이유인 사회복지실현을 위해 국민의 인간다운 생활을 보장하기 위해 국가와 민간의 조화로운 참여로 이루어지기 때문에 전 국민이 행위주체가 되며, 사회복지법의 적용대상은 좁게는 도움이 필요한 국민들이겠으나 넓게는 전 국민을 대상으로 하고 있다. 또한 사회복지법은 인간다운 삶을 방해하는 모든 사회문제들이 개입되어야 할 문제이며 변해 가는 사회현상에 맞춰 사회복지법도 함께 변화한다. 사회복지법의 목적은 인간다운 생활(생존권)의 보장이며 이 법은 소득차원(물질적 또는 비물질적)에 따라, 개입대상(아동, 청소년, 노인, 장애인 등)에 따라, 서비스 직접성(간접적 또는 간접적) 등으로 다양한 개입방법을 구현한다.

이러한 것들이 다른 법과는 다른 사회복지법만의 특수성이라 할 수 있다.

3. 법과 사회복지법의 체계

1) 일반법의 체계

우리나라는 성문법주의를 채택하고 있으며 성문법으로는 크게 헌법, 법률, 명령, 규칙, 조례 그리고 조약 등이 있다.

헌법은 국가의 정치체제의 조직과 운용을 정한 기본법을 말하며 법률, 명령, 규칙, 조례 및 조약 등의 내용 및 형식은 근본법이자 기본법인 헌법에 위반되어서는 안 된다. 법률은 국회의 의결을 거쳐 대통령이 서명하고 공포하는 규범으로 헌법의 하위에 있는 법원이므로 헌법에 위반되는 내용을 담을 수 없다. 명령은 국회의 의결을 거치지 않고 일정한 행정기관이 제정하는 성문법의 한 종류로서 형식적 효력에서 헌법과 법률보다 하위에 있다. 발령권자에 따라 대통령령, 총리령, 부령으로 나뉘어지며 대통령령은 시행령과 부령은 시행규칙 또는 시행세칙이라고 한다. 규칙은 헌법 또는 법률로 인해 제정이 인정되는 성문법의 형식 중 하나로 일정한 국가기관인 각 부처가 제정한 것이다. 동일한 명칭으로 불리는 규칙 중에서도 그 제정기관과 법적 근거에 따라 성질과 효력이 일정하지 않다. 조례란 지방자치단체가 법령의 범위 안에서 제정하는 자치입법 중 하나로 지방의회의 의결에 의해 제정된다. 마지막으로 조약이란 국제법 주체 간에 국제적 법률관계를 규율하기 위한 문서에 의한 합의로 헌법에 의하여 체결·공포된 조약과 일반적으로 승인된 국제법규는 국내법과 같은 효력을 갖는다.

2) 사회복지법의 체계

사회복지법은 일반법 체계하에서 실정법에 속하며 그 실정법 가운데 일정한 절차에 의해 공포되고 제정된 성문법에 속한다. 사회복지법은 법의 삼분법(공법, 사법, 사회) 분류 중 사회법에 속한다. 사회법으로서 사회복지법은 제정법 가운데 공법인 헌법의 테두리 안에서 구체적인 법률로서 국회에서 제정되며, 사회복지 관련 법률을 실시하기 위하여 권한 있는 행정기관이 세부적인 시행을 위한 명령이나 규칙을 제정한다. 또한 지방자치단체는 사회복지법령의 테두리 안에서 그 지방자치단체의 지방 내에서만 효력을 가지는 자치법규를 제정하여 운영한다. 자치법규는 지방의회의 의결을 거쳐 제정되는 조례와 자치단체의 장이 제정하는 규칙이 있다. 사회복지법은 사회보장기본법을 기본법으로 삼고 있다(김기원, 2009).

사회복지법은 각 나라별로 상황에 따라 내용이 다를 수 있는 자국의 국내사회복지법과 노동자들의 글로벌한 이동과 모든 인간에 대한 보장이라는 성숙한 사고와 세계화 시대에 맞춰 국제기구 및 기관 그리고 선언 등에 의해 성립된 국제사회복지법이 존재한다. 국제사회복지법 또한 국내법과 동일한 효력을 지닌다.

제2절 사회복지법의 유형

한국의 사회복지법의 유형은 크게 사회보험법, 공공부조법, 사회복지사업법, 기타 사회복지 관련 법 등으로 나누어 볼 수 있다. 유형별로 분류되는 법조항들을 표로 정리하면 다음과 같다.

▷ 표 4-1 한국의 사회복지법

분류	법령
사회보험법	• 산업재해보상보험법 • 국민건강보험법 • 국민연금법 • 고용보험법 • 노인장기요양보험법 • 고용보험 및 산업재해보상보험의 보험료징수 등에 관한 법률

	• 군인연금법 • 공무원연금법 • 사립학교교직원 연금법	
공공부조법	• 국민기초생활 보장법 • 긴급복지지원법 • 장애인연금법	• 의료급여법 • 기초노령연금법
사회복지사업법	• 영유아보육법 • 노인복지법 • 장애인복지법	• 아동복지법 • 한부모가족지원법 • 정신보건법
기타 사회복지 관련 법	• 가정폭력방지 및 피해자보호 등에 관한 법률 • 건강가정기본법 • 근로복지기본법 • 성매매방지 및 피해자보호 등에 관한 법률 • 성폭력방지 및 피해자보호 등에 관한 법률 • 청소년보호법 • 아동·청소년의 성보호에 관한 법률 • 사회복지공동모금회법 • 장애인고용촉진 및 직업재활법 • 장애아동복지지원법 • 다문화가족지원법 • 노숙인 등의 복지 및 자립지원에 관한 법률 • 고령자고용촉진법 • 자원봉사활동 기본법 • 재해구호법 • 입양특례법 • 장애인·노인·임산부 등의 편의증진보장에 관한 법률 • 국가유공자 등 예우 및 지원에 관한 법률 • 의사상자 예우에 관한 법률 • 농어촌주민의 보건복지증진을 위한 특별법	

* 사회복지사업법상 '사회복지사업'에 속하는 법은 공공부조법(국민기초생활 보장법, 의료급여
법, 기초노령연금법, 긴급복지지원법, 장애인연금법) 5개와 사회사업법으로 분류하고 있는 20
개의 법률(아동복지법, 노인복지법, 장애인복지법, 한부모가족지원법, 영유아보육법, 성매매방
지 및 피해자보호 등에 관한 법률, 정신보건법, 성폭력방지 및 피해자보호 등에 관한 법률,
입양특례법, 일제하 일본군위안부 피해자에 대한 생활안정지원 및 기념사업 등에 관한 법률,
사회복지공동모금회법, 장애인·노인·임산부 등의 편의증진 보장에 관한 법률, 가정폭력방지
및 피해자보호 등에 관한 법률, 농어촌주민의 보건복지증진을 위한 특별법, 식품기부 활성화
에 관한 법률, 다문화가족지원법, 장애인활동 지원에 관한 법률, 노숙인 등의 복지 및 자립지
원에 관한 법률, 보호관찰 등에 관한 법률, 장애아동복지지원법)로 총 25개의 법이 있다.
* 기타 사회복지 관련 법의 분류는 임의로 분류한 것으로 사회복지사업법의 내용이 포함되어
있다.

제3절 사회보장

사회보장은 사회적 욕구 및 사회문제 등의 사회정책을 구현하고자 하는 방법으로 사회복지와 거의 유사한 개념으로 사용되고 있다. 사회보장이란 미국이 세계 공황 후 일어난 문제들을 극복하기 위한 방법으로 제정한 「사회보장법」에서부터 사회보장이라는 용어가 사용되었다. 우리나라 「사회보장기본법」에서는 사회보장을 출산, 양육, 실업, 노령, 장애, 질병, 빈곤 및 사망 등의 사회적 위험으로부터 모든 국민을 보호하고 국민 삶의 질을 향상시키는 데 필요한 소득·서비스를 보장하는 사회보험, 공공부조, 사회서비스라고 정의(사회보장법 제3조 제1항)하고 있다.

국민이 그의 생활을 영위해 나감에 있어서 봉착하는바 소득의 중단 또는 영구적 상실 및 질병과 부상 등의 생활상의 제 곤란에 대하여 국가가 국민의 생존권의 실현을 위해 소득의 재분배를 통하여 국민의 최저생활의 확보를 전제로, 그의 소득보장을 도모하는 총체적인 국가정책을 사회보장이라고 한다(신섭중, 1990).

따라서 사회보장법이란 사회보장제도와 관련된 법적 규정을 의미하며 우리나라 사회보장의 기본을 말하고 있는 「사회보장기본법」에서는 사회보장제도에 대한 구체적인 정책방향을 제시하고 있다. 사회보장기본법은 사회보장에 관한 국민의 권리와 국가 및 지방자치단체의 책임을 정하고 사회보장정책의 수립·추진과 관련 제도에 관한 기본적인 사항을 규정함으로써 국민의 복지증진에 이바지하는 것을 목적(사회보장기본법 제1조)으로 하고 있다. 또한 이 법의 기본이념(사회보장기본법 제2조)은 사회보장은 모든 국민이 다양한 사회적 위험으로부터 벗어나 행복하고 인간다운 생활을 향유할 수 있도록 자립을 지원하며, 사회참여·자아실현에 필요한 제도와 여건을 조성하여 사회통합과 행복한 복지사회를 실현하는 것이다. 이처럼 사회보장법은 현대사회에서 인간이 살아가는 데 맞닥뜨릴 수 있는 사회적 위험으로부터 효과적이고 효율적으로 보호하고 예방하고자 한다. 이러한 사회보장법을 형태별로 분류해 보면 사회보험, 공공부조,[1] 사회서비스[2] 및 관련 제도

---

1) "공공부조"(公共扶助)란 국가와 지방자치단체의 책임하에 생활 유지능력이 없거나 생활이 어려운 국민의 최저생활을 보장하고 자립을 지원하는 제도를 말한다.

2) "사회서비스"란 국가·지방자치단체 및 민간부문의 도움이 필요한 모든 국민에게 복지, 보건의료, 교육, 고용, 주거, 문화, 환경 등의 분야에서 인간다운 생활을 보장하고 상담,

등으로 나누어 규정함으로써 사회보장정책을 법적으로 보장하고 있다.

제 4 절 사회보험

사회보험제도는 사회보장제도의 한 영역으로 사회구성원들의 질병, 장애, 사망, 실업 그리고 노령 등에 대한 국가 차원의 보험제도이다. 사회보험은 국민에게 발생하는 사회적 위험을 보험의 방식으로 대처함으로써 국민의 건강과 소득을 보장하는 제도를 말한다. 국민의 최저생활보장 및 생활의 안정을 목적으로 하여 소득 감소와 사고 및 장애에 대한 전반적인 능력상실이 발생하였을 때에 보장해 주는 제도이다. 정해진 조건에 해당되면 모든 국민들이 가입하여야 하는 강제성을 띠고 있으며 운영주체가 국가라는 점이 큰 특징이다.

1. 산업재해보상보험법

「산업재해보상보험법」3)에 근거한 사회보험으로 산업화 이후 급속도로 늘어난 산업현장에서의 노동자 수에 반하여 근로자들의 업무상의 재해에 대해 피해근로자와 그의 가족들의 피해를 최소화하거나 예방하고자 하며 또한 사업고용주 측에도 근로자 보호에 무리한 부담이 되지 않게 하고자 보험방식으로 하는 것을 법으로 규정한 것이다. 본 법은 우리나라 4대 보험 중 가장 먼저 도입되었으며 근로자의 업무상 재해를 보상하고 필요한 시설설치를 통하여 재해예방 차원을 목적으로 한다.

산업재해보상보험법(이하 산재보험법)의 특징을 살펴보면 먼저 재해를 입은 피해근로자에 대하여 무과실책임주의를 원칙으로 하여 사업주에게 보상책임을 부여한

재활, 돌봄, 정보의 제공, 관련 시설의 이용, 역량 개발, 사회참여 지원 등을 통하여 국민의 삶의 질이 향상되도록 지원하는 제도를 말한다.

3) 법률 11569호-제1조(목적) 이 법은 산업재해보상보험 사업을 시행하여 근로자의 업무상의 재해를 신속하고 공정하게 보상하며, 재해근로자의 재활 및 사회 복귀를 촉진하기 위하여 이에 필요한 보험시설을 설치·운영하고, 재해 예방과 그 밖에 근로자의 복지증진을 위한 사업을 시행하여 근로자 보호에 이바지하는 것을 목적으로 한다.

다. 둘째, 사업장을 중심으로 보상관리가 이루어지기 때문에 개별 근로자에 대한 별도의 관리가 존재하지 않는다. 셋째, 보험관장자가 고용노동부장관이고 보험가입자가 사업주로 강제가입을 원칙으로 하고 있다. 넷째, 산재보험급여는 현물급여와 현금급여가 종합적으로 제공된다. 다섯째, 근로기준법상 인정되지 않는 보험시설을 설치·운영하며 재해예방사업과 근로복지사업을 규정하고 있다. 「산업안전보건법」[4]처럼 산업재해에 예방목적으로 하기보다는 대체로 산업재해 후 대응적인 성격이 강하다. 여섯째, 자진신고 및 보험료의 자진납부를 원칙으로 하고 있으며 책임보험의 성격을 지니고 있기 때문에 보험사업비용 전체를 소유주가 부담하도록 되어 있다. 일곱째, 사업자 보험적 성격과 근로자 보험적 성격을 다 가지고 있다. 여덟째, 업무상 재해를 당한 재해근로자에게 빠른 보상이 이루어진다. 아홉째, 알선업무담당자의 재량에 의해 판단되고 처리되는 성향이 크다. 열 번째, 재해발생 시 손해 전체를 보상해 주는 것이 아니라 평균임금을 기초로 하여 정해진 급여를 제공하기 때문에 정형화된 정률보상방식이다.

2. 국민건강보험법

「국민건강보험법」[5]에 근거한 사회보험으로 일상생활에서 발생하는 우연한 질병이나 부상으로 인하여 일시에 고액의 진료비가 소요되어 가계가 파탄되는 것을 방지하기 위하여 보험원리에 의거 국민들이 평소에 보험료를 낸 것을 보험자인 국민건강보험공단이 관리·운영하다가 국민들이 의료를 이용할 경우 보험급여를 제공함으로써 국민 상호 간에 위험을 분담하고 의료서비스를 제공하는 사회보장제도이다(국민건강보험공단, 2013).

국민건강과 함께 질병으로 인한 생활불안정 등의 문제를 예방하고자 하는 사회복지적 의미를 갖고 있다. 이러한 국민건강에 대해 사회보험방식인 국민건강보험과 공공부조방식인 의료급여 등으로 나누어 시행되고 있다. 국민건강보험법의 특

---

4) 법률 제10968호-제1조(목적) 이 법은 산업안전·보건에 관한 기준을 확립하고 그 책임의 소재를 명확하게 하여 산업재해를 예방하고 쾌적한 작업환경을 조성함으로써 근로자의 안전과 보건을 유지·증진함을 목적으로 한다.

5) 법률 11141호-제1조(목적) 이 법은 국민의 질병·부상에 대한 예방·진단·치료·재활과 출산·사망 및 건강증진에 대하여 보험급여를 실시함으로써 국민보건 향상과 사회보장 증진에 이바지함을 목적으로 한다.

징을 살펴보면 첫째, 과거 의료보험법에 비해 의료서비스 및 의료비 보장과 건강 진단 및 재활 그리고 예방까지도 포괄하고 있다. 둘째, 통합주의보험방식으로 사회적 통합력과 연대성의 원리 및 소득수준에 따라 차등되어 보험료를 부과하나 필요에 따라 보험료가 균등하게 부과되는 소득재분배의 효과를 야기하려는 정책적 의도도 갖고 있다. 셋째, 회계연도가 1년 단위로 단기보험의 성격을 지닌 강제가입보험이자 보험료를 강제징수한다.

3. 국민연금법

「국민연금법」[6]에 근거한 사회보험으로 근로소득이 있던 국민이 노령, 폐질 및 사망 등으로 인하여 소득이 더 이상 없을 경우 피보험자 본인과 그의 가족에게 일정금액을 일정기간 동안 지급하여 생활이 불가능해지는 것을 막고자 하는 사회보험제도이다. 이는 기업이 아닌 정부에서 주관하는 것으로 공적연금제도이다. 국민연금의 특징을 살펴보면 첫째, 국민연금은 국가에 의해 강제가입해야 하는 사회보험 중 하나로 특수직종(「공무원연금법」, 「군인연금법」 및 「사립학교교직원 연금법」을 적용받는 공무원, 군인 및 사립학교 교직원 등)에 종사하는 자를 제외한 국내에 거주하는 국민 중 18세 이상 60세 미만의 자들은 국민연금에 가입해야 한다. 둘째, 일정한 기간 동안 가입하여 기여한 경우 60세에 노령연금으로 연금급여가 지급되는 장기보험이다. 셋째, 국민연금은 사용자 또는 피사용자의 기여금으로 재원을 조달하며 단 사회정책 중 하나로 운영되므로 운영경비 일부 및 적자액의 보조 등은 국가가 지불한다. 넷째, 노령으로 인한 소득손실의 사회적 위험에 대비하여 위험정도를 분산시킨다. 다섯째, 고소득계층에서 저소득계층으로 소득이전을 통한 소득평등화를 통해 세대 내 소득재분배 효과와 현재가입세대가 미래가입세대로부터 지원받는 시스템으로 세대 간 재분배효과가 있다. 여섯째, 국민연금사업에 이의가 있을 시 사용할 수 있는 3심제도와 제도운영에 국민연금심의위원회를 통해 가입자가 참여할 수 있도록 하고 있다. 일곱째, 국민연금급여의 종류는 노령연금, 장애연금, 유족연금, 반환금일시금, 사망금일시금 등 다섯 가지로 구분된다.

---

6) 법률 1151호-제1조(목적) 이 법은 국민의 노령, 장애 또는 사망에 대하여 연금급여를 실시함으로써 국민의 생활 안정과 복지 증진에 이바지하는 것을 목적으로 한다.

4. 고용보험법

「고용보험법」[7]을 근거한 사회보험으로 고용을 촉진하고 실업을 예방하는 목적으로 한다. 현대사회에서 고용 및 실업의 문제는 사회구조적 또는 환경적 여건으로 인한 사회문제로 인식되고 있기 때문에 사회정책으로 접근하고 있다. 고용보험은 전통적 의미의 실업보험사업을 비롯하여 고용안정사업과 직업능력사업 등 노동시장정책을 적극적으로 연계하여 통합적으로 실시한다(고용보험, 2013). 즉 구직기간 동안의 실업급여 및 직업능력개발 훈련과 교육 등을 지원하고 고용촉진과 실업예방을 위한 사회보험이다.

고용보험의 특징을 살펴보면 다음과 같다. 첫째, 국가의 관리하에 운영된다. 주무부서는 고용노동부이며 구체적인 고용보험 관련 사업은 근로복지공단에서 위탁하여 진행한다. 고용노동부장관이 관장(동법 제3조)이며 국가는 매년 보험사업에 드는 비용의 일부를 일반회계에서 부담할 수 있으며 매년 예산의 범위에서 보험사업의 관리·운영에 드는 비용을 부담 가능(동법 제5조)하다. 고용보험은 사업주와 피보험자인 근로자로부터 보험료를 징수하는 3자부담원리를 사용하고 있으나 그 최종책임은 국가에 있다. 둘째, 실직근로자의 생활을 보장하는 실업정책과 고용정책을 통합한 보험이다. 현대산업사회에서 산업구조조정 속에 사회보장적 기능보다는 직업안정기능을 확충하고 고용조정지원 및 직업능력의 개발지원 등 고용정책 기능에 더 큰 비중을 갖고 있다. 셋째, 고용보험은 국가의 경제활동 및 재정상황 등 경기변동에 예민하여 보험사고 발생률 예측이 어렵다. 이는 재정추계의 어려움으로 연결되어 재정이 불안정한 결과를 초래한다. 넷째, 고용보험의 세부사업들은 단계적으로 상호연계되어 있다. 실직근로자들에게 대표적인 소극적 노동시장정책으로 생활보장을 위한 실업급여를 제공하고 재취업의 기회를 제공하여 올바른 그리고 적성에 맞는 직장을 선택하고 채용하도록 유도하여 고용이 안정되고 고용안정사업을 통해 능력개발을 하고 직업능력개발사업을 통해 실직자에게 직업훈련을 제공하는 적극적 노동시장정책 단계를 거쳐 실직기간 단축으로 인

---

7) 법률 제11628호-제1조(목적) 이 법은 고용보험의 시행을 통하여 실업의 예방, 고용의 촉진 및 근로자의 직업능력의 개발과 향상을 꾀하고, 국가의 직업지도와 직업소개 기능을 강화하며, 근로자가 실업한 경우에 생활에 필요한 급여를 실시하여 근로자의 생활안정과 구직 활동을 촉진함으로써 경제·사회 발전에 이바지하는 것을 목적으로 한다.

한 실업급여 지출을 절약할 수 있게 된다. 다시 말해 고용보험은 실직자들에게 생계지원을 해주고 재취업을 하도록 촉진하고 유도하며 동시에 직업훈련을 강화하여 실업을 예방하는 등의 종합적인 노동정책이라고 볼 수 있다.

5. 노인장기요양보험

「노인장기요양보험법」[8]은 노인들의 장기요양문제를 사회보험원리에 적용한 제도이다. 현대사회는 핵가족화되어 가족의 부양기능이 저하되고 의료기술의 발달로 생명이 연장되고 있는 이 시점에 우리나라는 특히 고령화 속도가 빨라 그로 인한 노인장기요양문제가 대두되고 있다. 이에 고령 또는 노인성 질병으로 인하여 일상생활을 혼자 수행하기 어려운 노인 등[9]에게 장기요양급여를 제공하여 노후생활의 안정과 그 가족부양부담을 줄여주는 제도이다. 노인장기요양보험법의 특징은 첫째, 요양보호서비스 관련의 사회보험제도이다. 국민건강보험료와 통합되어 징수하지만 구분하여 고지하여 독립회계로 관리(동법 제8조)하고 있으며 정부의 지원과 이용자 본인 일부부담금으로 재원을 충당한다. 이 법은 보건복지부장관이 관장하고 보험자는 국민건강보험공단이며 장기요양보험가입자는 국민건강보험가입자 및 외국인특례규정에 의한 가입자(동법 제7조)이다. 둘째, 노인장기요양보험은 법명에서처럼 고령자의 만성질환 및 장애에 대한 대응책인 제도이므로 급여기간이 길다. 급여종류 또한 다른 사회보험들은 현물급여 또는 현금급여 정도인 반면 다양한 급여종류를 가지고 복합적, 종합적으로 제공한다(동법 제23조). 셋째, 노인장기요양보험은 신청에서부터 인증까지 절차가 복잡하다. 장기요양관리

---

8) 법률 제11141호-제1조(목적) 이 법은 고령이나 노인성 질병 등의 사유로 일상생활을 혼자서 수행하기 어려운 노인등에게 제공하는 신체활동 또는 가사활동 지원 등의 장기요양급여에 관한 사항을 규정하여 노후의 건강증진 및 생활안정을 도모하고 그 가족의 부담을 덜어줌으로써 국민의 삶의 질을 향상하도록 함을 목적으로 한다.

9) 노인장기요양보험법에서 "노인등"이란 65세 이상의 노인 또는 65세 미만의 자로서 치매·뇌혈관성질환 등(알츠하이머병에서의 치매, 혈관성 치매, 달리 분류된 기타 질환에서의 치매, 상세불명의 치매, 알츠하이머병, 지주막하출혈, 뇌내출혈, 기타 비외상성 두 개내 출혈, 뇌경색증, 출혈 또는 경색증으로 명시되지 않은 뇌졸중, 대뇌경색을 유발하지 않은 뇌전동맥의 폐쇄 및 협착, 뇌경색증을 유발하지 않은 대뇌동맥의 폐쇄 및 협착, 기타 뇌혈관질환, 달리 분류된 질환에서의 뇌혈관장애, 뇌혈관질환의 후유증, 파킨슨병, 이차성 파킨슨증, 달리 분류된 질환에서의 파킨슨증, 기저핵의 기타 퇴행성 질환, 중풍후유증, 진전 등의 노인성 질병을 가진 자를 말한다.

직원의 조사 및 급여지급 등 사례관리가 이루어진다. 또한 장기요양위원회를 두어 주요 사업 및 사항들을 심의하도록 하고 있다.

제 5 절 공공부조

1. 빈곤

1942년 베버리지 보고서(Beveridge Report)에서는 "빈곤이 '5대악' 중에서 가장 해결하기 쉬운 것이다"라고 규정한다. 하지만 빈곤에 대한 정의는 시대·상황에 따라 변할 수 있다. 빈곤과 가난의 개념차이를 살펴보면 빈곤은 최소한의 인간다운 삶을 살 수 있는 정도의 재화마저 갖지 못한 상태를 말하고, 가난은 최소한의 인간다운 삶을 살 수 있는 정도의 재화를 가진 상태를 말한다.

1) 절대적 빈곤

객관적으로 결정한 절대적 최저한도보다 미달되는 상태를 말한다. 흔히 최저생활을 유지할 수 없는 수준, 즉 최소한의 신체적 효율성을 유지하는 데 필요한 의·식·주를 가지지 못한 수준을 말한다. 최소한의 하루 칼로리 섭취량, 식품비가 가계지출에서 차지하는 비율(엥겔계수), 최소한의 생필품을 구입하는 데 필요한 소득 등으로 정해진다. 절대빈곤의 개념은 세계 최초로 과학적 사회조사를 한 부스(Booth)로부터 시작됐고, 최초로 빈곤선의 개념이 등장한다. 라운트리(Rowntree)는 부스의 빈곤선 개념을 발전시켜 1, 2차 빈곤을 구분했다.

2) 상대적 빈곤

평균소득의 '일정비율' 이하에서는 그 사회의 대다수가 일반적으로 누리고 있는 생활수준을 향유하지 못한다고 본다. 특정 사회의 전반적인 생활수준과 밀접히 관련된 개념이어서 경제·사회발전에 따라 정책적으로 중시되며 상대적 박탈과 불평등의 개념을 중시한다.

3) 주관적 빈곤

자신이 충분히 갖고 있지 않다고 느끼는 것을 말한다. 제 3 자의 판단에 의해 어떤 객관적인 수준이 정해지는 것이 아니라 개인의 주관적인 판단 수준에서 결정된다.

2. 최저생계비의 계측방법

1) 실태생계비방식

가계실태조사를 실시하여 그 분석결과를 토대로 현실적인 최저생계비를 산정하는 방법으로 노동자들의 현실적인 생활실태를 조사하여 이를 최저생계비로 결정하는 방법이다. 장점은 현실적 생활실태를 반영한다는 것이다. 반면에 단점은 최저생활에 필요한 물량의 기준을 알기가 어렵다.

2) 이론생계비방식

노동과학적 기준에 의해 생활비의 항목별 최저물량수준을 설정하여 최저생활비를 구하는 방식이다. 이론생계비방식 중 하나가 전물량방식(market basket)이다. 의식주 등에 있어서 최소한의 생활필수품 전 품목을 선정하여 이를 합산해서 계산하는 방식으로, 즉 노동재생산에 필요한 최저음식물비, 최저주택비, 최저광열비, 최저피복비, 최저잡비 등 노동과학적 기준으로 산정하여 이를 합산한 것이다. 절대적 빈곤의 개념은 그 자체로서 많은 문제점을 가지고 있지만 절대적 빈곤의 개념을 규정하는 빈곤선 그 자체도 시대와 상황에 따라 변한다. 라운트리는 "단순한 육체적 능률을 유지하기 위한 최소한의 생활필수품을 획득하기에 불충분하다면 빈곤하게 살고 있다고 보아야 한다"고 말했다. 이 방식의 장점은 최소생활필수품 전 품목을 합산하므로 이론적으로 합리적이라는 것이다. 단점은 계산상 시간과 비용이 과다하게 소요되고, 사회환경과 물가변동이 급변하는 현대사회에서는 일률적으로 최저필요물량기준을 정하기가 곤란하다는 점이다.

3. 공공부조의 개념 및 내용

공공부조는 사회보험과 마찬가지로 사회보장제도의 하나로서 생활능력이 낮아 생활유지가 어려운 사람에게 최저생활을 보장하고 자립하도록 도와주는 목적을 가지고 있는 경제적 보호 차원의 제도이다. 빈곤과 같은 상황에 놓여 생활유지능력이 불가능한 사람들에 대한 책임을 국가와 사회의 책임으로 보고 헌법의 생존권을 구체적으로 실현하고자 하는 법률이라고 할 수 있다. 즉 공공부조란 국가와 지방자치단체의 책임하에 생활유지능력이 없거나 생활이 어려운 국민의 최저생활을 보장하고 자립을 지원하는 제도를 말한다(사회보장기본법 제3조). 자기 삶에 대해 스스로 결정하고 책임지며 사적 영역에는 국가가 개입하거나 간섭하지 않는다는 근대사법의 원칙인 사적자치의 원칙을 가지고 있지만 개인 스스로 해결이 불가능한 빈곤이라는 사회적 문제에 대해 책임을 지고자 하는 제도인 것이다. 그러나 이는 사회적 위험이 발생한 이후의 대응책으로서 최후의 방법으로 사용되어야 한다. 공공부조 급여에 사용되는 국가재원은 상류층의 조세를 통해 이루어지므로 소득의 재분배기능을 하고 있다. 다른 제도처럼 수급자의 기여가 있어야 받는 것이 아닌 일방적 이전의 형태로 수혜자의 경제적 기여 없이 공공부조의 급여를 받게 된다. 하지만 수급자들의 나태함 및 근로의욕의 저하를 방지를 위해 사회적 최소수준인 최저생계비를 검토하여 책정된다. 또한 소득과 재산이 일정수준에 미치지 못하여 공공부조 급여대상이 된다 하더라도 근로능력의 유무에 따라 구분하여 처우한다. 자활 또는 재활이 가능한 수혜자에게는 그 의지를 보여야 정부가 일방적으로 현물 및 현금의 형태로 지급하게 된다. 이처럼 공공부조 수급을 필요로 하는 사람에 대한 엄격한 자격조사를 필수로 하고 있다.

공공부조제도는 「사회보장기본법」에 규정되고 있으며, 인간다운 생활의 기초가 되는 빈곤과 의료문제에 대응하기 위해 「국민기초생활보장법」과 「의료급여법」이 적용되어 최저생계비 이하의 절대빈곤층에게 필요한 급여를 제공하고 근로능력이 있는 빈곤층은 자활지원서비스를 받게 된다. 또한 의료문제로 인한 빈곤의 방지와 의료비 등을 지원한다.

1) 국민기초생활보장법

「국민기초생활보장법」[10]은 공공부조제도 중 하나로 빈곤문제에 처한 국민들을 위한 사회복지제도이다. 빈곤문제가 더 이상 개인의 문제가 아닌 사회문제로 인식되어 국민들이 인간다운 삶을 영위하도록 국가에서 최소한의 수준을 정하여 그 이상의 생활이 가능하도록 정책적으로 접근한 것이다. 「국민기초생활보장법」은 생활이 어려운 사람에게 필요한 급여를 실시하여 이들의 최저생활을 보장하고 자

---

10) 법률 제11248호.

활을 돕는 것을 목적으로 한다(동법 제1조). 즉 국가에서 최저생활을 보장해 주는 최후의 수단이자 이 급여를 받는 수급자들이 자활 가능하도록 돕는 것이다. 「국민기초생활보장법」은 수급받는 것이 과거 빈곤에 대한 시혜적 보호 차원에서가 아니라 국민의 자격으로 생존권에 근거하여 보장받는 것으로 국민의 권리로 자리 잡고 있다. 또한 생계급여, 주거급여, 의료급여, 교육급여, 해산급여, 장제급여, 자활급여 등 다양한 형태의 급여를 제공하여 단순히 경제적 급여만을 하지 않는다(동법 제7조). 이 중 의료급여는 「의료급여법」에서 따로 정한다. 근로능력이 있는 수급권자는 자활에 필요한 사업에 참여하는 조건으로 지급되며 일반조세로 재원을 충당한다.

2) 의료급여법

「의료급여법」[11]은 빈곤문제에 있어 절대빈곤층과 사회적 기여자를 대상으로 하는 의료서비스와 관련된 공공부조제도이다. 빈곤계층의 경우 질병으로 인한 양질의 치료가 어려워 그 질병으로 인해 생활이 더욱더 악화되며 빈곤을 가속화하여 지속되게 한다. 이에 생활보장 이외에 의료서비스 부문에서 생활유지능력이 없거나 생활이 어려운 자에게 의료급여를 실시하여 국민보건의 향상과 사회복지 증진을 꾀하고자 하는 법이다. 즉 생활이 어려운 자에게 의료급여를 실시함으로써 국민보건의 향상과 사회복지의 증진에 이바지함을 목적으로 한다(동법 제1조). 건강하지 못해서 생기는 소득의 단절 및 감소 그리고 소득능력의 상실 등은 빈곤계층일 경우 자활 및 자립의 기회가 완전히 사라지게 되는 것이며 빈곤의 악순환에 대물림까지 될 수 있게 되므로 건강회복과 더불어 그들의 사회복지의 증진을 돕고자 하는 제도이다. 의료급여의 수급권자[12]는 국민기초생활보장의 수급권들과는 차이가 있으며 의료급여 역시 국민기초생활보호법처럼 필요한 재원을 조세로 충당하며 이는 소득재분배의 기능을 하는 데 기여한다.

3) 긴급복지지원법

「긴급복지지원법」[13]은 생계곤란 등의 위기상황에 처하여 도움이 필요한 사람을 신속하게 지원함으로써 이들이 위기상황에서 벗어나 건강하고 인간다운 생활

---

11) 법률 제11007호.
12) 동법 제3조를 참고할 것.
13) 법률 제11512호.

을 하게 함을 목적으로 한다. 여기서 위기상황이란 주소득자가 명시된 조건에 만족할 만한 사유로 소득을 상실한 경우, 중한 질병 또는 부상을 당한 경우, 가구구성원으로부터 방임 또는 유기되거나 학대 등을 당한 경우, 가정폭력 및 성폭력을 당하여 가구구성원과 함께 원만한 가정생활을 하기 곤란한 경우, 화재 등으로 인하여 거주하는 주택 또는 건물에서 생활이 어려운 경우 그리고 그 밖에 보건복지부장관이 정하여 고시하는 사유가 발생한 경우 등에 해당된다.

이 법에 따른 지원은 위기상황에 처한 사람에게 일시적으로 신속하게 지원하는 것을 기본원칙으로 하며, 「재해구호법」, 「국민기초생활보장법」, 「의료급여법」, 「사회복지사업법」, 「가정폭력방지 및 피해자보호 등에 관한 법률」, 「성폭력방지 및 피해자보호 등에 관한 법률」 등 다른 법률에 따라 이 법에 따른 지원내용과 동일한 내용의 구호·보호 또는 지원을 받고 있는 경우에는 이 법에 따른 지원을 받을 수 없다. 국가 및 지방자치단체는 위기상황에 처한 사람을 찾아내어 최대한 신속하게 필요한 지원을 하도록 노력해야 하며 민간기관 및 단체와의 연계 등을 통하여 구호·보호 또는 지원을 받을 수 있도록 노력하여야 한다.

긴급지원의 종류에는 생계지원, 의료지원, 주거지원, 사회복지시설 이용지원, 교육지원, 현물지원 등 금전 또는 현물 등의 직접지원과 민간기관·단체와의 연계 등을 통한 지원이 있다. 긴급지원에 대해 사후조사 및 적정성 심사를 실시하며 결과에 따라 지원중단 및 비용환수 등의 조치를 취할 수 있다.

제6절 사회복지사업법

「사회복지사업법」은 사회복지사업에 관한 기본적 사항을 규정하여 사회복지를 필요로 하는 사람에 대하여 인간의 존엄성과 인간다운 생활을 할 권리를 보장하고 사회복지의 전문성을 높이며, 사회복지사업의 공정·투명·적정을 도모하고, 지역사회복지의 체계를 구축함으로써 사회복지의 증진에 이바지함을 목적(동법 제1조)으로 한다. 사회보험이나 공공부조처럼 현물이나 현금급여 등 물질적인 서비스 이외에 주로 제공되는 것이 비물질적 서비스이다. 추상적인 형태의 서비스를 법으로 규정하여 제공하고 있다. 사회복지서비스 관련법의 특성을 살펴보면 비물질적·심리사회적 서비스를 주된 내용으로 하여 획일적이고 계량적인 법의 성격상 추상적인 사회복지대상의 심리사회적 욕구를 담는 어려운 제도이며, 급여의 특성상 개별적 욕구에 따른 개별적 처우를 해야 하지만 법의 성격상 법규정이 적절하지 않을 때가 있으며 전문인력의 전문적 자질과 실천적 윤리의식이 성공적인 법의 실현에 결정적 요소가 된다.

사회복지사업 및 사회복지서비스 관련법에는 크게 「영유아보육법」, 「아동복지법」, 「노인복지법」, 「한부모가족지원법」, 「장애인복지법」, 「정신보건법」 등이 있다. 이에 대해 간략히 표로 정리하면 다음과 같다.

☞ 표 4-2 주요 사회복지사업법

법명	목적
영유아보육법	• 영유아의 심신 보호 및 건전한 교육을 통해 건강한 사회구성원으로서 육성 • 보호자의 원활한 경제적·사회적 활동을 통해 영유아 및 가정의 복지 증진
아동복지법	• 아동의 건강한 출생 및 행복하고 안전한 육성을 위한 아동복지 보장
노인복지법	• 노인의 심신건강 유지를 위해 질환의 사전예방 또는 조기발견 및 질환상태에 따른 치료·요양 • 노후의 생활안정을 위한 필요한 조치를 통해 노인의 보건복지 증진
한부모가족 지원법	• 한부모가족이 건강하고 문화적인 생활을 영위하도록 함으로써 한부모가족의 생활 안정과 복지 증진
장애인복지법	• 국가와 지방자치단체 등의 명백한 책임을 통한 장애인의 인간다운 삶과 권리 보장 • 장애발생 예방과 장애인복지대책을 종합적으로 추진 • 장애인의 생활안정에 기여하는 등 장애인의 복지와 사회활동참여 증진을 통한 사회통합
정신보건법	• 정신질환의 예방과 정신질환자의 의료·사회복귀에 관하여 필요한 사항규정 및 국민의 정신건강 증진

1. 영유아보육법

「영유아보육법」[14]은 영유아의 심신을 보호하고 건전하게 교육하여 건강한 사회 구성원으로 육성함과 아울러 보호자의 경제적·사회적 활동이 원활하게 이루어지도록 함으로써 영유아 및 가정의 복지 증진에 이바지함을 목적으로 한다(동법 제1조). 보육은 영유아의 이익을 최우선적으로 고려하여 제공되어야 하고 영유아가 안전하고 쾌적한 환경에서 건강하게 성장할 수 있도록 하여야 한다. 그리고 영유아는 어떠한 종류의 차별도 받지 아니하고 보육되어야 한다(동법 제3조)는 것을 보육이념으로 규정하고 있다. 본 법에서는 모든 국민 및 국가와 지방자치단체 등의 영유아보육에 대한 책임, 보육정책과 관련 위원회, 보육정보센터, 보육개발원, 보육실태조사 등 보육정책의 운영에 대해 명시하고 있다. 또한 어린이집의 설치, 보육교직원, 어린이집 운영 그리고 건강과 영양 및 안전 등에 대한 규정과 수당 및 무상보육 등 비용부분과 영유아보육의 지도·감독 등에 대해 규정하고 있다.

2. 아동복지법

「아동복지법」[15]은 아동[16]이 건강하게 출생하여 행복하고 안전하게 자랄 수 있도록 아동의 복지를 보장하는 것을 목적으로 한다(동법 제1조). 여기서 '아동복지'라 함은 아동이 행복한 삶을 누릴 수 있는 기본적인 여건을 조성하고 조화롭게 성장·발달할 수 있도록 하기 위한 경제적·사회적·정서적 지원을 말한다(동법 제3조 2항). 이 법은 아동은 어떠한 종류의 차별도 받지 않아야 하며 완전하고 조화로운 인격발달을 위하여 안정된 가정환경에서 행복하게 자라나야 하고 아동에 관한 모든 활동에 있어서 아동의 이익이 최우선적으로 고려되어야 하며 아동의 권리보장과 복지증진을 위하여 이 법에 따른 보호와 지원을 받을 권리를 가진다(동법 제2조)는 것을 기본이념으로 삼고 있다. 또한 아동에 대한 국가와 지방자치단

---

14) 법률 제11690호, 동법 제2조(정의)에 따르면 "영유아"란 6세 미만의 취학 전 아동을 말하고, "보육"이란 영유아를 건강하고 안전하게 보호·양육하고 영유아의 발달 특성에 맞는 교육을 제공하는 어린이집 및 가정양육 지원에 관한 사회복지서비스를 말한다.
15) 법률 제11690호.
16) 「아동복지법」에서 아동은 18세 미만, 「청소년기본법」에서 청소년은 9세 이상 24세 이하, 「청소년보호법」에서 청소년은 만19세 미만, 「소년법」에서 소년은 20세 미만인 자, 「민법-법률 제11728호」에서 미성년자는 만19세 미만을 말한다.

체 그리고 보호자 등의 책무와 아동복지정책의 수립 및 시행 등을 명시하고 있다. 아동에 대한 보호서비스, 아동학대의 예방 및 방지, 아동에 대한 지원서비스, 아동복지전담기관 및 아동복지시설 등에 대해 규정하고 있다.

3. 노인복지법

「노인복지법」[17]은 노인의 질환을 사전예방 또는 조기발견하고 질환상태에 따른 적절한 치료·요양으로 심신의 건강을 유지하고, 노후의 생활안정을 위하여 필요한 조치를 강구함으로써 노인의 보건복지증진에 기여함을 목적으로 한다(동법 제1조).

이 법은 노인은 후손의 양육과 국가 및 사회의 발전에 기여하여 온 자로서 존경받으며 건전하고 안정된 생활과 그 능력에 따라 적당한 일에 종사하고 사회적 활동에 참여할 기회를 보장받고 노령에 따르는 심신의 변화를 자각하여 항상 심신의 건강을 유지하고 그 지식과 경험을 활용하여 사회의 발전에 기여하도록 노력하여야 한다(동법 제2조)는 것을 기본이념으로 삼고 있으며, 국가와 국민은 경로효친의 미풍양속에 따른 건전한 가족제도가 유지·발전되도록 노력하고(동법 제3조), 국가와 지방자치단체는 노인의 보건 및 복지증진의 책임이 있으며, 이를 위한 시책을 강구하여 추진하며(동법 제4조), 노인에 대한 사회적 관심과 공경의식을 높이기 위하여 매년 10월 2일을 노인의 날로, 매년 10월을 경로의 달로 정하고(동법 제6조) 있다. 본 법에서는 노인에 대한 실태조사와 노인복지를 담당하는 노인복지상담원을 배치하여 노인들의 사회참여 및 생업을 지원하도록 하며 경로우대 및 건강검진을 명시하고 있다. 또한 독거노인을 지원토록 하며 노인복지시설의 설치 및 운영방향과 각종 노인복지에 발생하는 비용 등에 대해 규정하고 있다.

4. 한부모가족지원법

「한부모가족지원법」[18]은 모자복지법에서 모·부자복지법 그리고 한부모가족지원법으로 대체 입법되었다. 한부모가족지원법은 한부모가족[19]이 건강하고 문화적

---

17) 법률 제11513호.
18) 법률 제11690호.
19) 「한부모가족지원법」 제4조(정의)에 의하면 "한부모가족"이란 모자가족 또는 부자가족을 말한다.
　　모가 세대주[세대주가 아니더라도 세대원(世代員)을 사실상 부양하는 자를 포함한다]인

인 생활을 영위할 수 있도록 함으로써 한부모가족의 생활 안정과 복지 증진에 이바지함을 목적으로 한다(동법 제1조). 본 법에서는 국가와 지방자치단체 그리고 국민의 한부모가족 복지 증진에 대한 책임(동법 제2조)과 한부모가족의 모(母) 또는 부(父)는 임신과 출산 및 양육을 사유로 합리적인 이유 없이 차별을 받으면 아니 되며, 한부모가족의 구성원은 자립과 생활 향상을 위하여 노력하여야 한다(동법 제3조)는 권리와 책임에 대해서 명시하고 있다. 이 밖에도 보호대상자의 범위와 특례를 규정하고 한부모가족복지단체의 지원도 언급하고 있다. 또한 한부모가족의 복지에 대한 내용과 실시, 한부모가족복지시설 및 비용 등에 대해서도 규정하고 있다.

5. 장애인복지법

「장애인복지법」[20]은 장애인[21]의 인간다운 삶과 권리보장을 위한 국가와 지방자치단체 등의 책임을 명백히 하고, 장애발생 예방과 장애인의 의료·교육·직업재활·생활환경개선 등에 관한 사업을 정하여 장애인복지대책을 종합적으로 추진하며, 장애인의 자립생활·보호 및 수당지급 등에 관하여 필요한 사항을 정하여 장애인의 생활안정에 기여하는 등 장애인의 복지와 사회활동 참여증진을 통하여 사회통합에 이바지함을 목적으로 한다(동법 제1조). 장애인복지의 기본이념은 장애인의 완전한 사회 참여와 평등을 통하여 사회통합을 이루는 데에 있다(동법 제3조). 또한 장애인의 종류[22]와 기준(동법 시행령 제2조)을 명시하고 있다. 인간으로서, 국민으로서의 장애인의 권리와 보호를 보장받고 장애인복지에 대해 국가와 지방자치단체 그리고 국민에 대한 책임을 명시하였으며 장애발생 예방과 장애인

가족인 모자가족 또는 부가 세대주[세대주가 아니더라도 세대원을 사실상 부양하는 자를 포함한다]인 가족인 부자가족을 말한다. "아동"이란 18세 미만(취학 중인 경우에는 22세 미만을 말한다)의 자를 말한다.

20) 법률 제11521호.
21) 「장애인복지법」 제2조에 의하면 "장애인"이란 신체적·정신적 장애로 오랫동안 일상생활이나 사회생활에서 상당한 제약을 받는 자를 말한다. "신체적 장애"란 주요 외부 신체 기능의 장애, 내부기관의 장애 등을 말하며 "정신적 장애"란 발달장애 또는 정신 질환으로 발생하는 장애를 말한다.
22) 지체장애인, 뇌병변장애인, 시각장애인, 청각장애인, 언어장애인, 지적장애인, 자폐성장애인, 정신장애인, 신장장애인, 심장장애인, 호흡기장애인, 간장장애인, 안면장애인, 장루·요루장애인, 간질장애인.

에 대한 치료, 적응훈련, 교육, 직업, 정보, 접근, 편의시설, 문화환경 정비 등에 대해 노력하도록 규정하고 있다. 장애인들의 복지조치를 위해 실태조사 및 장애인등록, 전문상담원 배치와 각종 서비스 제공 그리고 장애수당 지급방법을 다루었다. 또한 장애인들의 자립생활을 지원하도록 하며 장애인복지시설과 단체 그리고 장애인복지 전문인력 등에 대해서도 규정하고 있다.

6. 정신보건법

「정신보건법」[23]은 정신질환의 예방과 정신질환자[24]의 의료 및 사회복귀에 관하여 필요한 사항을 규정함으로써 국민의 정신건강증진에 이바지함을 목적으로 한다(동법 제1조). 모든 정신질환자는 인간으로서의 존엄과 가치, 최적의 치료와 보호를 받을 권리를 보장받고 정신질환이 있다는 이유로 부당한 차별대우를 받지 않으며 미성년자인 정신질환자에 대하여는 특별히 치료, 보호 및 필요한 교육을 받을 권리가 보장되어야 한다. 또한 입원치료가 필요한 정신질환자에 대하여는 항상 자발적 입원이 권장되어야 하며 입원 중인 정신질환자는 가능한 한 자유로운 환경과 다른 사람들과의 자유로운 의견교환을 할 수 있도록 보장되어야 함(동법 제2조)을 기본이념으로 하고 있다. 또한 정신질환의 예방 및 치료에 대한 국가와 지방자치단체 그리고 국민의 의무와 정신보건전문요원의 자격 및 결격사유를 명시하고 있으며, 정신보건시설과 정신질환자의 보호·치료 및 퇴원의 청구·심사 그리고 권익보호 및 지원 등을 법으로 규정하고 있다.

제 7 절 기타 사회복지 관련 법

상기한 법외에 사회복지와 관련된 대표적인 법과 그 목적을 요약, 정리하면 다음과 같다.

---

23) 법률 제11005호.
24) 「정신보건법」 제3조(정의)에 의하면 "정신질환자"라 함은 정신병(기질적 정신병을 포함한다)·인격장애·알코올 및 약물중독 기타 비정신병적정신장애를 가진 자를 말한다.

1. 가정폭력방지 및 피해자보호 등에 관한 법률[법률 제10038호]

「가정폭력방지 및 피해자보호 등에 관한 법률」은 가정폭력을 예방하고 가정폭력의 피해자를 보호·지원함을 목적(동법 제1조)으로 한다. 즉 가족구성원 사이의 신체적·정신적 또는 재산상의 피해를 주는 것을 예방·방지하고, 피해를 당했을 경우 보호하고 지원을 위한 국가 및 지방자치단체의 의무에 대한 구체적인 사항이 명시되어 있다. 이에 가정폭력신고체계의 구축 운영, 가정폭력 예방·방지를 위한 연구 및 교육과 홍보, 피해자를 위한 보호시설의 설치·운영, 피해자의 보호와 지원을 위한 관련 기관 간의 협력체계 구축 및 운영 그리고 상담소 설치 및 운영 등에 대해 규정하고 있다.

2. 건강가정기본법[법률 제11045호]

「건강가정기본법」은 건강한 가정생활의 영위와 가족의 유지 및 발전을 위한 국민의 권리·의무와 국가 및 지방자치단체 등의 책임을 명백히 하고, 가정문제의 적절한 해결방안을 강구하며 가족구성원의 복지증진에 이바지할 수 있는 지원정책을 강화함으로써 건강가정 구현에 기여하는 것을 목적(동법 제1조)으로 하며, 가정은 개인의 기본적인 욕구를 충족시키고 사회통합을 위하여 기능할 수 있도록 유지·발전되어야 한다는 것을 기본이념(동법 제2조)으로 삼고 있다. 이를 위해 건강가정기본계획을 수립하고 가정이 원활한 기능을 수행하도록 여러 방법으로 가정에 대한 지원 및 자녀양육 그리고 건강을 위한 시책을 마련하도록 한다. 또한 건강가정지원센터의 설치 및 운영을 명시하고 있다.

3. 근로복지기본법[법률 제10361호]

「근로복지기본법」은 근로복지정책의 수립 및 복지사업의 수행에 필요한 사항을 규정함으로써 근로자의 삶의 질을 향상시키고 국민경제의 균형 있는 발전에 이바지함을 목적(동법 제1조)으로 차별 없이 근로복지정책을 지원하고 국가와 지방자치단체 그리고 사업주 및 노동조합의 근로자복지증진을 위해 노력하여야 함을 명시하고 있다. 근로자의 주거안정과 근로자의 생활안정 및 재산형성, 근로자신용보증지원, 근로복지시설과 기업근로복지제도로서 우리사주제도 및 사내근로복지기금제도, 선택적 복지제도 및 근로자지원프로그램 그리고 근로복지진흥기금 등 근로복지를 위한 구체적인 방안을 규정하고 있다.

4. 성매매방지 및 피해자보호 등에 관한 법률[법률 제11285호]

「성매매방지 및 피해자보호 등에 관한 법률」은 성매매를 방지하고, 성매매피해자 및 성을 파는 행위를 한 사람의 보호와 자립을 지원하는 것을 목적(동법 제1조)으로 하며, 국가와 지방자치단체는 성매매, 성매매 알선 등 행위 및 성매매 목적의 인신매매를 방지하기 위한 조사 · 연구 · 교육 · 홍보를 실시하며 성매매피해자 등의 보호와 자립을 지원하기 위한 시설(외국인여성을 위한 시설을 포함한다)를 설치 · 운영하도록 하고 있다. 또한 성매매에 대한 실태조사 및 예방교육을 실시하며 각종 지원시설을 통해 피해자를 보호 · 지원하며 성매매피해상담소의 설치 및 운영 등 성매매 예방과 피해자의 보호에 대해 규정하고 있다.

5. 성폭력방지 및 피해자보호 등에 관한 법률[법률 제11690호]

「성폭력방지 및 피해자보호 등에 관한 법률」은 성폭력을 예방하고 성폭력피해자를 보호 · 지원함을 목적(동법 제1조)으로 하며 성폭력 신고체계의 구축 및 운영과 성폭력 예방을 위한 조사 · 연구 · 교육 및 홍보 그리고 피해자를 보호 · 지원하기 위한 상담소 및 보호시설 등의 시설의 설치 및 운영, 피해자에 대한 사회복귀 지원과 이런 지원을 위한 관련 기관 간 협력체계의 구축 및 운영, 성폭력 예방을 위한 유해환경 개선과 피해자를 보호하고 지원하기 위한 관계 법령의 정비와 각종 정책의 수립 · 시행 및 평가 등 성폭력을 방지하고 피해자 보호에 대해 규정하고 있다.

6. 청소년 보호법[법률 제11673호]

「청소년 보호법」은 청소년에게 유해한 매체물과 약물 등이 청소년에게 유통되는 것과 청소년이 유해한 업소에 출입하는 것 등을 규제하고 청소년을 유해한 환경으로부터 보호 · 구제함으로써 청소년이 건전한 인격체로 성장할 수 있도록 함을 목적(동법 제1조)으로 하며, 청소년유해환경의 규제에 관한 형사처벌을 할 때 다른 법률보다 우선하여 적용(동법 제6조)하도록 명시하고 있다. 가정 · 사회 그리고 국가 및 지방자치단체 등이 청소년보호에 노력해야 할 책무들과 청소년유해매체물의 결정 및 유통 규제, 청소년의 인터넷게임 중독 예방, 청소년 유해약물 등 청소년유해행위 및 청소년유해업소 등의 규제 및 청소년 보호사업의 추진 그리고 청소년보호위원회에 대해 구체적으로 규정하고 있다.

7. 아동·청소년의 성보호에 관한 법률[법률 제11574호]

「아동·청소년의 성보호에 관한 법률」은 아동·청소년대상 성범죄의 처벌과 절차에 관한 특례를 규정하고 피해아동·청소년을 위한 구제 및 지원절차를 마련하며 아동·청소년대상 성범죄자를 체계적으로 관리함으로써 아동·청소년을 성범죄로부터 보호하고 아동·청소년이 건강한 사회구성원으로 성장할 수 있도록 함을 목적(동법 제1조)으로 하고 있다. 또한 아동·청소년들이 성범죄자 또는 피해자가 되지 않도록 보호·선도·교육해야 하는 국가와 지방자치단체 및 국민의 책임과 의무를 명시하고 있다. 이 법에서는 아동·청소년대상 성범죄의 처벌과 절차에 관한 특례와 아동·청소년대상 성범죄의 신고 및 응급조치와 지원, 아동·청소년의 선도보호, 아동·청소년대상 성범죄로 유죄판결이 확정된 자의 신상정보 등록 및 공개와 취업제한 등에 대해 규정하고 있다. 아동·청소년대상 성범죄를 범하고 재범의 위험성이 있다고 인정되는 사람에 대하여는 형의 집행이 종료한 때부터 보호관찰을 받도록 하는 등 아동·청소년의 성보호에 대해 규정하고 있다.

8. 사회복지공동모금회법[법률 제11518호]

「사회복지공동모금회법」은 사회복지공동모금회의 공동모금을 통하여 국민이 사회복지를 이해하고 참여하도록 함과 아울러 국민의 자발적인 성금으로 조성된 재원(財源)을 효율적이고 공정하게 관리·운용함으로써 사회복지증진에 이바지함을 목적(동법 제1조)으로 하며, 사회복지공동모금회에서는 사회복지 공동모금사업, 모금한 재원의 배분 및 운용·관리, 모금과 관련된 조사·연구·홍보 및 교육·훈련 등의 사업과 지회의 운영 및 그 사업과 관련된 국제교류 및 협력증진사업 등의 사업을 수행한다. 또한 모금회의 기획·홍보·모금·배분 업무에 관한 사항을 심의하기 위하여 해당 분야의 전문가와 시민대표 등으로 구성되는 기획분과실행위원회, 홍보분과실행위원회, 모금분과실행위원회 및 배분분과실행위원회 등 분과실행위원회를 둔다. 모금회의 재원은 사회복지공동모금에 의한 기부금품과 법인이나 단체가 출연하는 현금·물품 또는 그 밖의 재산과 「복권 및 복권기금법」 제23조 제1항에 따라 배분받은 복권수익금 등으로 한다.

9. 장애인고용촉진 및 직업재활법[법률 제11240호]

「장애인고용촉진 및 직업재활법」은 장애인이 그 능력에 맞는 직업생활을 통하여 인간다운 생활을 할 수 있도록 장애인의 고용촉진 및 직업재활을 꾀하는 것을 목적(동법 제1조)으로 하며, 이를 위한 국가와 지방자치단체 및 사업주의 책임에 대해 명시하고 있다. 장애인 고용촉진 및 직업재활을 위해 장애인 직업재활 실시기관을 설치하고 직업지도, 직업적응훈련, 직업능력개발훈련 등의 지원과 장애인 표준사업장에 대한 지원 등을 하도록 규정하고 있다. 또한 장애인 고용의무 및 부담금과 장애인이 직업생활을 통하여 자립할 수 있도록 지원하고, 사업주의 장애인 고용을 전문적으로 지원하기 위하여 한국장애인고용공단을 설립하고 고용노동부장관은 공단의 운영, 고용장려금의 지급 등 장애인의 고용촉진 및 직업재활을 위한 사업을 수행하기 위하여 장애인 고용촉진 및 직업재활 기금 설치 등 장애인 고용과 직업재활에 대해 규정하고 있다.

생각해 볼 문제 및 과제

1. '법'의 일반적 개념을 이해하고 사회복지법의 특성을 파악해 보자.

2. 사회보험의 종류별 특성을 파악하고 요즘 사회에서 불거지고 있는 문제점들을 생각하여 발전적 방향을 논의해 보자.

3. 수급자들에게 자립을 위한 공공부조방법을 생각해 보고, 현행 공공부조의 개념 및 내용을 파악한 후 빈곤 관련법에 대한 외국의 사례를 찾아 비교해 보자.

4. 분야별, 사업별로 나뉜 사회복지 관련 법들을 구체적으로 살펴보고 이에 대한 장점과 단점을 정리해 보자.

5. 현재 시행되고 있는 법 이외에 현대사회에 필요하다고 생각되는 법에 대해서 생각해 보자.

참고문헌

김기원(2009). 사회복지법제론. 서울: 나눔의 집.

김훈(2006). 사회복지법제론. 서울: 학지사.

신섭중(1990). 사회보장정책론. 서울: 대학출판사.

이병태(2010). 법률용어사전. 서울: 법문북스.

이용환·고명석·이양훈·양승규·임승규·정주석·최우진(2006). 사회복지법제론. 서울: 대
　　　성사.

현외성(2010). 한국사회복지법제론. 서울: 양서원.

홍성찬(2001). 법학개론. 서울: 박영사.

Engels, F.(1989). "The Socialism of Mr. Bismarck." *K. Marx & F. Collected Works*.
　　　Mascow: Progress Publishers.

국립국어원 표준국어대사전 http://stdweb2.korean.go.kr

국민건강보험공단 http://www.nhis.or.kr

두산백과사전 www.doopedia.co.kr

법제처 국가법령정보센터 www.law.go.kr

한국민족문화대백과(한국학중앙연구원) http://encykorea.aks.ac.kr

제 5 장

지역사회복지론

제1절 지역사회와 지역사회이론에 대한 이해

1. 지역사회의 개념

'community'라는 영어단어를 번역한 지역사회는 공동체라는 용어와 혼용되기도 한다. 다만 '지역사회'가 일정한 지역성에 토대를 두고 있다면 '공동체'는 공통의 이해관계나 특성을 바탕으로 한다는 차이가 있다. 지역사회에 대한 정의나 구분은 학자에 따라 매우 다양하다. 그러나 일반적으로 지역사회를 파악하고 구분하는 데는 크게 다음의 네 가지가 기준으로 활용된다(김범수, 2010). 첫째, 지역, 지리를 중심으로 하는 지역사회, 즉 지리적 지역사회가 있으며, 둘째, 각종 구성원들의 모임, 즉 의식과 뜻을 함께 하는 지역사회를 뜻하는 기능적 지역사회, 공동체, 셋째, 각종 기관, 시설, 단체를 하나의 지역사회로 구분하는 방법이 있으며, 넷째, 21세기에 새로운 커뮤니티로 부상되고 있는 가상공동체(virtual community)를 들 수 있다.

2. 지역사회의 분류

로스(Ross, 1967)는 지역사회를 지리적 의미와 기능적 의미로 구분하였다. 지리적 의미의 지역사회란 일정한 지리적 공간에서 살고 있는 사람들의 집단으로 행정구역상 나누어진 지역이다. 기능적 의미의 지역사회란 공통의 이해관계나 특성 등에 따라 모인 사람들의 집합체로 사회복지사회, 사회단체, 종교단체, 정당 등이 이에 해당한다.

던햄(Dunham, 1970)은 지역사회를 인구 크기, 경제적 기반, 행정구역, 인구구성의 사회적 특수성에 따라 구분하였다. 첫 번째, 인구크기에 따른 기준은 지역 내 거주하는 인구수를 통해 구분하는 형태로 대도시, 중소도시 등으로 나누는 것이다. 두 번째, 경제적 기반에 따른 기준은 주민들의 경제생활뿐만 아니라 사회·문화적 특성을 파악하고자 하는 인류학적 조사·연구에서 흔히 사용되는 기준으로 광산촌, 어촌, 산촌 등으로 나누는 것이다. 세 번째, 정부의 행정구역에 따른 기준은 행정구역에 따라 구분하는 것으로 행정구역을 구분할 때 인구의 크기가 고려되기는 하지만, 반드시 인구의 크기에 비례하여 구분되는 것은 아니다. 특별시, 광역시·도, 시·군·구, 읍·면·동이 있다. 네 번째, 인구구성의 사회적 특수성에 따른 기준이다. 지역사회 구성원 대다수의 사회적 특성을 중심으로 지역을 유형화하는 것이다. 도시, 저소득층지역, 미국의 차이나타운 등이 있다.

☞ 표 5-1 로스와 던햄의 지역사회 분류

학자	구분	개념	예시
로스 (Ross, 1967)	지리적 의미	일정한 지리적 공간에서 살고 있는 사람들의 집단	행정구역
	기능적 의미	공통의 이해관계나 특성 등에 따라 모인 사람들의 집합체	사회복지사회, 사회단체, 종교단체, 정당 등
던햄 (Dunham, 1970)	1. 인구의 크기에 따른 기준 지역 내 거주하는 인구수를 통해 구분하는 형태이다.		대도시, 중소도시 등
	2. 경제적 기반에 따른 기준 주민들의 경제생활뿐만 아니라 사회·문화적 특성을 파악하고자 하는 인류학적 조사·연구에서 흔히 사용되는 기준이다.		광산촌, 어촌, 산촌 등
	3. 정부의 행정구역에 따른 기준 행정구역에 따라 구분하는 것으로, 행정구역을 구분할 때 인구의 크기가 고려되기는 하지만, 반드시 인구의 크기에 비례하여 구분되는 것은 아니다.		특별시, 광역시·도, 시·군·구, 읍·면·동
	4. 인구구성의 사회적 특수성에 따른 기준 지역사회 구성원 대다수의 사회적 특성을 중심으로 지역을 유형화하는 것이다.		도시, 저소득층지역, 미국의 차이나타운 등

3. 지역사회의 기능

1) 길버트와 스펙트의 지역사회기능

길버트와 스펙트(Gilbert & Specht, 1974)는 지역사회의 기능을 생산·분배·소비의 기능, 사회화의 기능, 사회통제의 기능, 사회통합의 기능, 상부상조의 기능 등 다섯 가지 기능으로 분류하여 설명하고 있다.

첫 번째, 생산·분배·소비의 기능으로 경제제도가 이를 수행한다. 일상생활을 위해 필요한 재화와 서비스를 생산, 분배, 소비하는 과정과 관련된 기능이다.

두 번째, 사회화의 기능으로 가족제도가 이 기능을 수행하고 있다. 이는 사회가 향유하고 있는 지식, 사회적 가치 등을 지역사회 구성원에게 전달하는 기능이다. 지역사회 구성원들이 사회를 구성하는 가족, 집단, 조직, 지역사회의 지식, 가치, 행동유형을 터득하는 과정과 관련되어 있다.

세 번째, 사회통제의 기능으로 정치제도가 이를 수행한다. 지역사회가 그 구성원들에게 사회의 규범(법, 도덕, 규칙 등)에 순응하게 하는 기능이다.

네 번째, 사회통합의 기능으로 종교제도가 이를 수행한다. 지역사회 구성원들의 상호 간 협력, 결속력 등을 강조하는 기능이다.

다섯 번째, 상부상조의 기능으로 사회복지제도가 이를 수행한다. 지역사회 구성원들이 기존 사회제도에 의해서 자신들의 욕구를 충족할 수 없는 경우에 강조되는 기능으로 지역사회 구성원들이 서로에게 도움을 주는 것과 관련되어 있다.

☞ 표 5-2 길버트와 스펙트의 지역사회기능

제도	주요 기능	설명
경제	생산·분배·소비	일상생활을 위해 필요한 재화와 서비스를 생산, 분배, 소비하는 과정과 관련된 기능이다.
가족	사회화	사회가 향유하고 있는 지식, 사회적 가치 등을 지역사회 구성원에게 전달하는 기능이다. 지역사회 구성원들이 사회를 구성하는 가족, 집단, 조직, 지역사회의 지식, 가치, 행동유형을 터득하는 과정과 관련된 기능이다.
정치	사회통제	지역사회가 그 구성원들에게 사회의 규범(법, 도덕, 규칙 등)에 순응하게 하는 기능이다.
종교	사회통합	지역사회 구성원들의 상호 간 협력, 결속력 등을 강조하는 기능이다.
사회복지	상부상조	지역사회 구성원들이 기존 사회제도에 의해서 자신들의 욕구를 충족할 수 없는 경우에 강조되는 기능으로 지역사회 구성원들이 서로에게 도움을 주는 것과 관련되어 있다.

2) 워렌의 지역사회 기능 척도

지역사회의 기능을 측정하는 기준은 여러 가지가 있을 수 있으나 다음의 네 가지 차원을 중심으로 일반화된 비교가 가능하다(Warren, 1963).

(1) 지역적 자치성

지역사회의 제 기능을 수행함에 있어서 다른 지역에 어느 정도 의존하는가에 관한 것이다. 즉 개방체계로서 지역사회는 다른 지역과 관계를 맺게 되는데 그 관계 속에서 어느 정도 자립성과 의존성을 가지는가에 대한 척도이다.

(2) 서비스 영역의 일치성

상점, 학교, 공공시설, 교회 등의 서비스 영역이 어느 정도 동일 지역 내에서 이루어지고 있는가에 관한 것이다.

(3) 지역에 대한 주민들의 심리적 동일시

지역사회주민들이 자기 지역을 어느 정도로 중요한 준거집단으로 생각하며, 어느 정도 소속감을 갖는가에 관한 것이다.

(4) 수평적 유형

지역사회 내에 있는 상이한 단위조직(개인, 사회조직)들이 구조적으로나 기능적으로 얼마나 강한 관련을 갖고 있는가에 관한 것이다.

4. 지역사회복지의 개념

김형수 외(2010)는 지역사회복지를 좁은 의미와 넓은 의미로 나누어 설명하고 있다. 먼저 좁은 의미의 지역사회복지는 지역사회 구성원들의 문제와 욕구를 해결하거나 예방하기 위해 수행하는 사회복지사들의 전문적 활동을 말한다. 다음으로 넓은 의미의 지역사회복지는 각종 사회적 위험이 사라진 안전하고 행복한 지역사회의 상태를 지칭하는 동시에 이러한 상태를 실현하기 위한 지역사회 수준에서의 모든 노력을 의미한다.

5. 지역사회복지의 이념

표갑수(2003)는 지역사회복지의 이념을 크게 세 가지로 나누어 설명하고 있다.

첫째, 정상화 이념이다. 정상화 이념이란 1950년대 덴마크에서 대두된 이념으로 정상적인 생활이란 특별한 장애나 욕구를 가진 사람도 지역사회와 분리된 시설이나 병원이 아닌 일상적인 삶을 유지할 수 있는 생활환경과 방식을 지속하는 것을 의미한다. 또한 장애로 인한 불편을 최소화하기 위해서는 사회적 노력이 필요하며, 일상적인 가정과 지역사회에 통합된 삶을 강조한다.

둘째, 사회통합의 이념이다. 사회통합은 장애인이나 노인 등의 보호대상자가 자신들이 성장한 지역사회에서 일반주민들과 함께 생활해야 한다는 것이다. 일반적으로 계층 간의 격차를 줄이고, 사회의 전반적인 불평등을 감소시킴으로써 삶의 질을 제고해 나가는 것을 의미한다. 또한 지역 간의 차이에서 발생하는 갈등의 가능성을 줄여 나간다는 의미도 포함한다.

셋째, 주민참여의 이념이다. 지방자치의 실시로 중요성이 더욱 강조되고 있다. 주민참여는 주민의 욕구와 문제해결의 주체로서 주민의 주체성을 강조하는 것이며 지방자치단체와의 동등한 파트너십을 형성하는 방법이다. 지역사회복지에서 주민참여의 의의는 사회복지의 정책·계획, 운영 및 실시에 주민이 참가하여 사회복지의 민주화를 통해 지역사회의 복지분야뿐만아니라 정치·경제·문화 등의 모든 분야가 발전하는 데 있다.

6. 지역사회복지의 특성

박태영(2006)은 지역사회복지의 특성을 예방성, 통합성과 포괄성, 연대성 및 공동성, 지역성 등 네 가지로 설명한다.

첫째, 예방성이란 지역사회 내의 사회복지 욕구나 해결되지 못한 생활문제를 주민참여를 통해 조기에 발견하여 대응할 수 있으므로 예방적 효과를 거둘 수 있다는 것을 의미한다.

둘째, 통합성과 포괄성이란 지역사회복지서비스의 제공은 서비스 공급자의 측면에서는 통합성을, 서비스 이용자의 측면에서는 포괄성이라는 특성을 가지고 있다. 통합성은 원스톱 서비스(one-stop service), 서비스의 패키지화 등으로 표현하는데 서비스 제공기관 간의 연락·조정·합의 등의 네트워크 구축을 통하여 지역사회주민들에게 종합적으로 서비스를 제공하는 것을 의미한다. 이용자 측면의 포괄성은 지역사회주민의 복잡하고 다양한 욕구충족과 문제해결을 위해 복지, 보건의료, 고용, 교육, 문화, 교통, 안전, 환경 등 주민생활의 전반적인 영역을 다각도에서 포괄하여 다루어야 한다는 것을 의미한다.

셋째, 연대성 및 공동성이란 지역사회복지에서는 주민 개인의 사적 활동으로는 해결이 곤란한 생활상의 과제를 주민들이 연대를 형성하고 공동의 행동을 통하여 해결하는 특성을 가지고 있다. 이러한 연대성과 공동성은 대외적으로는 주민운동으로 나타나고, 대내적으로는 상호부조 활동으로 나타난다. 주민운동은 지역사회의 생활상의 문제해결이나 예방을 위해 필요한 제도의 마련, 시설의 설치 등으로 나타나게 된다.

넷째, 지역성이란 지역사회복지는 주민의 생활권역을 기초로 하여 전개되는 것이다. 주민의 생활권역은 주민의 생활의 장인 동시에 사회참가의 장이므로 지역적 특성을 고려하지 않으면 안 된다. 주민의 기초적인 생활권역을 구분하는 기준은 다양하다. 물리적인 거리뿐만 아니라 심리적인 거리까지 포함하여 지역성을 파악해야 한다.

7. 지역사회복지실천 개념

지역사회복지실천이란 지역사회를 대상으로 하는 사회복지실천을 의미하며 지역사회 수준의 지역사회집단, 조직과 제도, 지역주민 간의 관계 및 상호작용의 행동패턴을 변화시키는 실천기술의 적용이라 할 수 있다. 지역사회복지 달성이라는 목적을 위해 보다 구체적으로는 지역사회 구성원들이 공유하는 문제와 관련된 지역사회의 변화를 위해 요구되는 개입기술을 응용하고 활용하는 것이다. 즉 지역사회복지를 위해 수행되는 활동과 동시에 변화를 위한 기술을 활용하는 것을 의미한다. 조직화, 계획활동, 개발활동, 변화의 각 과정에서 실천기술을 응용하는 것을 포함한다.

8. 지역사회복지실천 목적

지역사회복지실천 사업과 계획이 추구하는 중요한 목적에 따라 지역사회복지의 실천에 관한 견해를 다음의 네 가지로 분류하여 설명하고 있다.

첫째, 지역사회 참여와 통합의 강화이다. 지역사회에 있는 모든 집단들이 자신들의 의사를 표현하도록 격려하고 효과적인 상호작용을 통해 자신들의 사회환경을 개선하는 방안에 대해 합의하도록 한다. 집단들과 조직들 간의 적응과 협동적인 관계가 중요한 목표가 된다. 대표학자로 로스(Ross)가 있다.

둘째, 문제대처능력 향상이다. 지역사회 혹은 지역사회의 일부가 환경과 변화에 대처할 수 있는 능력을 갖도록 하기 위해서 의사소통과 상호작용의 수단을 향상시키는 데 역점을 둔다. 대표학자로 리피트(Lippit)가 있다.

셋째, 사회조건과 서비스 향상이다. 지역사회의 욕구와 결함을 찾아내며 사회문제를 해결하거나 예방하기 위한 효과적인 서비스와 방법을 개발하는 것이 중심목표이다. 특정 목표의 설정과 이들 목표를 달성하기 위한 자원의 동원이 포함된다. 대표학자로 모리스(Morris)와 빈스톡(Binstock)이 있다.

넷째, 불이익집단의 이익증대이다. 지역사회 내 불이익집단이나 취약계층 및특수집단의 물질적 재화와 서비스의 몫을 증대시키는 데 초점을 둔다. 주요 결정에 있어서 그들의 이익을 증대시키는 것 또한 포함한다. 대표학자로 그로서(Grosser)가 있다.

☞ 표 5-3 **지역사회복지실천의 목적**

목적	설명	대표학자
1. 지역사회 참여와 통합의 강화	• 지역사회에 있는 모든 집단들이 자신들의 의사를 표현하도록 격려하고 효과적인 상호작용을 통해 자신들의 사회환경을 개선하는 방안에 대해 합의하도록 한다. • 집단들과 조직들 간의 적응과 협동적인 관계가 중요한 목표가 된다.	로스 (Ross)
2. 문제대처능력 향상	• 지역사회 혹은 지역사회의 일부가 환경과 변화에 대처할 수 있는 능력을 갖도록 하기 위해서 의사소통과 상호작용의 수단을 향상시키는 데 역점을 둔다.	리피트 (Lippit)
3. 사회조건과 서비스 향상	• 지역사회의 욕구와 결함을 찾아내며 사회문제를 해결하거나 예방하기 위한 효과적인 서비스와 방법을 개발하는 것이 중심 목표이다. • 특정 목표의 설정과 이들 목표를 달성하기 위한 자원의 동원이 포함된다.	모리스 (Morris)와 빈스톡 (Binstock)
4. 불이익집단의 이익 증대	• 지역사회 내 불이익집단이나 취약계층 및 특수집단의 물질적 재화와 서비스의 몫을 증대시키는 데 초점을 둔다. • 주요 결정에 있어서 그들의 이익을 증대시키는 것 또한 포함한다.	그로서 (Grosser)

9. 지역사회복지실천의 기능

지역사회복지실천이 강조하고 있는 중요한 기능은 지역사회의 변화를 추구하는 것으로 지역사회계획과 프로그램 개발, 지역사회개발의 접근방법, 주민자립과 지역사회의 통합, 지역사회행동 등이 요구된다. 던햄(Dunham, 1970)은 사회복지기관에서 사회복지사가 행하는 지역사회복지실천의 기능을 다음과 같이 제시하고 있다.

1) 지역사회계획

지역사회계획의 범위를 정하고, 프로그램을 개발하며, 지역수준의 복지향상과 조정을 목표로 하는 계획활동을 수행한다.

2) 프로그램운영

지역사회의 변화를 위해 지역사회복지기관을 통하여 적절한 프로그램을 운영한다.

3) 사실발견과 조사

지역사회조직의 계획과 프로그램 개발에 관련된 사실을 발견하고 조사한다.

4) 공적 관계 형성

지역주민의 욕구에 따른 프로그램과 서비스를 제공하고 공적인 관계를 통하여 지역사회의 이익을 위해 노력한다.

5) 기금확보와 배분

대내외적으로 기금확보의 노력과 연합 캠페인을 통하여 지역사회기관과 단체에 기금의 예산을 편성하고 배당을 실시한다.

6) 근린집단사업

저소득층 지역과 도시 근린지역의 주민집단과 함께 자립사업을 추진한다.

7) 지역사회개발

지역사회의 문제해결에 있어 자기결정, 자립과 협동에 대한 태도를 개선하며, 지역주민의 조직화를 실시한다.

8) 지역사회행동

불이익집단이나 사회적 약자를 위해 법률분석과 참여를 촉진하고 절차상 지역사회행동이나 직접적인 행동을 유도한다.

10. 지역사회복지실천의 원칙

로스(Ross)가 제안한 지역사회조직의 원칙이 지역사회복지의 실천원칙 가운데 널리 활용되고 있는 이론이라고 할 수 있다. 로스(1967)는 지역사회 갈등해결을 위해 추진위원회를 구성하는 원칙, 지역사회의 갈등은 집약되고 공유되어야 하는 원칙, 지역사회 내 풀뿌리 지도자를 발굴하고 참여시키는 원칙, 공통의 목표를 수립하고 운영방법을 설정하는 원칙, 지역주민을 결속시킬 수 있는 이벤트를 개발하는 원칙, 효과적인 의사소통을 개발하고 유지하는 원칙, 모임 참가자들을 지지하고 역량을 강화하는 원칙, 합리적인 절차를 준수하고 리더십을 개발하는 원칙, 유능한 지도자를 발굴하고 육성하는 원칙, 지역사회에서 인정과 신용을 얻는 원칙 등의 10가지 실천원칙을 제안하였다.

11. 지역사회복지실천가치

지역사회복지실천에 있어 다섯 가지의 주요한 가치가 있다.

첫째, 다양성과 문화적 이해로, 인간의 다양성과 다양한 문화에 대한 이해는 인간의 행동과 사회의 기능을 이해하는 데 필수적이다.

둘째, 자기결정과 역량강화이다. 자기결정은 클라이언트가 전문가의 개입 여부를 결정하고 개입의 방법과 그것이 가져올 결과 등에 대해서도 선택할 수 있도록 하는 것을 말한다. 역량강화란 지역사회주민의 의사결정 참여를 강조하는 관점으로 지역사회주민의 주체의식을 키우고 부정적 자아상을 불식시킴으로써 일종의 치료효과를 가져오는 것을 말한다.

셋째, 비판의식 개발이다. 억압을 조장하는 사회의 메커니즘을 인식할 뿐만 아니라 그러한 사회의 구조 및 의사결정과정을 주시하고 이해하는 것을 말한다. 나아가 서비스 대상자들과 인식을 공유함으로써 비판의식을 제고하는 것을 말한다.

넷째, 상호 학습이다. 조직화의 과정에서 대상자 집단의 문화적 배경에 대해 배우고자 하는 적극적 학습자가 되어야 한다. 또한 지역사회주민으로 하여금 클라이언트로서의 역할을 뛰어넘어 교육자이자 파트너로서의 역할을 맡을 수 있도록 동기를 부여하는 것이 중요하다. 이는 실천가와 지역사회주민이 사회변화의 과정에서 위계적 관계가 아닌 동등한 파트너라는 점을 시사한다.

다섯째, 사회정의와 균등한 자원배분이다. 억압적이거나 정의롭지 못한 사회현실을 개혁하기 위한 끊임없는 노력이 필요하다.

12. 지역사회복지실천의 윤리

다른 사회복지실천의 윤리와 구분되는 지역사회복지실천의 독특한 윤리적 측면을 살펴보면 개인의 변화가 아닌 사회의 개혁·변혁을 개입의 일차적 목표로 하는 것, 사회복지사는 억압받는 집단을 주변화하는 사회적 및 경제적 조건들에 대해 비판의식을 발전시켜야 하는 것, 지역사회주민들에게 비판의식을 키우도록 하는 것, 클라이언트들이란 주로 대상자 집단의 구성원, 표적이 되는 지역사회의 주민, 억압받는 인구집단의 구성원 등이기 때문에 많은 경우 사회복지사들은 이러한 클라이언트 집단의 모든 구성원들과 직접 접촉하지 않는 것, 대개 개입이 대상자 집단의 구성원들과 제휴하는 가운데 이루어지는 관계로 경우에 따라서는 대상자 집단이 사회복지사를 고용하기도 하는 것, 실천활동의 목적이 불이익을 받고 있는 주변화된 집단들의 역량을 증대시키는 데 있기 때문에 지역사회복지실천이 억압적 체제를 유지하는 데에 이용되어서는 안 된다는 것 등이 있다.

13. 지역사회복지실천의 목표

1) 웨일과 갬블

지역사회복지실천은 사회적 약자들과 지역사회의 사회·경제적 삶의 질을 향상시키기 위한 다양한 개입 모델과 방법을 포함하는 것으로서, 시민과 시민집단의 조직화된 기술과 능력을 개발, 접근하기 용이하고 포괄적인 지역사회 내에서의 사회계획, 풀뿌리 지역주민의 지역사회조직체에 대한 사회적·경제적 투자를 연결, 지역사회 문제를 해결하는 데에 있어 폭넓은 연대를 옹호, 사회정의의 관점에서 사회계획과정을 고취하는 것 등과 같은 실천의 목표를 제시하였다(Weil & Gamble, 1995).

2) 던햄

지역사회복지실천은 지역사회 구성요소 간의 상호작용에 의해 의식적인 변화를 추구하는 과정이며, 전문사회복지실천의 한 방법으로서 지역사회의 광범위한 욕구를 충족하고 욕구와 자원 간의 조정과 균형을 도모, 지역사회와 집단들 간의 관계와 의사결정권의 분배에 있어 변화를 초래, 지역주민들의 참여, 자조, 협동능력을 개발·강화·유지하도록 도와 그들이 문제에 대해 보다 효과적으로 대처할 수 있게 하는 등의 목표를 달성하려고 한다(Dunham, 1970).

제2절 지역사회복지실천 모델의 이해

1. 지역사회실천 모델의 목표

1) 과업중심의 목표

지역사회에 대한 개입에 따른 성과(혹은 결과)에 초점을 맞춘다. 지역사회가 가진 문제나 욕구를 해결하기 위해 구체적인 사업을 완성하거나 지역사회의 기능과 관련된 문제해결에 관심을 갖는다. 이를 위해 기존의 서비스를 제공하거나 새로운 서비스를 만들거나 입법활동을 통해 문제해결의 토대를 마련한다.

2) 과정중심의 목표

지역사회 개입을 위한 구체적 수단과 방법에 초점을 맞추며 지역주민의 참여, 자조, 협동능력을 향상시켜 그들이 문제에 보다 효과적으로 대처하는 역량을 기르도록 한다. 이를 위해 로스만은 지역사회에 있는 여러 집단 간의 협동관계 수립, 지역사회 문제해결을 위해 자치적인 구조 창조, 지역사회 문제를 해결하는 데 필요한 역량기반 향상, 지역사회주민들로 하여금 지역사회의 일에 대해 관심과 참여 유도, 지역사회의 공동사업에 대한 협력 및 지지, 토착적인 지도력 증대 도모 등의 세부목표를 제시하였다.

3) 관계중심의 목표

지역사회와 집단들 간의 관계와 의사결정권의 분배에 있어 변화를 추구하며 지역사회 구성요소 간의 사회관계에 있어 변화를 시도하는 데 역점을 둔다.

2. 지역사회실천 모델의 유형

1) 로스만의 3모형

로스만(Rothman, 2001)은 지역복지활동을 단일한 형태로 보지 않고, 지역사회개발, 사회계획, 사회행동으로 구분하였다. 이 모델은 가장 전형적인 지역사회복지실천 모델로 인식되고 있다.

(1) 지역사회개발(community development)

① 특징

지역사회의 변화를 위해서는 광범위한 주민과 집단의 참여가 중요하다는 전제가 있다. 지리적 측면에서 지역사회 전체를 대상집단으로 본다. 지역사회의 문제해결을 위해 지역사회의 역량을 강화하고 사회통합을 증진시키는 데에 초점을 둔다. 지역사회 내 다양한 집단을 잠재적 파트너로 간주하며, 권력을 가진 사람들도 지역사회를 향상시키는 목적을 위해 공동의 노력을 기울일 수 있다고 본다. 지역사회의 다양한 구성원과 집단들의 의견조정을 통해 통합을 이끌어 내는 것을 중요하게 고려한다. 또한 집단 간의 차이들을 협상과 타협, 합의를 통해 극복될 수 있다고 본다. 주민들의 자조(self-help)정신을 강조한다. 즉 주민이 문제를 스스로 해결할 수 있는 능력을 강화하는 데 역점을 둔다. 지도자 양성 및 지도력 개발을 통해 주민이 협력적으로 일할 수 있는 분위기 조성을 강조한다. 변화를 위한 전략·전술에 있어서 다양한 집단 간의 합의 도출을 강조한다. 과업의 성취보다는 과정중심 목표에 중점을 둔다. 사회복지사의 역할에는 조력자, 조정자, 교육자 등이 있다.

② 문제점

지역사회의 변화를 위해 지역사회의 관련 집단들 간의 합의와 협력을 끌어내는 것이 쉽지 않다. 지역사회의 관련 집단들의 광범위한 합의와 참여를 이끌어 내는 데 있어서 공통의 이해관계와 관심사를 발견하는 과정은 쉽지 않은 일이다. 지역사회개발 모델은 토론과 합의, 민주적인 절차 등 과정을 중요하게 고려하여 권력집단도 지역사회의 구성원으로서 지역사회의 복지를 향상시키는 데 동참할 수 있는 세력으로 간주하지만, 실제 지역사회의 변화를 위해 정책결정자들이나 권력집단과 합의나 협상을 하는 과정에서 권력구조의 한계로 인해 거부당하거나 방해를 받을 수 있다는 점도 고려해야 한다.

(2) **사회계획**(social planning)

① 특징

사회문제 해결에 있어서 전문가에 의한 합리적인 계획수립과 기술적(technical) 과정, 통제된 변화를 강조한다. 따라서 기술적 합리성과 전문성을 지닌 전문가, 계획가의 역할을 중요하게 고려한다. 전문가들이 조사와 분석을 통해 실현 가능한 대안을 마련하고 이러한 대안을 합리적, 과학적으로 제시하고 실행하는 데 중점을 둔다. 과정보다는 과업의 성취에 역점을 둔다. 사회계획 모델은 지역사회개발 모델처럼 지역사회의 문제해결을 위해 지역주민의 역량을 강화하는 것에 초점을 두고 있지는 않다. 또한 사회행동 모델처럼 근본적인 사회변혁을 추구하는 것을 중요하게 고려하지도 않는다. 위로부터의 접근(하향식)의 사회변혁이다. 사회복지사의 역할에는 전문가(자료수집, 분석 및 프로그램의 계획 및 평가를 담당), 계획가 등이 있다.

② 문제점

사회계획 모델에서는 관료조직과 같은 공식조직을 변화의 매개체로서 중요하게 고려하는데 실제 문제를 해결하는 과정에서 작용하는 정치적인 영향력 등은 고려하지 못하는 한계가 있다. 예를 들어 계획과정이 합리적이라고 해도 합리성보다는 문제해결과정에 미치는 정치적 영향력이 더 중요할 수도 있다. 하지만 사회계획 모델에서는 이러한 정치적 영향력에 대해서는 제대로 고려하지 못한다. 계획가/전문가가 합리적이고 포괄적인 대안을 마련하고 계획을 수립하기 위해 충분한 시간과 자원을 확보하지 못한다면 한계에 부딪힐 수밖에 없다.

(3) **사회행동**(social action)

① 특징

지역사회에는 권력과 자원의 불평등한 관계가 존재한다는 갈등이론적인 입장을 기반으로 한다. 지역사회에서 부당한 대우나 불이익을 받는 집단이 집합적 행동을 통해 공정한 자원배분과 동등한 대유를 요구할 필요가 있다고 본다. 지역사회 집단들 간에 적대적이거나 이해가 상반되는 문제가 있는 경우나 논의와 합의를 통해 결정하기 어려운 문제를 해결하는 데 적합한 모델이다. 지역사회주민들이 사회정의와 민주주의에 입각해서 지역사회 기존 구조(권력관계, 자원배분, 지역사회정책결정구조 등)을 근본적으로 변화시키는 것을 의미한다. 사회적으로 배제되고 억압받는 집단을 조직화하는 것이 중요하다고 강조한다. 권력과 자원을 가지고 있는 집단에 대한 저항이 중요한 전략이라고 할 수 있다. 항의 시위 등 갈등이나 대결 전술을 활용한다. 아래로부터의 접근(상향식)이다. 사회복지사의 역할에는 조직가(행동을 이끌어 내는 역할), 옹호자(억압받는 집단의 권리를 옹호) 등이 있다.

② 문제점

사회행동 모델은 갈등과 저항을 중요하게 고려하는데 관련 집단들이 실제로 참여하는 데 주저할 수 있다.극단적인 전략과 전술이 참여하는 구성원들을 위험한 상황에 처하게 만들 수도 있다. 또한 수단의 불법성이 논란을 불러올 수 있으며, 윤리적 차원에서 문제가 될 수도 있다. 사회행동 모델은 기본적으로 과업, 과정목표를 모두 중시하지만 때로는 과정목표가 무시되기도 한다.

☞ 표 5-4　**지역사회실천 모델의 유형**

구분	지역사회개발 (community development)	사회계획 (social planning)	사회행동 (social action)
개념	지역사회의 변화를 가장 효과적으로 이룩하기 위해서는 주민들을 변화의 목표설정과 실천행동에 참여시켜야 한다.	범죄, 주택, 정신건강과 같은 사회문제를 해결하고자 하는 기술적 과정을 강조한다.	• 지역사회의 주민들이 사회정의와 민주주의에 입각해서 보다 많은 자원과 향상된 처우를 그 지역사회에 요구하는 행동을 말한다. • 지역사회의 기존 제도와 현실에 대한 근본적인 변화를 추구한다.
강조점	• 자조정신 강조 • 민주적인 절차 • 자발적인 협동 • 토착적인 지도자의 개발 • 교육 등	• 문제해결을 위한 합리적인 계획수립과 통제된 변화 • 정책집행의 효과성과 효율성 강조 • 공식적인 계획과 준거틀에 대한 설계	권력 · 자원 · 지역사회 정책결정에 있어서 역할 등의 재분배

예	• 지역복지관의 지역개발사업 • 성인교육분야의 지역활동 등	–	• 학생운동 • 여성해방 · 여권신장운동 • 노동조합운동 • 복지권운동 • 소비자보호운동 등
목표	• 지역사회가 기능적으로 통합을 이룸 • 자조적으로 협동적 문제해결에 참여민주적 능력 배양(과정중심에 목표)	지역사회 문제의 해결(과업중심에 목표)	• 권력관계와 자원의 변화 • 기본적 제도의 변화(과업 및 과업중심에 목표)
지역사회 구조와 문제상황에 관한 전제	• 지역사회의 상실, 아노미 • 사회적 관계 및 문제해결능력의 결여 • 정태적 · 전통적 지역사회	• 지역사회의 실질적 사회문제 • 정신적 · 신체적 건강문제, 주택, 여가활동 등	• 사회적 고통을 당하고 있는 사람 • 사회부정의, 박탈, 불평등
변화를 위한 기본전략	• "함께 모여 이야기해 보자" • 다수의 사람이 모여서 자신의 욕구를 결정하고 해결해 나가는 것 • 지역사회의 자주성 중시	• "진상파악을 위한 논리적 조치 강구" • 문제에 대한 자료수집 • 합리적이고 가능한 방안의 행동조치	• "억압자 분쇄를 위한 규합" • 이슈의 구체화와 표적대상에 대한 조치를 취할 수 있도록 주민동원
변화를 위한 전술과 기법	• 합의 • 지역사회 집단 간, 이해관계 간 의사소통, 집단토의	합의 또는 갈등	갈등 또는 투쟁, 대결, 직접행동, 교섭
사회복지사의 역할	• 조력자, 조정자 • 교육자(문제해결기술, 윤리적 가치관 지도) • 격려자	• 사실 수집가와 분석자 • 계획가 • 프로그램 실행자, 촉진자	• 옹호자 • 선동가(활동가) • 매개자, 중재자 • 지지자

변화의 매개체	과업지향적 소집단의 조직과 지도	자료 수집과 분석, 공식조직(기관, 행정, 입법)의 조정	대중조직과 대중운동의 유도, 정치적 과정에 영향
권력구조에 관한 견해	지역사회 향상을 위한 공동의 노력을 기울이는 협동자	전문가의 고용자이고 후원자	공격, 파괴되어야 하는 억압세력, 반대세력
지역사회 클라이언트 집단이나 수혜자에 대한 한계 규정	전체 지역사회 (지리적 지역사회 전체)	지역사회 전체 또는 지역사회 일부분(기능적 지역사회 내포)	지역사회의 일부분(억압 받는 주민, 지역의 문제 해결)
지역사회 구성집단들 간의 이해관계에 관한 전제	공통의 이해관계 및 조정 가능한 차이	조정 가능한 이해, 갈등상태에 있는 이해	• 쉽게 조정되지 않는 상호 갈등적 이해 • 부족한 자원
공공의 이익에 대한 개념	• 합리주의적·중앙집권적 개념 • 협동적인 결정과정을 이용해서 주민의 일반적인 복지를 위해 여러 지역사회 집단의 이익을 반영한다.	• 이상주의적·중앙집권적 개념 • 계획전문가는 사회과학자들과 협의를 통해 지식, 사실, 이론에 입각해서 공익을 대변하며 개인의 정치적 이익이나 일반의 인기에 좌우되지 않는다.	현실주의적·개인주의적 견해
클라이언트 집단에 대한 견해	아직 완전히 개발되지 않은 상당한 잠재력을 가진 시민	• 소비자 • 사회계획 결과의 프로그램, 사회서비스의 소비자, 이용자, 수급자	피해자: 체제의 희생자
클라이언트의 역할에 대한 견해	상호작용적 문제해결과정의 참여자	수혜자, 소비자	• 동료(회원) • 고용주, 지역사회구성원

2) 로스만의 혼합모형

로스만(Rothman, 1968)은 이 세 가지 모델 분류가 이념적 분류일 뿐이며, 실제 지역사회복지실천의 개입을 위해서는 상호 혼합된 형태, 즉 사회행동/사회계획, 지역사회개발/사회계획 등과 같은 다양한 형태로 활용될 수 있다고 강조하고 있다.

(1) 지역개발/사회행동

과정에서는 개발 모델의 특성을 나타내면서 목적에서는 사회행동 모델을 따르는 특징이 있다. 지역사회 내의 공통된 문제를 확인하기 위해 여러 집단 간의 합의가 필요하고 동시에 문제의 근원이 되는 권력집단에게 대항하는 행동이 필요할 때 적용된다.

(2) 사회행동/사회계획

이슈에 대한 실증적 연구를 바탕으로 문제해결방법을 계획하면서 동시에 대중에게 해당 이슈의 중요성을 알리고 대중의 참여를 높이는 경우이다. 다양한 형태의 사회행동과 함께 문제해결을 위한 과학적 조사와 연구도 병행된다.

(3) 사회계획/지역개발

새로운 계획과정에 주민의 참여를 강조하는 모델로 지역사회복지계획은 사회계획/지역개발 모델에 의한 실천이라고 볼 수 있다.

3) 웨일과 갬블의 모델

웨일과 갬블(Weil & Gamble, 1995)의 모델에서는 로스만(1968)의 세 가지 모델을 보완하여 근린지역조직, 기능적 지역사회조직 모델, 사회경제적 개발 모델, 사회계획 모델, 프로그램 개발과 지역사회연계 모델, 정치사회행동 모델, 연대활동, 사회운동의 여덟 가지 유형으로 분류하여 설명하고 있다.

(1) 근린지역조직

지역사회개발 모델에서 원형을 찾을 수 있으며, 지리적으로 가까운 지역사회조직화에 초점을 두고 있으며 지역사회주민의 삶의 질에 관심을 두고 있다. 지방정부, 외부개발자, 지역사회주민 등이 변화를 위한 표적체계이다. 주요 전략으로는 지역사회의 변화를 유도하기 위한 지역사회주민의 능력개발과 외부개발자들이 지역에 미칠 영향을 조절하는 것이며 사회복지사의 역할은 조직가, 교사, 코치, 촉진자이다.

(2) 기능적 지역사회조직 모델

지리적 의미의 지역사회보다는 동일한 정체성이나 이해관계를 기초로 한 기능적 지역사회에 초점을 두고 있다. 변화를 위한 표적체계는 일반대중, 정부기관 등이 있다. 특정 이슈나 집단에 대한 정책, 행위 및 인식의 변화에 초점을 두고 옹호를 이끌어 낼 수 있는 행동, 특정 대상자/집단을 위한 서비스를 개발하고 직접 제공하는 것을 주요 전략으로 하며 사회복지사의 역할은 조직가, 옹호자, 촉진자, 정보전달자이다.

(3) 사회경제적 개발 모델

로스만(Rothman, 2001)의 지역사회개발 모델과 밀접한 관련이 있으며, 지역사회주민의 소득, 자원, 사회적 지원의 개발 등 지역사회 경제개발과 사회개발이 동시에 진행되어야 한다는 점을 강조한다. 이를 위해 필요한 내/외부적 자원의 개발과 활용도 중요하다. 지역사회주민의 삶의 질 향상을 목적으로 시민참여를 통한 사회·경제적 발전을 도모한다. 변화를 위한 표적체계로 금융기관, 재단, 외부개발자, 지역사회주민, 지역사회의 사회·경제개발에 투자할 자원들을 확보하기 위해 사람들을 설득하는 것이 중요하다. 지역주민의 관점에 기초한 개발계획을 강조하는 것을 주요 전략으로 하며, 사회복지사의 역할은 교사, 계획가, 관리자, 협상가이다.

(4) 사회계획 모델

객관성과 합리성에 기반을 두고 지역사회 문제를 해결하려는 모형이며 객관적 조사와 자료분석 등을 기초로 한다. 변화를 위한 표적체계에는 지역사회 지도자의 관점과 인간 서비스 지도자의 관점 등이 있다. 지역사회의 사회적 욕구 통합과 사회서비스 관계망 조정에 주목하는 것을 주요 전략으로 한다. 사회복지사의 역할은 조사자, 프로포절(proposal) 작성자, 관리자이다.

(5) 프로그램 개발과 지역사회연계 모델

로스만(Rothman, 2001)의 사회계획 모델에서 추가적으로 세분화된 모델로서, 지역사회주민들의 욕구를 충족하기 위하여 지역사회와 연계된 다양한 수준의 프로그램을 개발하고 확대하는 것을 중요한 목표로 한다. 이를 위해 지역과 프로그램 간의 상호작용을 통해 프로그램을 개발·확장시키고 지역사회 내 다양한 대상자들과의 연계를 도모한다. 변화의 표적체계에는 프로그램 개발에 재정을 지원하는 사람과 프로그램을 이용하는 수혜자가 있다. 사회복지사의 역할은 대변인, 계획가, 관리자, 프로포절 제안자이다.

(6) 정치사회행동 모델

정책, 법, 그리고 정책입안자들의 변화를 통해 사회정의를 추구하는 것으로, 이를 통해 의사결정에서 배제되었던 사람들이 힘의 균형을 찾도록 하는 것이다. 지역사회주민의 정치적 권력의 강화와 기존 제도의 변화를 추구하며, 정책 또는 정책결정자의 변화에 초점을 둔다. 변화를 이끌어 내기 위해 부정의를 들추기 위한 조사작업, 정치적 캠페인, 옹호, 집단소송, 로비활동 등을 벌인다.

(7) 연대활동

지역사회가 당면한 문제가 한 집단의 노력만으로는 해결되기 어려우며, 분리된 집단 및 조직을 집합적인 사회변화에 동참시키는 것을 강조한다. 공동의 목표로 설정한 사회적 변화를 위해 다양한 개별 집단 및 조직들이 독립성을 유지하면서 새로운 조직을 구성하거나 연대하는 것에 초점을 맞춘다.

(8) 사회운동

사회운동을 통해 바람직한 사회변화를 추구하는 것을 강조하고 사회정의를 실현시키기 위해 사회 전체의 변화를 선도하고 자극한다. 생태학, 반전, 반핵, 인권운동, 여성운동 등 지역 차원에서부터 세계적 차원에 이르기까지 광범위하게 개입하는 모델이기도 하다. 보편적 가치로 인간의 화합, 폭력의 최소화, 환경보호, 인간존엄성, 다양성의 인정 등을 추구한다.

표 5-5 웨일과 갬블의 모델 유형

구분	변화 전략 및 목표	변화를 위한 표적체계	일차적인 구성원	관심영역	사회복지사의 역할
근린지역 사회 조직 모델	지역사회주민의 능력개발, 외부개발자들이 지역에 미칠 영향을 조절	지방정부, 외부개발자, 지역사회주민	지리적 의미의 지역사회주민	지역사회주민의 삶의 질	조직가, 교사, 코치, 촉진자
기능적 지역사회 조직 모델	특정 이슈나 집단에 대한 정책, 행위 및 인식의 변화를 위한 행동, 서비스 제공	일반 대중, 정부기관	동호인	특정 이슈와 대상집단에 대한 옹호	조직가, 옹호자, 촉진자, 정보전달자

지역사회의 사회·경제 개발 모델	지역주민의 관점에 기초한 개발계획	금융기관, 재단, 외부 개발자, 지역사회주민	저소득집단, 불이익을 받고 있는 집단	지역주민의 소득, 자원, 사회적 지원의 개발 및 교육수준과 리더십 기술 향상	교사, 계획가, 관리자, 협상가
사회계획 모델	선출된 기관 또는 인간 서비스를 계획하는 협의회가 행동을 하기 위한 제안	지역사회 지도자의 관점과 인간 서비스 지도자의 관점	선출직 공무원, 기관책임자, 기관 간의 조직	지역사회의 사회적 욕구 통합과 사회 서비스 관계망 조정	조사자, 프로포절 작성자, 관리자
프로그램 개발과 지역사회 연계 모델	지역사회서비스의 효과성 증진을 위한 새로운 프로그램 개발 및 기존 프로그램의 확대 또는 재조정	프로그램 개발에 재정을 지원하는 사람과 프로그램을 이용하는 수혜자	프로그램 개발에 관여하는 서비스 제공기관의 이사회, 지역사회 대표들	특정 대상이나 지역사회를 위한 서비스 개발	대변인, 계획가, 관리자, 프로포절 제안자
정치·사회 행동 모델	정책, 정책결정자 등을 변화시키는 데 초점을 둔 사회정의 행동	선거권자, 선출직 공무원, 잠재적 참여자	정치적 권한이 있는 시민	정치권력의 형성, 제도의 변화	옹호자, 조직가, 조사자, 조정자
연합 모델	연합의 공통의 이해관계에 대응할 수 있는 자원 동원, 영향력을 행사하기 위한 복합적인 권력기반의 구축	선출직 공무원, 재단, 정부기관	특정 이슈에 이해관계가 있는 조직/집단	연합의 구성 집단, 특정한 이슈	중재자, 협상가, 대변가
사회운동 모델	사회정의를 실현하기 위한 행동	일반대중, 정치제도	새로운 비전을 제시할 수 있는 조직, 지도자	사회정의	옹호자, 촉진자

4) 테일러와 로버츠의 모델

테일러와 로버트(Tayolr & Roverts, 1985)는 로스만(1968)의 기본 세 가지 모델을 중심으로 두 가지 모델을 추가하여 다섯 가지 모델을 제시하고 있다.

(1) 프로그램 개발 및 조정 모델

프로그램 개발 및 조정 모델은 후원자가 100% 결정권한을 갖는 것을 말한다. 지역사회복지의 모체인 인보관운동과 자선조직협회의 운동에 근거하고 있다. 이 모형은 주로 공공기관, 지리적 지역사회를 대상으로 서비스를 제공하는 민간기관, 기능적 지역사회, 기관협의회 등에서 수행되는 실천에 초점을 두고 있다.

(2) 계획 모델

계획 모델은 로스만의 초기 사회계획 모형을 인간지향적인 측면을 강조하도록 수정한 것으로 합리적인 계획 모형에 기초한 조사전략 및 기술을 강조한다. 특히 계획에 있어 진보적이고 정치지향적인 접근을 포함하고 있다. 그리하여 조직과정 관리, 영향력 발휘, 대인관계 등의 과정기술을 강조하고 설계 및 실행과 같은 기술적 측면의 필요성을 주장하고 있다.

(3) 지역사회연계 모델

지역사회연계 모형은 사회복지기관의 일선 직원이나 행정가들에 의해 수행되는 기능을 중심으로 설명한다. 행정가들은 지역사회 관계, 지지활동, 환경개선, 조직 간의 관계 등과 같은 역할을 수행하게 된다.

(4) 지역사회개발 모델

지역사회개발 모형은 조력, 지도력 개발, 자조, 상호부조, 지역성에 바탕을 둔 지역사회 연구 및 문제해결을 강조한다. 이 모형은 시민참여와 교육과정을 매우 중요시하며, 전문가는 주로 조력자의 역할을 담당하게 된다.

(5) 정치적 권력강화 모델

정치적 권력강화 모형은 로스만의 사회행동 모형과 유사한 것으로서 갈등 이론과 다원주의사회에서의 다양한 이익집단의 경쟁원리에 기초하고 있으며, 의도된 시민참여에 의한 정치적 권력 상화에 초섬을 눈다 전분가늘은 교육자, 자원개발가, 운동가로서의 역할을 하게 되며 이러한 경향은 합법적으로 위임된 조직이나 자생조직으로 진전될 수 있다.

5) 포플의 모델

포플(Popple, 1996)은 영국의 경험을 '보호'와 '행동'의 연속성을 기준으로 지역사회의 실천 모델을 여덟 가지로 유형화하였다. 구체적 내용은 다음과 같다.

☞ 표 5-6 포플의 지역사회실천 모델(8가지 유형)

모델	주요 전략	사회복지사의 역할
지역사회보호	• 사회적 관계망과 자발적 서비스의 증진 • 자조개념의 개발	조직가, 자원봉사자
지역사회조직	타 복지기관 간 협력증진	조직가, 촉매자, 관리자
지역사회개발	• 삶의 질 향상과 관련된 신뢰 및 기술습 득을 위한 집단 원조 • 적극적 참여	조력자, 지역사회활동가, 촉진자
사회/지역계획	사회적 상황의 분석, 목표와 우선순위의 설정, 서비스 및 프로그램의 실행 및 평가	조력자, 촉진자
지역사회교육	교육과 지역사회 간의 밀접하고 동등한 관 계 시도	교육자, 촉진자
지역사회행동	지역수준에서 계급 및 갈등에 기초한 직접 적 행동	행동가
여권주의적 지역사회사업	• 여성복지의 향상 • 성 불평등 해소를 위한 집합적 활동	행동가, 조력자, 촉진자
인종차별 철폐 지역사회사업	• 소수인종의 욕구충족을 위한 집단조직 및 활동 • 인종주의에 대한 도전	행동가, 자원봉사자

출처: Popple(1996: 149-150); 오정수 · 류진석(2008: 104).

제3절 지역사회복지의 실천과정

지역사회복지실천의 과정은 크게 4단계로 나뉜다. 각 과정을 단계별로 다루고자 한다.

1. 문제확인

1) 지역사회 문제에 대한 확인

지역사회에 내재되어 있거나 표출된 문제들이 무엇인지를 명확히 규명하는 작업으로 문제확인을 위해 문제를 둘러싼 지역사회의 고유한 상황을 파악하는 과정이다.

2) 표적집단의 확인

문제확인 후에는 지역사회 문제를 해결하기 위한 표적집단에 대한 충분한 이해가 선행되어야 한다. 지역주민 전체가 표적집단이 될 수 있으나 시간과 자원의 제약으로 특정 표적집단을 선정할 필요가 있다. 표적집단의 인구학적 특성, 사회·경제적 상태 등과 같은 개인적 요인과 지역사회의 환경과 같은 사회환경 요인 등을 동시에 고려해야 한다.

2. 욕구사정

지역사회 사정은 현재의 상황을 진단하기 위한 체계적 과정으로 지역사회의 욕구와 자원을 확인해야 한다.

1) 지역사회 사정의 주요 원칙 및 고려사항

지역사회 욕구사정의 목적은 단지 지역의 문제나 욕구를 확인하는 차원이 아니라 궁극적으로 그 욕구를 충족할 수 있는 서비스나 프로그램들의 개발에 활용하기 위한 것이다. 또한 지역사회의 다양한 이슈와 문제를 포괄해야 한다. 특정 지역사회 집단을 목표로 할 수 있고, 지역사회주민, 서비스 전문가, 지도자 등을 광범위하게 포함하기 때문에 다양한 문화, 관점, 특성에 대한 이해가 필요하다. 지역사회에 영향을 미치는 사회문제를 확인하고 문제해결의 우선순위를 결정하는 데 초점을 둔다. 지역주민의 사회·경제적 차이와 특별한 욕구 등을 다양한 관점에서 민감하게 고려해야 하며 지역주민의 참여 또한 중요하게 고려해야 한다.

2) 지역사회 사정의 유형

① 포괄적 사정: 특정한 문제나 표적 집단에 한정되기보다는 지역사회 전반을 대상으로 한 사정 유형이다.

② 문제중심 사정: 지역사회에서 우선적으로 해결이 필요한 중요한 영역에 초점을 두고 이루어지는 사정 유형이다.

③ 하위체계 사정: 지역사회의 특정 하위체계를 중심으로 사정이 이루어지는 유형이다.

④ 자원 사정: 권력, 전문기술, 재정, 서비스 등 인적·물적 자원 영역을 검토한다.

⑤ 협력 사정: 지역사회 참여자들이 완전한 파트너로서 조사계획, 참여관찰, 분석과 실행 국면 등에 관계되면서 지역사회에 의해 수행되는 사정을 의미한다.

3. 계획수립 및 프로그램의 실행

1) 준비/계획 단계

지역사회 사정과 욕구파악을 마친 후에, 문제해결을 위한 우선순위를 정하는 단계로 우선순위로 선택된 문제에 관한 대책, 활동계획을 수립한다. 우선순위 결정과 구체적인 실천계획 수립 전에는 주민에게 알려 관심을 환기시키고 주민들이 참여할 수 있도록 홍보활동을 전개한다.

2) 실행단계

지역사회복지실천의 다양한 개입 전략과 전술을 고려하여 선택하는 과정으로 계획에 맞춰 실행한다.

4. 개입의 평가

평가는 지역사회복지실천의 과정 중 가장 나중에 수행되는 단계로 지역사회의 변화를 위해 활용된 개입의 과정과 결과를 평가한다. 일반적으로 설정된 목표가 어느 정도 달성되었는가를 알아보기 위한 과정이며, 개입에 대한 가치와 의의를 판단하는 사회적 과정이라 할 수 있다.

1) 양적 지표에 의한 평가

① 목표달성 평가: 실천계획 수립단계에서 세웠던 목표들이 어느 정도 달성되었는지를 평가한다.

② 사회지표 평가: 달성을 위해 기준으로 삼았던 지표들이 얼마나 변동이 있었는지 등 지표를 중심으로 하는 평가이다.

2) 질적 평가

① 현장 인터뷰 평가: 참여자들의 경험과 반응 등을 수집하여 평가하는 방법이다.

② 주요 사건 분석평가: 지역사회복지실천 중 일어났던 주요 사건에 대한 분석평가로서, 전술이나 전략에 대한 집단의 반응, 참가자들에 의한 표출된 감정이나 가치, 집단행동, 지도자의 질, 주민의 의사표현 정도 등이 분석평가의 대상이 된다.

3) 형성평가 및 총괄평가

① 형성평가: 진행과정에서 실시되는 평가로, 과정을 평가한다. 진행과정의 문제점을 발견하여 수정·보완하는 데 도움이 되는 정보를 제공하기 위한 평가이다.

② 총괄평가: 달성하고자 했던 목표를 얼마나 잘 성취했는가의 여부를 평가하는 데 목적이 있다. 결과나 성과가 주요 평가대상이 되기 때문에 결과평등이라고 하기도 한다.

☞ 표 5-7 형성평가와 총괄평가 비교

구분	형성평가	총괄평가
평가의 초점	운영과정	성과
평가의 용도	기관관리자에게 프로그램 운영에 관한 피드백	프로그램 결과와 영향에 대한 피드백(정책결정자 및 기획가)
평가항목	• 프로그램이 지역사회 욕구를 충족시키는 정도 • 대상에 대한 서비스 제공의 적절성 여부 • 서비스 내용과 양	• 프로그램의 결과 • 프로그램이 영향 • 프로그램의 비용효과성

출처: 감정기 외, 2011: 177, 〈표 5-7〉 재구성.

제4절 지역사회복지사의 역할

사회복지사의 역할을 살펴보면 추진하고자 하는 사업의 목적과 형태에 따라 역할과 내용이 달라진다. 사회복지사가 수행하는 역할은 다음의 〈표 5-8〉과 같이 사업유형에 따라 가지각색이며, 한 유형 중에서도 구체적인 사업의 성격이나 진행과정에 따라서 역할이 여러 가지로 규정될 수 있다. 그러나 각 모델 간의 역할은 서로 배타적이라고 할 수 없고, 다만 강조하는 바가 다르다는 점에 유의하여야 한다. 사회복지사는 동시에 여러 역할을 수행할 수 있다.

▨ 표 5-8 **지역사회복지사의 역할 분류**

지역사회개발모델		사회계획모델		사회행동 모델	
로스 (Ross)	리피트 (Rippitt)	모리스(Morris)와 빈스톡(Binstock)	샌더스 (Sanders)	그로서 (Grosser)	그로스만 (Grossman)
안내자 조력가 전문가 치료자	촉매자 전문가 실천가 조사자	계획가	전문가 분석가 계획가 조직가 행정가	조력가 중개자 옹호자 행동가	조직가

1. 지역사회개발 모델에서 사회복지사의 역할

지역사회개발 모델에서 사회복지사의 역할은 크게 안내자, 조력가, 전문가, 사회치료자, 촉매자, 전문가, 실천가, 조사자로 구분했다.

안내자로서의 역할은 사회복지사는 문제해결과정에 있어 주도능력을 발휘, 지역사회의 조건에 대하여 객관적인 입장, 지역사회 전체와 동일시, 사회복지사가 자기역할을 수용, 역할에 대한 설명을 해야 한다.

조력가의 역할은 불만을 집약하는 일, 조직화를 격려하는 일, 좋은 인간관계를 조성하는 일, 공동목표를 강조하는 일이 있다.

전문가로서의 역할은 지역사회 진단, 조사기술, 타 지역사회에 대한 정보, 방법에 관한 조언, 기술상의 정보, 평가 등이 있다.

사회치료자의 역할은 철저한 진단을 통해 규명된 성격과 특성을 주민들에게 제시하여 그들의 이해를 돕는다. 주민들의 문제에 대한 성격을 이해함으로써 긴장을 해소하도록 도우며, 협력적인 작업을 방해하는 요인을 제거하도록 돕는다. 금기적 사고나 전통적인 태도가 지역사회의 공동노력을 크게 저해하고, 집단 내 긴장상태를 조성하고, 불화를 일으키는 원인으로 작용할 가능성이 있는 경우에는 이를 변화시키기 위한 활동을 전개한다. 이때 지역사회의 기원이나 역사를 알아야 하며, 지역사회의 권력구조, 지역사회 내의 역할과 역할들 간의 관계에 대해서 알아야 한다.

2. 사회계획 모델에서 사회복지사의 역할

모리스와 빈스톡(1996)에 의하면 사회계획 모델에서 사회복지사는 계획가로서 사회적 서비스를 개선하고 사회문제를 완화시키는 주요 수단으로 공공정책을 고치는 일을 한다고 제시하였다.

한편, 샌더스(Sanders)는 사회복지사의 역할을 분석가, 계획가, 조직가, 행정가로 구분했다. 분석가의 역할은 사회문제 분석 및 사회문제에 영향을 미치는 요인들에 관한 조사, 사회변화를 위한 프로그램 과정 분석, 계획수립의 과정 분석, 유도된 변화에 대한 평가이다. 계획가의 역할은 물리적이고 물질적인 면보다 인간적인 면을 중시, 성과를 평가하는 근거인 목표를 설정, 궁극적으로 복지적인 목표를 강조, 목표를 달성하기 위한 수단을 검토, 계획에 관한 행정에서 어느 정도로 중앙집권적·분권적 결정에 의존할 것인지를 판단하는 것이다.

조직가의 역할은 계획의 수립과 실천과정에 지역사회에 있는 행동체계에 참여, 지역사회 내의 집단이나 단체를 참여시키기 위해 그들의 역할을 분명히 하고, 그 역할을 효과적으로 수행할 수 있도록 훈련시키는 역할, 주민들의 참여의식을 고취시켜 스스로 조직화할 수 있도록 사기를 진작시키고 능력을 격려하는 것 등이 있다.

행정가로서의 역할은 계획을 수립하고 지역사회가 이를 수용하게 하거나, 프로그램을 실제 운영하거나, 주민들이 이를 알고 반응을 보이는 단계에서 발휘된다. 즉 계획에서 설정한 목표의 효율적·효과적 달성을 위하여 인적·물적 자원을 적절히 관리, 프로그램을 운영하는 규칙과 절차를 적용하는 데 있어서 항상 달성하고자 하는 목표를 기억하고 형식적인 면을 강조하기보다는 융통성을 발휘하여야 한다.

3. 사회행동 모형에서 사회복지사의 역할

1) 그로서의 사회복지사의 역할

그로서(Grosser, 1995)는 사회복지사의 역할을 조력가, 중개자, 옹호자(대변자),

행동가로 구분했다. 조력가의 역할은 서비스의 수혜자 입장보다 서비스 제공자인 기관의 입장에서 일하는 경향을 비판하고, 불우계층의 복지를 증진시키기 위해 그들 편에 서서 활동을 전개, 지역주민이 자체의 욕구분석을 토대로 스스로 선정하여 추진한 사업이 외부로부터 부과된 사업보다 가치 있고 지속성이 있기 때문에 주민이 주도적 역할을 할 수 있도록 돕는 등의 간접적 개입과 중립적 입장을 취하는 것 등이다.

중개자의 역할은 클라이언트와 지역사회의 자원을 연결하는 역할, 지역주민이 필요로 하는 자원에 대한 정보를 제공함으로써 이에 접근할 수 있게 하는 것, 지역사회개발 모델에서의 전문가의 역할보다 훨씬 적극적인 개입이며 전 주민에게 영향을 주는 행정과 정책의 변화를 추구하는 것이다.

옹호자(대변자)의 역할은 사회적 갈등의 파당분자로서 활동, 자원의 소재를 알려 주는 중개자의 역할에서 더 나아가 필요한 정보를 수집, 지역주민 입장의 정당성을 주장하고, 지도력과 자원을 제공, 사회복지사는 그의 전문적 역량을 오로지 클라이언트의 이익을 위해서 사용해야 한다는 것 등이 있다.

행동가의 역할은 갈등적인 상황에서 중립적이거나 수동적인 자세를 거부하는 행동가의 역할을 수행하며 클라이언트의 행동을 조직화하는 것이다.

2) 그로스만의 사회복지사의 역할

그 밖에 그로스만(Grossman, 1969)은 조직가의 역할을 명시하고 있다. 사회행동 프로그램을 성취하기 위한 조직가의 과업은 기술상의 과업과 이데올로기적 성격을 지닌 과업으로 나뉜다. 기술상의 과업은 거의 모든 사회복지사가 수행하고 있으며, 이데올로기적 성격을 띤 과업은 일부의 과격한 사회복지사들이 수행하고 있다.

제 5 절　지역사회복지협의회, 지역사회복지협의체, 지역사회복지운동

본 절에서는 지역사회복지실천의 추진체계 중 지역사회복지협의회, 지역사회복지협의체와 지역사회운동에 대해 간략히 소개하고자 한다.

1. 지역사회복지협의회

사회복지협의회란 지역사회의 복지에 관심 있는 민간단체나 개인의 연합체라고 할 수 있다. 또한 지역사회의 복지욕구를 효과적으로 달성하기 위해 상호 협력 및 조정을 하는 단체이다.

2. 지역사회복지협의체

지역사회 내의 다양한 공공기관 및 민간기관·단체들을 통해 지역주민들에게

☞ 표 5-9　지역사회복지협의회와 지역사회복지협의체의 비교

구분	지역사회복지협의회	지역사회복지협의체
조직	민간중심의 자발적 조직	민관협력체
구성	• 보건·복지·종교·경제기관·단체 대표자 및 실무자, 학계 및 지역주민 등이 자발적으로 참여 • 실무를 추진하는 사무국	• 대표협의체 • 실무협의체 • 실무분과
주요 기능	• 지역복지사업의 활동을 조직적으로 협의·조정 • 사회복지에 대한 조사, 연구, 교육	• 지역복지계획 심의·건의 • 사회복지서비스 및 보건서비스 기관 간 서비스의 연계·협력 강화
주요 업무	• 민간복지 총량 증대 • 복지과제 파악 • 지역복지 활동계획의 책정·제언·개선운동의 실시 • 자원봉사활동의 진흥 • 복지교육·개발활동의 실시 • 사회복지 인재양성·연수사업 실시	• 지역사회복지계획 수립·건의 • 보건·복지서비스 연계사업 추진 • 서비스 중복의 감소 및 서비스 제공자 관리에 대한 합리적 조정

보건 및 복지서비스가 제공되고 있으나, 공공·민간 분야 상호 간의 연계체계가 미흡하여 서비스의 중복·누락이 발생하고 있다. 이에 따라 지역사회 보건·복지 분야의 민관 대표자, 실무자들이 참여하는 논의구조를 마련하여 지역주민에게 통합적인 서비스를 제공할 수 있는 연계·협력체계 구축 필요성이 제기되어 지역사회의 공공·민간 분야의 보건복지 네트워크를 강화하기 위해 추진되었다.

3. 지역사회복지운동

지역사회복지운동이란 지역사회 문제를 해결하기 위해 지역사회의 변화 또는 지역사회의 역량강화를 통해 지역사회 주민의 욕구충족과 사회연대의식의 고취, 지역공동체 형성을 목표로 한다. 지역사회의 내적 정체성을 실현·고양시키고 지역사회의 변화를 추구하기 위해 전개되는 조직적인 운동으로 구체적인 설명은 다음과 같다.

☞ 표 5-10 **지역사회복지운동 주요 내용**

구분	설명
주체	지역사회주민이 주체가 되어야 하지만 사회복지전문가, 지역사회활동가, 사회복지실무자, 지역사회의 클라이언트 모두가 될 수 있음
필요성	• 사회복지정책 결정에 영향 • 지역사회 조직의 활성화 • 주민의 권리의식 제고
특징	• 의도적인 조직적 활동 • 시민운동과 맥을 같이함 • 지역사회주민 전체를 기반으로 함
유형	• 지역사회 중심의 사회복지운동: 주민운동 • 문제 또는 이슈 중심의 지역사회복지운동
과제	• 시민운동과 연대와 협력 • 전문역량 강화 • 제도적 여건 마련 • 사회복지의 독자적 논리 개발 • 사회복지의 독자적 논리와 우리 사회의 발전을 위한 변혁적 논의를 연결

생각해 볼 문제 및 과제

1. 지리적, 기능적 지역사회의 개념을 비교 정리해 보자.

2. 로스만(Rothman)의 세 가지 지역사회실천 모델의 특징을 비교해 보자.

3. 지역사회복지 실천과정을 논의해 보자.

4. 지역사회복지사의 역할에 대해 논의해 보자.

5. 지역사회복지협의체와 지역사회복지협의회를 비교해 보자.

참고문헌

김범수(2010). 지역사회복지론. 파주: 학현사.

김형수·양성관·주의수(2010). 지역사회복지론 파주: 학현사.

박태영(2006). 지역사회복지론. 서울: 현학사.

이애련·이권일·전남련·김미자·이은화·정현숙·김덕일(2009). 지역사회복지론. 파주: 학현사.

표갑수(2003). 지역사회복지론. 파주: 나남출판.

Dunham, A.(1970). *The New community Organization*. New York: Thomsd Y.

Gilbert, N. & H. Specht(1974). *Dimensions of social welfare policy*. Englewood Cliffs, New Jersey: Prentice-Hall.

Grosser, Charles F.(1995). "The Community Development Programs Serving the Urban Poor," *Social Work*, 10(3). New York: National Association of Social Works.

Grossman, Lawrence(1969). "Program Action Issue and Action Organizing Tasks," Ralph M, Kramer & H. Specht(Eds.). *Reading in Community Organization Practice*. Englewood Cliffs, New Jersey: Prentice-Hall.

Morris, Robert & Binstock, Robert(1996). *Feasible Planning for Social Change*, New York: Columbia University Press.

Popple, Keith(1996). "Community Work: British Models," *Journal of Community Practice*, 3(3/4).

Ross, M. G.(1967). *Community Organization: Theory, Principle, and Practice*(2nd ed.). New York: Harper & Brothers.

Rothman, J., Erlich, J., & Tropman, J.(2001). *Strategies of community Individual and Community Practice*(2ne ed.). MA: Allyn and Bacon.

Sanders, I. T.(1970). "The Concept of Community Development," Lee J. cart(ed.), *Community Development as a process*, Univ. of Missouri Press.

Taylor, S. H. & Roberts, R. W.(1985). *Theory and Practice of community Socail Work*. New York: Columbia University Press.

Warren, R. L.(1963). *The Community America*. Chicago: Rand McNally & Co.

Weil, M. & Gamble, D. N.(1995). *Community Model*. In Edwargs, R. L.(ed.), Encyclopedia of Social Work. Washington, DC: NASW(9th ed.).

제 **6** 장

사회복지실천론

제 1 절　사회복지실천의 개관

1. 사회복지실천의 개념 및 목적

1) 사회복지실천의 개념

사회복지실천은 사회복지학에서 하나의 방법 또는 접근노력의 일환으로 사회복지를 보다 기술적이고 미시적인 측면에서 규정하거나 사회복지의 전문적인 실천을 강조하고자 할 때 주로 사용되어 왔다. 이는 사회복지실천이 사회복지의 전체적인 구도에 대한 이해가 선행되어야 사회복지실천의 개념을 더욱 명확하게 이해할 수 있다는 것을 의미한다. 사회복지를 말하고자 할 때 그 의미의 경계를 어디까지 설정하느냐에 따라 개념규정이 달라질 수 있는데, 우선 거시적인 측면이라함은 사회복지를 제도적·정책적인 것에 초점을 두는 것을 말한다. 이 말의 대응적인 개념으로서 미시적인 측면은 문제와 욕구를 가진 특정한 개인, 가족, 집단, 지역사회 등에 대하여 보다 구체적이고 직접적인 서비스를 제공하는 것을 의미한다. 이와 같은 두 가지 측면에서 볼 때 사회복지실천은 사회복지의 미시적인 측면과 직접적인 연관성이 있는 것으로 인식되어 왔다. 이를 한마디로 말하면 우리나라에서의 사회복지실천은 사회복지체계 안에서 일하는 일차적인 전문직으로 보는 입장(Ambrosino et al., 2001: 28)과 일치하는 것으로서 미국에서의 사회사업실천(social work practice)과 동일한 의미로 규정될 수 있다.

이와 같이 사회복지실천을 사회복지의 미시적이고 전문적인 측면으로 간주하였을 때 역사적 발달과정에서 사회사업(social work)은 물론이고 사회복지서비스(social welfare service), 임상사회사업(clinical social work) 등의 용어와 밀접한 관련이 있는 것으로 보인다. 역사적으로 사회복지실천은 주로 미국에서 사회복지발달 초기에 사회사업의 개념으로 출발하였으며 사회복지실천이라는 용어는 훨씬 이후에 나오게 된다. 즉 20세기 후반에 들어와서 사회사업의 이론과 실천의 양면 중에서 특별히 실천을 중시하는 학문적 기풍으로 인하여 사회사업은 사회복지실천으로 대체되었다. 하지만 아직도 서구의 일부에서는 사회사업과 사회복지실천을 구분 없이 함께 사용하고 있어서 이들 용어들은 동일한 개념으로 보는 것이 합당할 것이다.

사회복지서비스는 주로 영국 등의 유럽에서 사회복지제도나 사회복지정책을 보다 중시하고 그것이 발달하는 과정에서 사용되게 된 것으로서 사회사업실천을 사회복지서비스를 전달하는 전문직(Dolgoff & Feldstein, 2000: 4)으로 규정하였다. 임상사회사업은 사회복지실천의 개념이 보다 명료화되어 가는 과정에서 1970년대 미국에서 사회복지실천의 전문성을 보다 중시하려는 일부의 실천가들을 중심으로 이 용어를 사용하기 시작하였다. 따라서 사회복지실천과 임상사회사업은 크게 보면 동일한 개념이라 하겠으나 양자 간의 차이에 주목하면 사회복지실천의 전문성과 수준, 그리고 그 질을 보다 높이려는 것과 관련이 있는 것으로 보아야 한다. 그리고 우리나라에서 보편적 개념으로 사용하고 있는 사회복지실천은 서구에서의 사회사업실천과 동일한 개념으로 보는 것이 합당할 것이다. 왜냐하면 우리나라에서 소개되고 있는 사회복지실천의 내용들은 미국에서 실행되고 있는 사회사업실천의 내용과 거의 동일하기 때문이다. 따라서 사회복지실천은 사회사업, 사회복지서비스, 임상사회사업과 상관적인 개념으로 보아야 하며 서구의 사회사업실천과도 동일한 개념으로 보아야 한다(김경호, 2010).

1973년 미국 사회사업가협회(NASW)에서 공식적으로 내린 정의에 따르면, "사회사업은 개인, 집단, 혹은 지역사회로 하여금 사회적 기능에 대한 그들의 능력을 신장시키거나 회복하기 위하여 그리고 그들의 목적달성에 적절한 사회적 여건을 조성하도록 돕는 전문적인 활동이다"(NASW, 1973: 4-5)라고 규정하였다. 이 정의에서는 사회사업의 대상을 개인과 집단, 그리고 지역사회로 명백하게 밝히고 있는데 이들 대상의 능력을 신장·회복할 수 있도록 하는 데 주안점을 두고 있다. 그러나 여기에서도 주목해야 할 점은 능력의 신장을 위한 사회적 여건의 조성이 더 핵심적이라는 것이다. 한편 미국 사회사업교육협의회(CSWE)에서 보고 있는 사회사업은 개인 또는 집단의 사회적 기능을 향상시키는 것으로서 거기에는 개인의 손상된 능력의 회복, 개인적·사회적 자원의 제공, 사회적 역기능의 예방이 포함되는 것으로 규정하였다(Boehm, 1959: 54).

이러한 개념규정 이외에 핀커스와 미나한은 사회사업을 "사람들이 생활과업을 수행하고 고통을 경감시키며 영감과 가치를 실현시키기 위하여 사람들의 능력에 영향을 미치는 환경과 그 사람 사이의 상호작용에 관여하는 것이다"(Pincus &

Minahan, 1973: 23-24)라고 하였다. 프리들랜더와 앱트는 사회사업을 "한 개인을 사회적·인간적인 만족과 자립을 누릴 수 있게 개인적 혹은 집단적으로 원조하는 것을 전제로 인간관계에 관한 과학적 지식과 기술에 기초를 두는 전문직업활동"(Friedlander & Apte, 1974: 15-19)으로 보았다. 두 정의에서 나타난 것을 보면 전자는 어떤 개인이 자신의 환경체계와의 상호작용에 초점을 두고 있으며, 후자는 인간관계에 관한 지식과 기술에 초점을 두고 있다.

1980년대 이후 미국에서 실천을 보다 강화하려는 노력이 이루어지면서 사회사업은 사회복지실천으로 대체되었다. 사회복지실천에 관한 정의로서 보다 최근에 나온 미국 사회사업가협회의 새로운 정의를 보면 사회복지실천은 "사회적 기능과 바람직한 사회적인 상황의 창출에 대한 사람들의 능력을 향상시키거나 회복시킬 수 있도록 개인, 가족, 집단, 지역사회 등을 원조하는 전문적인 활동"(NASW, 1995, 134)이라고 규정하였다. 이 정의는 지금까지 내려진 정의 중 가장 집약적인 것으로서 사회복지실천이 하나의 전문직이며 사람들의 능력을 향상·회복시키는 데 목적을 두고 개인, 가족, 집단, 지역사회를 원조하는 것으로 보았다. 이와 비슷한 개념으로서 스키드모어(Skidmore, 1982)가 규정한 것이 있다. 즉 사회복지실천은 개인, 집단 및 지역사회의 문제를 해결하도록 하고 개인, 집단 및 지역사회와의 관계에서 만족을 획득하도록 사람들을 돕는 예술이자 과학이며 전문직이라고 보았다.

이러한 개념들과는 달리 사회복지실천의 보다 전문적이고 실천적인 측면을 강조하는 입장으로서 임상사회사업과 관련지어 사회복지실천을 보려는 노력이 있다. 사실 임상사회사업은 그 뿌리가 사회사업과 관련이 있는 것으로서 1960년대 후반에 사회사업의 개념이 바뀌면서 그 대안으로 나타나게 된 큰 변화를 상징하고 있다. 즉 1960년대 말 기존 사회사업에서 가장 중요한 위치를 차지하고 있던 개별사회사업이 당시의 사회문제를 해결하는 데 충분하지 못하다는 비판과 더불어 심각한 반성에 직면하게 되었다. 그리하여 사회사업은 실천성을 보다 강화하려는 사회사업실천과 전문성을 보다 강화하려는 임상사회사업으로 나뉘어 발달하게 된다. 이는 사회복지실천을 1960년대 이전의 사회사업과 1970년대 이후 임상사회사업과 밀접한 관련이 있는 것으로 볼 수 있다(강선경·최원석, 2012). 이러한 시각에서 사회복지실천의 전문적인 측면을 강화한 것으로서 임상사회사업은 개인, 가족, 소집단들의 심리사회적 기능을 향상시키는 사회복지실천의 목적을 바탕으로 하고 있으며, 또한 정서적·정신적 부조화를 포함하여 장애, 손상, 심리사회적 역기능에 대한 치료와 예방을 위한 사회사업이론과 방법을 보다 전문적으로 적용하는 것이다.

이상에서 살펴본 사회복지실천과 관련된 몇 가지 정의에는 다음과 같은 내용이 함축되어 있다. 첫째, 인간의 문제와 욕구에 관심을 가지고 있다. 둘째, 사람들의 능력 신장이나 생활과업 수행이 아주 중요하다. 셋째, 사회적 기능의 향상 또는 개인과 환경과의 상호작용도 매우 중요하다. 넷째, 개인, 가족, 집단, 지역사회가 서비스의 단위가 되고 있다. 다섯째, 전문적인 지식과 이론을 바탕으로 한 원조활동이다. 이러한 내용을 종합해 볼 때 사회복지실천은 모든 사람들이 개인적인 능력의 신장이나 환경과의 보다 나은 상호작용을 통하여 만족을 경험할 수 있도록 개인, 가족, 집단, 지역사회를 도와주는 전문적인 활동이나 서비스이다.

2) 사회복지실천의 목적

사회복지실천의 목적은 '삶의 질 향상'이다. 매우 간단한 것 같지만 상당히 함축적이며, 사회의 변화와 무관한 궁극의 목적이다. 반면 세부 목적 및 목표는 그 사회, 그 시대의 가치 및 요구와 기대를 반영하는 것으로 사회변화에 따라 달라진다. 사회복지실천의 목적은 그 사회의 사람들 모두가 동의하는 내용을 담고 있어야 할 것이다. 과연 사회는 사회복지실천의 개입을 필요로 하는지, 그렇다면 어떤 목적을 갖고, 어떤 방향으로 나아가야 하는지, 사회복지실천의 개입을 통해 사회가 달성하고자 하는 바는 무엇인지에 대해 그 사회에서 동의하는 내용이 있어야 한다. 사회경제가 변하고 인구구조가 변함에 따라 그 사회가 표출하는 문제도 달리 설정되기 때문에, 그에 따른 개입도 달라져야 하는 것이다. 또한 사회의 변화에 따라 도덕성 및 윤리의 개념 또한 달라지므로 그 변화에 부응하는 개입방법의 변화도 있어야 한다(길기숙 외, 2010). 따라서 사회복지실천의 목적은 다음과 같이 정리할 수 있다.

(1) 개인의 문제해결 및 대처능력을 고양시키는 것이다.

사회복지사는 개인이 스스로 자신의 문제를 해결할 수 없거나 욕구를 충족할 수 없을 때 지지적 서비스를 제공해 주는 조력자의 역할을 수행한다. 사회복지사의 조력자의 역할은 상담자, 교사, 행동변화자(클라이언트의 어떤 구체적인 행동을 변화시키는 것) 등이 있다.

(2) 지원, 서비스, 기회를 제공하는 체계와 개인을 연결하는 것이다.

사회복지사는 개인과 자원체계 사이의 초기 연결관계를 확립하는 데 중개자의 역할을 할 수 있다.

(3) 체계의 효과적이고 인도적 운영을 향상시키는 것이다.

사회복지사는 개인과 개인이 속하는 사회적 자원체계를 새롭게 확립하여 서비스 전달의 효과성과 효율성을 증가시킴으로써 원활한 상호작용을 활용할 수 있도록 프로그램을 개발하고 감독하고 자문하는 역할을 담당해야 한다.

(4) 사회정책의 개발과 향상에 기여하는 것이다.

사회복지사는 지속적으로 인간의 문제를 다루는 까닭에 국가적 수준에서 기본적 사회정책의 변화 필요성을 느끼며, 직무 자체가 사회문제와 현존하는 사회적 자원체계의 결핍과 직접적으로 접촉하기 때문에 실질적이고 중요한 자료를 수집할 수 있다. 이를 바탕으로 사회정책의 개발과 향상에 기여할 수 있어야 한다.

이상에서 살펴 본 사회복지실천의 목적은 개인의 욕구가 충족될 수 있는 좀 더 정의로운 사회를 구현하여 사회적 기능에 도사리고 있는 장애요소를 제거하는 것이다.

2. 사회복지사의 역할

1) 기능수준에 따른 분류

(1) 직접적으로 대면하여 서비스를 제공하는 역할

개별상담 혹은 집단상담자, 정보교육자

(2) 서로 다른 체계들을 연계하는 역할

중개자, 사례관리자, 조정자, 중재자, 심판자, 클라이언트 옹호자

(3) 체계유지와 강화를 위한 역할

조직분석가, 팀 성원, 촉진자, 자문가

(4) 연구자, 조사활용 역할

기획가, 조정자, 중재자, 자문가

(5) 체계개발 역할

프로그램 개발자, 기획가, 정책개발자, 옹호자

2) 개입수준에 따른 분류

(1) 미시적 차원(개인, 가족)

① 조력자: 클라이언트가 다양한 스트레스에 대처하도록 도움을 준다.

② 중개자: 클라이언트가 지역사회의 자원이나 서비스에 연결되도록 도움을 준다.

③ 옹호자: 클라이언트가 필요한 것을 얻을 힘이 거의 없을 때 역할을 한다.

④ 교사: 클라이언트가 사회적 기능이나 문제해결능력을 향상시키는 데 도움이 되는 정보를 제공하고 적응기술을 익히도록 가르친다.

(2) 중범위 차원(조직, 공식적 집단)

① 훈련가: 기관이나 조직의 차원에서 세미나, 워크숍, 사례발표, 슈퍼비전 등의 훈련을 담당한다.

② 촉진가: 기관이나 조직의 차원에서 조직의 기능이나 상호작용, 직원들 간의 협조나 지지, 정보교환 촉진, 조직 간의 연결망을 강화하는 행정가로서의 역할을 강조한다.

③ 중재자: 기관 내 의사소통의 갈등이나 의견 차이를 조정한다.

(3) 거시적 차원(지역사회, 사회)

① 계획가: 정책적 또는 거시적 차원에서 지역사회나 사회구조에 관심을 갖고 주민 전체의 요구를 파악하는 서비스 개발, 프로그램을 계획한다.

② 행동가: 사회정의와 평등에 관심을 갖고 소외된 집단들을 위해 지역사회의 욕구조사, 분석, 자원 활성화에 노력한다.

③ 현장개입가: 서비스 욕구가 드러나지 않는 일반인이나 지역주민들을 대상으로 사회문제를 예방하거나 그 심각성을 인식시켜 주는 홍보와 교육을 한다.

(4) 전문가 차원(사회복지전문가 집단)

① 동료: 동료 간의 지지를 제공한다.

② 촉매자: 전문가 차원에서 효과적인 서비스 전달체계의 발전을 위한 활동 등을 한다.

③ 연구자: 학자, 문헌연구, 실무에 대한 평가, 프로그램 등을 통해 사회사업 실무나 프로그램을 향상시킨다.

3. 사회복지실천의 과학과 예술의 조화

1) 사회복지실천의 과학적 기반(과학적 지식의 원천)

사회복지실천이 목적으로 하는 사회적 기능 향상과 사회정의 실현을 위해서 사회복지실천은 사회적 조건과 문제, 사회정책과 프로그램, 사회현상, 사회복지전문직, 다양한 실천이론과 관련된 지식을 이해하여야 실천활동에 적절히 적용할 수 있다. 사회복지실천이 자선이나 박애, 개인적인 차원에서의 선행이 아니라 전문영역으로서 기능하기 위해서는 실천에서 활용되는 방법들이 과학성을 갖추어야 한다(Mattaini, Lowery, & Meyer, 1998).

사회복지사는 클라이언트와 상호작용을 하고 서비스를 제공하기 위해 가슴과 머리를 모두 활용해야 한다. 기본적으로 예술적 능력을 갖고, 기초지식을 끌어내고 다양한 기법을 활용하는 사회복지사는 학습을 하면서 전문가적 능력을 쌓아 간다. 전문직은 그 지식과 실천의 발전 속에서 과학적 방법을 활용할 때 과학적인 것으로 간주된다.

사회복지사는 다음과 같은 방법을 활용할 때 과학적이라고 할 수 있다.

(1) 사람들의 사회적 기능을 나타내는 자료들을 수집하고, 조직화하고 분석한다.

(2) 새로운 기법을 만들고, 새로운 실천지침을 형성하고, 새로운 프로그램과 정책을 개발하기 위해 관찰, 경험, 그리고 공식적 연구를 활용한다.

(3) 사회복지 개입을 안내하는 계획과 개념적 준거틀을 세우기 위해 기초가 되는 자료를 활용한다.

(4) 개입과 개입이 사람들의 사회적 기능수행에 미치는 영향을 객관적으로 검토한다.

(5) 전문직에서 다른 사람들이 설명하는 아이디어, 연구, 그리고 실천을 교환하고 비평적으로 평가한다.

2) 사회복지실천의 예술적 기반

클라이언트의 정서적 측면에 개입하는 사회복지실천은 기본적인 지식과 이론, 기술 등을 상황이나 클라이언트의 특성에 맞게 적절히 선택하여 적용해야 한다. 이때 클라이언트를 충분히 이해하고 공감하며 원조관계를 형성하고 유지하며, 변화과정에 수반되는 저항이나 양가감정을 다룰 수 있어야 한다(Lowery & Mattaini, 1998). 사회복지사는 다음의 요소를 갖추어야 한다.

(1) 감정이입적인 의사소통능력

(2) 진실성

(3) 동정심(compassion)과 개인적 용기(courage)

(4) 전문적인 관계(professional relationship)

(5) 창조성(creativity)

(6) 희망적 기대(hopefulness)와 에너지(energy)

(7) 판단(judgment)

(8) 개인적인 가치(personal values)

(9) 전문가 스타일(professional style)

제 2 절 　사회복지실천의 세 가지 요소: 지식, 기술, 가치

1. 사회복지실천의 지식기반

사회복지지식이란 사회복지사가 효과적인 사회복지실천을 하는 데 알아야 하거나 알고 있을 필요가 있는 것이다. 사회복지실천이론은 다른 학문, 특히 사회학, 사회심리학, 심리학으로부터 지식을 차용해 왔다. 클라이언트의 사회적 기능을 향상시키고 사회문제를 예방하기 위해서 사회복지사는 자신의 사생활과 전문가적 생활을 적절히 조화해야 한다. 뿐만 아니라 자신의 개인적 특성, 창조적 능력, 사회적 관심을 전문적 지식과 결합시켜야 한다. 그리하여 전문가 교육은 사회복지를 배우는 사람들이 효과적인 실천을 위해 필요한 지식(또는 과학)을 기본적으로 이해할 수 있도록 도울 수 있다. 이렇게 개인의 지식과 전문직의 과학을 융합, 조화하려는 노력이 사회복지교육 프로그램에서 시도되고 있지만, 사회복지지식이 계속적으로 확대되고 인생경험을 통하여 사회복지사가 지속적으로 변화함에 따라 이런 융합 및 조화는 생애 전반에 걸친 활동이 된다.

1) 일반적 사회복지지식

(1) 사회복지정책 및 서비스 분야

사회문제 및 서비스 격차와 사회적 쟁점과 같은 사회문제를 예방하고 대처할 수 있는 사회적 서비스에 대한 내용, 사회복지정책이 어떻게 형성되며, 정책에 영향을 미치는 힘, 정책을 분석하고 변화하는 방법, 정책형성에서 사회복지사의 역할 등에 대한 내용 등이다.

(2) 인간행동과 사회환경

인간성장과 성격발달에 대한 내용(정상 및 비정상), 문화적 가치 및 규범에 대한 내용, 지역사회 자원에 대한 내용, 개인 및 집단의 사회적 기능에 영향을 미치는 다른 측면에 대한 내용 등이다.

(3) 사회복지실천방법

개별사회사업, 집단사회사업, 지역사회조직사업에 있어서 개입전략에 대한 내용, 사회복지조사연구 및 행정에 대한 내용 등이다.

(4) 사회계획의 개념과 기법에 대한 지식

사회복지실천과 관련된 사회적 프로그램 및 서비스에 대한 국가적 수준에서의 신념, 가치, 그리고 조직에 대한 내용 등이다.

(5) 슈퍼비전의 이론과 개념 및 사회복지실천가의 전문적 슈퍼비전에 대한 지식

사회사업가들이 기술을 좀 더 개발하고 정교화 하는 것을 돕고 클라이언트에게 제공하는 서비스의 질적인 보증(quality assurance)을 위한 행정적, 교육적, 정서적 과정에 대한 내용, 사회사업가가 사회사업 철학과 기관의 정책을 보다 잘 이해하고, 자신에 대해 더 많이 깨닫고, 기관과 지역사회의 자원을 알고, 활동의 우선순위를 설정하고, 지식과 기술을 세련되게 하는 전문적 슈퍼비전에 대한 내용 등이다.

(6) 인사관리의 이론과 개념에 대한 지식

현재의 직업에 대한 승진과 전보, 강임 등, 즉 인사에 대한 관리내용, 현재 또는 미래에 인적 자원이 될 수 있는 대상에 대한 교육 및 관리 내용 등이다.

(7) 심리사회적 사정과 개입 및 진단 이론과 방법에 대한 지식

개인적 문제를 겪는 사람들에게 전문지식을 이용하여 문제를 진단, 평가하고 문제해결을 돕고 지원하는 내용, 사회적·개인적 문제로 어려움에 처한 사람들에게 그들이 처한 상황과 문제를 파악하고 필요로 하는 서비스 유형에 관한 내용, 공공 복지서비스 전달을 위한 대상자 선정작업, 복지조치, 급여, 생활지도에 대한 내용 등이다.

⑻ 조직 및 사회체계의 이론과 행동에 대한 지식

사회복지조직과 사회환경과의 관계, 사회복지조직에서의 환경의존에 대한 대응 전략, 지역사회 조직사업과 홍보 등에 대한 내용 등이다.

⑼ 위기개입 이론과 기법에 대한 지식

위기개입 모델의 역사적 배경, 주요 학자들의 개념, 모델의 기법, 다른 모델과 의 차이점 및 강점 등에 관한 내용, 위기상황에 즉각적으로 개입하여 단기원조를 제공하는 심리중심 위기개입과 함께 생태학적 측면의 환경중심 접근에 대한 내용 등이다.

⑽ 옹호 이론과 기법에 대한 지식

클라이언트의 이익을 지키고 대변하는 활동으로 사회적 여건을 변화시키는 일 을 강조하는 내용, 다양한 수준의 클라이언트로 하여금 문제해결에 적극으로 참 여할 수 있도록 돕고 그들의 이익을 대변하는 핵심기술에 대한 내용 등이다.

2) 클라이언트 개개인에 대한 지식

⑴ 클라이언트 개개인이 직면한 구체적인 개인적 문제 혹은 사회적 문제

⑵ 연령, 유아기의 발달, 가족관계, 학력, 직업, 다른 기관과 접촉, 건강 등과 같은 클라이언트 개개인에 대한 배경정보

⑶ 재정적 곤란, 동료와 불화, 학교 혹은 직장관계, 가정불화, 윤리적 요인, 친 구관계, 생활목표, 취미, 의미 있는 활동 등에 영향을 미치는 요인

⑷ 문제에 대한 클라이언트 자신의 인식 및 정의

⑸ 이러한 문제에 영향을 미치는 클라이언트의 가치관 및 도덕관념

⑹ 이러한 문제에 대처하는 데 있어 클라이언트의 장·단점

⑺ 자신의 문제를 개선하고자 하는 클라이언트의 동기

⑻ 클라이언트 개개인의 독특한 문제에 대한 가능한 치료전략에 대한 지식

2. 사회복지실천기술

1) 대인관계기술

문제해결과정의 원활한 진행을 위해 대인 서비스 현장의 전문가에게 요구되는 기술을 일컫는다.

2) 실천과정의 기술

준비 → 시작/탐색 → 사정 → 계약 → 개입 → 평가/종결에 필요한 기술

3) 준비단계의 기술

주어진 정보를 초기 접촉 이전에 검토하고 점검하기 위한 기술이다.

4) 시작단계와 탐색단계의 기술

만남이 긍정적이며 생산적이라는 확신을 갖게 하며, 문제상황에 관한 많은 정보를 수집하기 위해 필요한 기술을 말한다.

5) 사정단계의 기술

필요한 과제들을 체계적으로 기술하기 위해 기관이나 사례의 성격에 알맞게 양식을 선택하여 활용하는 기술이다.

6) 계약단계의 기술

사정자료를 기초로 구체적인 목표와 개입방법 등에 관한 실행 및 평가계획을 세우고 합의하는 데 필요한 기술을 일컫는다.

7) 개입단계의 기술

문제해결과정에 직접적으로 활용하는 다양한 실천기술을 말한다.

8) 평가와 종결단계의 기술

클라이언트와 서비스 전달체계, 사회에 대한 책임성 차원에서 실천의 효과성을 검토하는 데 활용되는 실천기술과 원조관계가 끝난 것에 대한 종결소감을 클라이언트와 공유하는 데 필요한 기술이다.

3. 사회복지실천의 가치

1) 사회복지의 가치와 윤리

사회복지실천의 기반은 인간존엄과 사회정의의 실현에 그 기본적 가치를 두고, 자주성과 욕구, 인간으로서의 가치 등이 충분히 존중되어야 하며, 잠재력에 대한 믿음이 보장되어야 한다. 가치란 사람들이 정상적으로 행동함으로써 이루어져야 할 사회를 의미한다. 그러므로 가치는 바람직한 목표를 위한 태도를 의미하는 것으로 기본적인 인간의 욕구를 충족할 수 있도록 하고 개인적 또는 집단적으로 사람들을 유익하게 할 수 있는 상태를 궁극적으로 추구하는 것이다(강선경·김욱 역, 2004).

'가치와 전문가 윤리'라는 주제는 사회복지실천에 수반되는 윤리적 결정에 있어서 가치충돌이 야기하는 윤리적 딜레마 상황에 대한 대처문제와 관련된다. 도덕과 윤리적 환경이 급속히 변화하는 사회는 사회복지사의 전문적 가치와 윤리에 도전이 되고 있으며, 도덕과 사회환경의 불안정은 사회복지실천 전 분야에 혼란을 일으키고 있다. 전문직 사회복지사는 전문가 윤리가 실천과 법에 미치는 영향에 대하여 생각해 보아야 하고 현장에서 일어나는 가치변화에 대응하여야 한다. 리머(Reamer, 1997)는 사회복지사들이 실천현장에서 자주 부딪히게 되는 윤리적 딜레마를 크게 세 가지 범주, 즉 개인과 가족에 대한 직접적인 서비스, 사회복지정책 및 프로그램 구성과 제공, 전문직 동료 간의 관계 등으로 구분하였다(서홍란·이경아, 2008).

직접적인 서비스와 관련된 윤리적 문제는 일반적으로 가치상충(competing values), 의무상충(competing loyalties), 다중클라이언트 체계(multiple client system), 결과의 모호성(ambiguity), 힘의 불균형(power imbalance)에서 발생한다. 즉 사회복지사는 두 개 또는 그 이상의 경쟁적인 가치와 직면했을 때 윤리적 딜레마에 빠지게 되는데, 가치상충에 따른 윤리적 딜레마는 자기결정과 사생활에 매우 높은 가치를 두고 있는 미국사회에서 생명존중과 상충되는 상황에서 가장 빈번하게 발생한다. 자신을 고용한 기관의 정책을 따라야 하는 사회복지사가 기관의 정책과 클라이언트의 이익이 상충되는 상황이나 한정된 자원으로 클라이언트에게 최선의 서비스와 프로그램을 제공할 수 없을 때 기관에 대한 의무와 클라이언트에 대한 의무 사이에서 갈등이 발생하며, 입양아의 경우처럼 아동, 생부모, 입양부모와 같은 다중 클라이언트 체계와 일하면서도 갈등을 겪게 된다. 특히 장기적 효과가 모호할 경우 사회복지사는 선택의 딜레마와 직면하며, 사회복지사와 클라이언트의 관계에서 클라이언트가 사회복지사에게 의존하게 되는 상하관계가 형성되거나 클라이언트의 기능이 손상된 경우 클라이언트의 자기결정권, 클라이언트 최상의 이익, 의사결정에서 클라이언트의 참여 등에 딜레마가 발생한다(김정자, 1993).

반면에 로웬버그와 돌고프(Lowenberg & Dolgoff, 1988)는 두 가지 이상의 상충하는 윤리적 갈림길에서 한 방향을 선택해야 할 때, 혹은 선택하고자 하는 각 대안이 한 사람 혹은 여러 사람들에게 바람직하지 못한 결과를 초래하게 될 때 윤리적 딜레마가 발생한다고 하며, 주어진 상황에서 도덕적으로 마땅히 해야 할 옳은 일을 찾거나 그런 상황에서 사회복지사가 비윤리적 행동을 피할 수 있는 방법에 관한 것들은 윤리적 문제라고 구별한다. 윤리적 문제는 가치와 체계수준, 인간본성이나 이슈, 등에 대한 서로 다른 가정을 갖고 있을 때 발생하며, 문제를 제기하는 대상들은 클라이언트, 실천가, 기관, 지역사회, 전문직, 사회 등이다. 그리고 윤리적 문제들은 문제정의, 목표설정, 기관에 대한 우선순위, 수단에 대한 결정, 전략에 대한 결정, 바람직한 결과 등과 같은 상황에서 갈등이 발생할 때 나타나는 것으로 본다.

2) 사회복지사 윤리강령

윤리강령(codes of ethics)은 사회복지사가 행동하는 데 지침이 되도록 고안한 내용을 의미하며 전문직을 외부의 규정으로부터 보호해 주고 전문직의 사명이나 방법론과 관련된 규범수립의 기준을 제시하고 있다. 또한 사회복지사의 윤리적 원칙과 전문직 행동의 일반적 지침에 대한 광의의 경계를 제공한다는 점에서 큰 의의를 지닌다. 사회복지사의 윤리강령은 이러한 윤리적 기준과 가치에 대해서 개별화, 자기결정권, 비밀보장 등으로 가장 잘 나타내고 있다(Reamer, 1997).

(1) 개별화

모든 인간은 가치체계, 인격, 삶의 목표, 재정적 자원, 정서적·신체적 강점, 개인적 관심, 과거의 경험, 정서적 반응, 자아정체감, 가족관계, 행동양상 등에 있어서 개인과 개인, 개인과 집단, 조직과 조직 사이에 다양한 특성을 가지고 있다.

(2) 자기결정권

클라이언트의 자기결정은 클라이언트가 직면하는 개인적 또는 사회적 문제를 해결하는 데 있어서 대안적 해결방안이 있다는 것을 클라이언트가 인식하여 스스로 문제를 해결할 수 있도록 원조하는 데 있다.

(3) 비밀보장

비밀보장의 기본적인 원리로서 사회복지사는 클라이언트로부터 획득한 정보에 책임을 가지고 전문적 목적에만 사용해야 하며 클라이언트의 사생활을 보호해야 한다.

3) 전문가 윤리

전문가 윤리는 사회복지사가 자신의 전문적 가치를 실천적 행동으로 전환하도록 돕는 지침으로서 전문가 윤리강령 안에 기술된다.

(1) 사회윤리와 전문가 윤리의 차이

전문가 윤리는 사회윤리와 동일한 원천에서 나오지만, 우선순위의 강조점, 의도, 적용 등에서 차이가 있다. 사회윤리와 전문가 윤리 모두 평등의 원리를 강조하지만, 전문가 윤리는 다른 사람의 이익보다는 클라이언트의 이익에 우선순위를 둔다. 일반적인 사회윤리를 충분히 고려하지 않을 때 전문직의 권위가 떨어지고, 제재를 당할 수 있지만, 전문가들이 직면한 실천상황이 일반사람들이 직면한 상황과 다르기 때문에 일반인들과 동일하게 사회윤리를 따르는 것은 불가능하다. 사회복지사들은 비밀보장을 약속함으로써 정보수집을 위해 불가피한 사생활을 침해할 수 있는 질문을 하기도 한다.

(2) 법과 전문가 윤리 사이의 갈등

비윤리적이지만 합법적인 행위에 관련되거나 전문가의 윤리적 의무와 법이 충돌하는 경우 갈등이 발생한다. 예를 들어, 중범죄인과 발달장애인 집단에 대한 강제불임시술 의무화 법(원조전문직의 전문가: 일반적으로 법을 준수하는 윤리적 의무가 있다)이나 생명의 위협과 비밀보장(타라소프[Tarasoff] 판결: 많은 사람이 위험하다면 비밀유지특권은 유지될 수 없고, 예상되는 피해자를 폭력으로부터 보호할 수 있는 합리적인 조치를 취해야 할 의무가 있다) 등이다.

(3) 비전문적 행동과 비윤리적 행동

같은 상황에서 사려 깊은 전문가가 수행할 것으로 기대되는 일상적인 실천과 큰 차이가 있을 때 비전문적 행동(법원의 처벌: 실천오류에 대한 소송-발생한 손해를 보상하기 위한 민사소송) 또는 전문직의 윤리강령에 의해 확립된 전문적인 원칙을 위반하여 실천하는 경우 비윤리적 행동(전문직 단체 제재)이 발생할 수 있다.

제 3 절 사회복지의 실천대상

1. 사회복지실천대상의 체계

사회복지서비스나 정책의 수혜대상이 누구인지에 대한 파악은 사회복지의 체계를 이해하는 데 많은 도움이 된다. 사회복지실천대상은 학자들마다 상이하게 구분하나, 크게 2차원, 3차원, 4차원으로 구분하는 방법이 가장 일반적이다.

1) 2차원: 미시체계와 거시체계

2차원적 구분은 사회복지실천대상을 미시체계와 거시체계로 구분하고 있는데, 미시체계는 개인·가족·소집단을 대상으로 한 실천영역을, 거시체계는 조직·지역사회·국가 등을 무대로 하는 실천을 의미한다.

2) 3차원: 미시체계, 중간체계, 거시체계

3차원적 구분은 개인을 미시체계, 가족과 소집단을 중간체계, 조직·지역사회·국가를 거시체계로 구분하거나, 개인·가족·소집단을 미시체계, 조직·지역사회를 중간체계, 국가사회·문화 등을 거시체계로 구분한다.

3) 4차원: 미시체계, 중간체계, 외부체계, 거시체계

4차원적 구분은 개인·가족·소집단·직장을 미시체계, 가정-학교·가정-직장·학교-이웃 등의 미시체계 간 관계를 중간체계, 학교·지역사회·지방정부 등의 외부체계, 국가사회·사회제도·문화 등을 거시체계로 구분한다.

☞ 표 6-1 체계의 수준 구분의 예[1]

2차원 구분		3차원 구분		3차원 구분		4차원 구분	
미시체계 (micro system)	개인, 가족, 소집단	미시체계 (micro system)	개인	미시체계 (micro system)	개인, 가족, 소집단	미시체계 (micro system)	개인, 가족, 소집단, 직장
		중간체계 (mezzo system)	가족, 소집단	중간체계 (mezzo system)	조직, 지역사회	중간체계 (meso system)	(미시 체계 간 관계) 가정-학교, 가정-직장, 학교-이웃
거시체계 (macro system)	조직, 지역사회, 국가사회					외부체계 (exo system)	학교, 지역사회, 지방정부
		거시체계 (macro system)	조직, 지역사회, 국가사회, 사회제도, 문화	거시체계 (macro system)	국가사회, 문화	거시체계 (macro system)	국가사회, 사회제도, 문화

2. 사회복지실천분야

사회복지분야는 그 분야를 세분화하면서 보다 전문적이고 구체적인 서비스를 제공하고 있다. 사회복지실천분야를 구분하면, 크게 장애인복지, 아동복지, 청소년복지, 여성복지, 노인복지, 산업복지 그리고 가족복지 등으로 나누어 볼 수 있다. 각 실천분야별로 좀 더 구체적으로 살펴보면 다음과 같다.

1) 장애인복지

「장애인복지법」에 명시된 목적은 장애인의 인간다운 삶과 권리보장을 위한 국가와 지방자치단체 등의 책임을 명백히 하고, 장애발생 예방과 장애인의 의료·교육·직업재활·생활환경개선 등에 관한 사업을 정하여 장애인복지대책을 종합적

---

1) 김상균 외 4명(2004), 사회복지개론, p. 213, 〈표 9-1〉 인용.

으로 추진하며, 장애인의 자립생활·보호 및 수당지급 등에 관하여 필요한 사항을 정하여 장애인의 생활안정에 기여하는 등 장애인의 복지와 사회활동 참여증진을 통하여 사회통합에 이바지하는 것[2]이다. 우리나라에서 장애인이라 규정하는 종류는 총 15가지로 크게 신체적 장애와 정신적 장애로 분류 가능하다.

☞ 표 6-2 우리나라 법정 장애인 종류[3]

신체적 장애		정신적 장애
외부신체	내부기관	
① 지체장애인	⑦ 신장장애인	
② 뇌병변장애인	⑧ 심장장애인	⑬ 지적장애인
③ 시각장애인	⑨ 호흡기장애인	⑭ 자폐성장애인
④ 청각장애인	⑩ 간장애인	⑮ 정신장애인
⑤ 언어장애인	⑪ 장루·요루장애인	
⑥ 안면장애인	⑫ 간질장애인	

장애인들의 복지를 위한 서비스를 간략히 살펴보면 장애연금 및 수당 등의 소득보장서비스와 생활기능 적응을 위한 기능치료 및 심리치료 등 의료재활서비스와 사회적응훈련, 장애인의 연령·능력·장애의 종류 및 정도에 맞춘 교육서비스, 자활을 위한 장애인의 적성과 능력에 맞는 직업제공 및 직업훈련서비스, 그리고 정보접근이 편리하도록 각종 도구개발 및 보급, 장애인활동보조서비스, 재가서비스 등이 제공된다.

2) 아동복지

아동복지란 어떠한 상황과 이유에서든지 아동이 차별받지 않고 안정된 가정환경 속에서 행복과 아동의 이익을 우선시하며 아동의 권리보장과 복지증진을 위한 보호와 지원을 받도록 하여 아동이 행복한 삶을 누릴 수 있는 기본적인 여건을 조성하고 조화롭게 성장·발달할 수 있도록 하기 위한 경제적·사회적·정서적 지원을 말한다[4]. 아동복지의 대상인 아동은 18세 미만인 사람을 말하며 아동에는 보호자가 없거나 보호자가 아동을 양육하기에 적당하지 아니하거나 양육할 능력

---

2) 장애인복지법 제1조(목적).
3) 장애인복지법 시행령 제2조(장애인의 종류 및 기준) 참조.
4) 아동복지법 제3조(정의), 제2조(기본이념).

이 없는 경우의 보호대상아동과 조화롭고 건강하게 성장하는 데에 필요한 기초적인 조건이 갖추어지지 않아 사회적·경제적·정서적 지원이 필요한 지원대상아동 그리고 일반아동 등으로 분류하여 보다 구체적이고 실질적인 복지가 가능토록 하였으며, 아동의 부모 또한 아동복지대상에 포함하여 아동의 올바르고 건강한 성장을 도모하고 있다.

아동복지서비스에는 아동들이 정서적·심리적 건강을 위한 상담서비스, 학대 또는 방임에 대한 보호서비스와 가정 안에서 건강한 양육이 가능하도록 법적 조건에 맞는 경우에 학습비, 교육비, 의료비 등을 지원하는 소득지원서비스, 아동돌봄서비스, 방과후돌봄서비스, 돌봄교실, 아동통합서비스 등을 제공한다. 또한 가정위탁서비스, 시설보호 및 입양서비스 등도 대표적인 아동복지서비스이다.

3) 청소년복지

청소년복지란 관련법에 의하면 청소년이 정상적인 삶을 영위할 수 있는 기본적인 여건을 조성하고 조화롭게 성장·발달할 수 있도록 제공되는 사회적·경제적 지원을 말한다.[5] 이에 이소희 외(2005)는 청소년복지를 모든 청소년들의 성장과정에서 겪을 수 있는 다양한 개인적·가정적·사회적 문제들을 예방 및 치료하고 나아가 청소년들이 보다 고양된 삶을 영위할 수 있도록 지원하기 위한 제반 공공적·전문적 서비스 체계로 이해할 수 있다고 하였다. 우리나라에서는 청소년을 9세 이상 24세 이하를 말하는 것이나 다른 법률에서 청소년에 대한 적용을 달리할 필요가 있는 경우에는 따로 정한다. 청소년복지는 모든 청소년을 대상으로 하나 세부적으로 나누어 보면 일반청소년, 빈곤청소년, 근로청소년, 시설보호청소년, 북한이탈청소년, 가출청소년, 비행청소년 등의 복지를 비롯하여 청소년의 학업중도탈락, 학교폭력, 성, 약물남용, 인터넷 중독, 자살 등 청소년 관련 모든 문제에 대해 접근하여 건강한 성장이 가능하도록 한다.

청소년복지서비스에는 청소년 계발을 위한 진로지도 및 자원봉사 등 전반적 서비스와 우수청소년장학금, 위기청소년에게 건강, 생활안정, 법률, 상담, 자립, 학업, 활동 등의 지원서비스, 청소년한부모지원서비스, 저소득층 한부모가족청소년 지원서비스, 근로청소년에게 근로여건 개선과 교육 및 문화 활동 기회제공 서비

---

5) 청소년기본법 제3조(정의).

스, 취약계층청소년에게 방과후 활동 및 교육비지원 등이 있다.

4) 여성복지

여성복지란 여성이 국가나 사회로부터 남성과 동등하게 권리를 보장받을 수 있도록 가부장적 가치관과 이에 근거한 각종 법과 사회제도를 개선하고 여성 개인의 능력을 고양시킴으로써 여성의 인간다운 삶을 보장하기 위한 정책적 · 실천적 차원의 모든 조작적 활동(김인숙 외, 2006)이라 정의할 수 있다.

여성복지서비스는 남성위주의 사회구조 속에서 불평등한 처우를 받고 있는 여성들이 많아 가정폭력피해여성과 성희롱, 성폭력, 성차별 등을 받는 여성, 여성장애인 등 여성이어서 받는 열악한 처우를 개선하기 위한 폭력피해여성 거주 지원 및 보호서비스와 여성 긴급전화, 여성장애인의 교육 및 출산지원, 위기가 발생한 여성에게 사회복지시설이용지원 등의 서비스와 임산부와 출산 및 양육 관련 지원 서비스를 제공하고 있다.

5) 노인복지

노인복지는 급격한 인구고령화 현상으로 인해 노인의 인구의 비율이 높아지면서 사회적 욕구 및 사회문제를 해결하고자 하는 것으로 노인의 질환을 사전예방 또는 조기발견하고 질환상태에 따른 적절한 치료 · 요양으로 심신의 건강을 유지하고, 노후의 생활안정을 위하여 필요한 조치를 강구함으로써 노인의 보건복지증진에 기여함을 목적[6]으로 한다. 즉 노인복지란 노인이 인간다운 생활을 영위하면서 자기가 속한 가족과 사회에 적응하고 통합될 수 있도록 필요한 자원과 서비스를 제공하는 것이다(박경일 외, 2005).

노인복지서비스에는 기초노령연금 등 소득보장, 의료보장서비스, 교통수단지원 서비스, 노인부양에 대한 부담을 경감하기 위한 주간보호서비스, 위탁보호서비스, 재가서비스 및 1인 노인가정인 독거노인을 위한 돌봄서비스, 치매검진 및 관리지원서비스, 학대노인보호서비스 등을 제공한다.

6) 산업복지

산업복지란 국가 또는 지방공공단체, 기업, 노동조합, 협동조합 등이 주체가 되어 근로자와 그 가족의 생활안정, 생활수준의 향상 등 생활복지의 증진을 목적으

---

6) 노인복지법 제1조(목적).

로 실시하는 제 시설서비스 활동의 종합적이고 통일적인 체계이다(우재현, 1998).

산업복지서비스에는 크게 공공산업복지와 기업복지, 노동자자주복지, 민간산업복지 그리고 산업사회사업 등으로 나누어 볼 수 있다. 먼저 공공산업복지에는 국민연금, 산업재해보상보험, 고용보험법 등 사회보험과 최저임금제, 근로자주택제도, 근로자주택자금대출, 중소기업근로자의료비대부 등의 근로자 재산형성 및 생활안정지원서비스 그리고 근로자복지회관, 영유아보육시설 등 공공산업복지서비스 등이 있다. 기업복지는 기업이 자발적 혹은 단체협약에 의해 제공되는 복지제도 및 서비스로서 주택자금지원, 경조비지급, 사내근로복지기금제도 등이 포함된다. 노동자자주복지는 근로자들이 결성한 노동조합이 주체가 되어 공공산업복지의 개선과 기업복지의 확대를 요구할 뿐 아니라 자체적으로 실시하는 복지사업을 말한다. 민간산업복지는 다른 주체의 산업복지보다는 활발하지 않으나 민간조직이나 단체가 주체가 되어 근로자복지회관, 직업알선, 미혼부모상담, 노동상담, 법률상담 등의 복지활동을 전개한다. 마지막으로 산업사회사업은 근로자와 구직자를 대상으로 기업과 노동조합의 후원하에 전개되는 제반 프로그램과 서비스를 말한다(박경일 외, 2005).

7) 가족복지

가족복지란 가족 전체를 대상으로 하여 가족생활을 보호하고 그 기능을 강화하여 다른 사회제도들과 함께 발전할 수 있도록 하며 위기에 처한 가족이 문제를 극복하고 해결하도록 통합적이고 예방적인 사회복지서비스를 제공하는 조직적인 활동이다. 산업화 이후 대가족이 아닌 다양한 가족형태가 생겨나고 그 가족의 기능들이 위협받는 경우가 늘어나고 있다. 이에 가족복지는 현대가족의 다양한 유형과 관계 등 모든 가족문제에 대해 접근한다.

가족복지서비스에는 소득지원과 재가서비스 및 주간보호 등 가족구성원의 부양 및 보호지원, 가족 내 구성원들 사이의 갈등으로 인해 위기에 놓인 가족들에게 문제점을 개선하여 새로운 관계를 만들어 갈 수 있는 가족치료서비스, 학대가족 구성원들의 보호서비스, 생활정보 및 부모교육, 가정생활교육서비스 등 가족의 기능을 지원 또는 보충하며 대신하는 서비스를 제공하고 있다.

3. 사회복지실천대상의 선정방법

한 사회의 자원이 한정되어 있는 상황에서 현실적 정책실행 및 분석을 위해 사회복지정책에서의 대상선정은 중요하며, 이는 그 사회의 사회적 가치를 포함한다. 사회복지실천 대상자를 선정할 때 실천 대상자를 시민권의 권리로 보아 전 국민을 사회복지 대상자로 삼는 보편주의적 방법과 사회적·신체적·교육적 기준 등으로 선별하여 급여하는 선택주의적 방법으로 구분된다. 보편주의적 방법은 복지수혜를 모든 국민이 균등하게 받을 수 있어 낙인감과 열등감을 갖지 않게 하며 모든 시민들에게 최저한의 동일한 급여를 제공하는 한편 욕구가 가장 큰 취약집단에게는 상대적으로 많은 급여를 제공하여 소득재분배효과를 기대할 수 있어 사회통합을 가능케 한다. 선택주의적 방법은 구분하여 급여하기 때문에 낙인감은 피할 수 없지만 사회적 욕구가 있는 사람에게만 집중시켜 급여하므로 사회적 긴장감과 적대감을 줄일 수 있고 사회적 형평성이 제고되고 사회적 평등에 효과적이다. 이를 표를 통해 비교하여 살펴보면 다음과 같다.

☞ 표 6-3   보편주의와 선택주의

구분	보편주의	선택주의
주요 내용	• 전 국민 대상 • 시민권에 입각 • 복지 수혜자격의 기준을 균등화	자산조사를 통해 원조가 필요한 사람에게 서비스 제공
장 점	• 낙인, 열등감 없음 • 행정절차 용이 • 시혜의 균일성 유지 • 유효수요를 유지시켜 경제적 안정, 성장에 기여	• 서비스를 도움이 필요한 사람에게만 집중 • 자원의 낭비 없음 • 비용절약
단 점	한정된 자원을 효과적으로 사용하는 데 한계	자산조사과정에서 낙인감을 줌
예	영국 국민보건서비스(NHS), 한국의 4대 보험, 사회수당	공공부조, 기초노령연금

4. 대상자 선정의 기준

1) 귀속적 욕구

인구학적 기준만으로 급여를 지급하기 때문에 데모그란트(demogrant)라고도 한다. 노년층, 농어촌지역 학생, 전 국민 등 특정한 집단구성원으로서의 조건을 갖춘 사람을 대상으로 한다. 모든 노인에게 지급되는 노령수당, 모든 아동에게 제공되는 아동수당, 모든 시민을 대상으로 하는 영국의 국민보건서비스(NHS) 등이 여기에 속한다. 전문가의 규범적 판단기준에 따라 특정한 집단이 대상자로 선정된다. 수평적 재분배효과는 높고, 수직적 재분배효과는 낮으며, 사회통합효과가 크다. 자격조건 가운데 가장 기본적인 것은 한 나라 혹은 한 지역의 거주 여부이다. 거주는 급여를 받기 위한 필요조건이지 충분조건은 아니다.

2) 기여에 따른 보상(compensation)

사회보험의 가입 대상자로서 요건을 갖추고 일정 보험료를 납부한 사람을 대상으로 하는 경우 및 사회적 희생자(인종차별과 성차별 희생자)를 대상으로 하는 경우가 있다. 형평성에 입각하여 전문가가 규범적으로 판단한 특정한 집단을 대상자로 선정한다.

사회보험 프로그램의 수급조건은 사회보험이 해결하려고 하는 위험들인 노령, 장애, 질병 등이 발생하여야 하며 일정한 기간 동안 일정한 액수의 보험료 납부가 되어야 한다. 대부분의 국가에서 국민연금 가운데 노령연금의 자격이 되는 납부기간은 긴 반면에 생애연금의 경우는 짧다. 또한 산재보험이나 질병보험 가운데 의료서비스는 납부기간의 제한이 없는 반면, 질병수당의 경우는 일정한 납부기간을 요한다. 실업보험의 경우는 대부분의 국가에서 최근의 일정기간의 납부를 조건으로 한다. 그러나 앞서 살펴본 위험의 발생 이외의 다른 조건이 갖추어야 한다. 국가의 노령연금은 은퇴를 급여의 조건으로 한다. 질병수당의 경우는 취업자에게만 자격을 준다. 산재보험의 경우는 '작업 중' 장애의 조건이 필요하다. 실업보험도 까다로운 자격조건을 필요로 한다.

보험료 납부액과 급여액과의 관계를 살펴보면 민간보험의 경우는 보험수리원칙에 엄격히 입각하기 때문에 급여액은 보험료 납부액에 비례한다. 반면에 사회보험은 국가에 따라 정도의 차이는 있으나 대부분의 경우에 이러한 보험수리원칙에서 벗어나 납부액과 급여액이 반드시 정비례하지 않는다. 또한 국가에 사회적 혹은 경제적으로 기여했느냐의 문제는 사회적 기여로 국가를 방위하다가 사망하거나 부상당한 군인이나 그 유가족들에 대한 보상 차원으로 급여한다. 반면 경제적 기여는 광업과 같은 국가의 기간산업에 종사한 사람들을 위한 사회보험을 말한다.

3) 근로능력에 따른 등급분류(diagnostic differentiation)

신체, 정신적 손상을 입은 사람과 같이 특정 재화와 서비스가 필요한 개인을 대상으로 한다. 판단은 전문가의 분류심사에 의거한다. 국가에 따라 각 프로그램의 근로능력 여부에 대한 기준이 다르다. 근로능력 여부가 사회복지정책의 급여 자격이 될 수 있는 것도 두 가지로 나눌 수 있다. 하나는 근로능력이 없는 것이 자격의 유일한 조건이 되는 경우이고(장애수당), 다른 하나는 다른 조건이 겸비되어야 하는 경우이다. 대부분의 국가들에서 사회복지정책의 대상 자격이 되기 위해서는 근로능력이 없을 뿐만 아니라 보험료 납부, 소득, 자산조사, 전문가 혹은 행정적 판단 등과 같은 다른 조건을 갖추어야 한다. 또한 근로능력이 있는 사람들에게만 자격이 주어지는 정책, 노동시장정책에 속할 수 있는 정책들, 각종의 고용과 훈련 프로그램, 실업보험, 근로자를 위한 각종의 세제혜택 등이 있다.

제4절 사회복지 공급자

1. 사회복지 공급자 유형

사회복지 공급자, 즉 공급주체란 누구에 의해 사회복지가 실현되고 실천하는가를 논의하는 것으로 현대복지국가는 대체로 정부(국가)가 주체이지만 1970년대 복지국가의 위기로 인해 다양한 복지의 주체에 대한 관심이 증가하고 또 집중되었다. 복지욕구의 종류 및 깊이의 다양화로 인해 복지는 국가뿐만 아니라 시장 또는 비영리부문 등에서도 실현되고 실천되어야 한다는 인식이 자연스럽게 높아졌다. 사회복지의 공급자는 크게 국가와 민간으로 공급주체를 나누어 볼 수 있다. 국가는 공공재의 성격을 가지고 있는 사회복지서비스를 제공한다. 국민모두를 위한 복지를 통해 누구라도 사회복지로부터 배재되지 않도록 하는 경우와 사회복지기능의 부족으로 인해 기본적인 가족기능이 불가능하게 되어 사회적 책임을 져야할 때와 국민의 최저생활보장 등의 보편적으로 보장받아야 할 기본적 욕구와 관련된 경우 국가에서 사회복지를 공급한다. 반면 민간(시장 또는 비영리 등)을 주체로 사회복지서비스를 제공하는 경우는 시장 또는 가족을 통해서 해결 가능하고 기본적인 욕구가 아닌 부차적인 욕구일 경우에 해당된다. 우선, 사회복지 공급주체 유형 중 정부(국가) 유형에 대해 살펴보면 다음과 같다.

1) 국가

(1) 중앙정부

① 공급자 '중앙정부'의 특성

중앙정부는 국민 전체의 행복권과 생존권 등을 위하여 모두에게 동일하고 일괄적이며 통일된 서비스를 제공할 수 있다. 또한 이런 서비스들은 전국적으로 제공하기 때문에 막대한 재원이 필요하며 그 재원부담에 대해 국가만이 효율적 관리가 가능하다. 또한 중앙정부에서는 민간이나 지방정부에서 제공하는 사회복지서비스에 대해 재정적 지원을 해 주며, 세금감면 또는 면제의 형태로 국가보조금을 지원해 주는 등 사회복지서비스를 원활하게 운영되도록 돕는다. 이 밖에도 법규를 통해 서비스 공급자의 다른 유형에 대한 통제 및 규제가 가능함으로써 부정적인 결과를 도출하지 않게 한다. 또한 중앙정부가 사회복지의 공급자일 경우 지방정부 또는 시장에 의한 서비스보다 사회적 적절성의 가치가 더 높으며 지속적이고 안정적인 유지가 가능하다.

② 공급자 '중앙정부'의 한계

중앙정부에서 제공하는 사회복지서비스는 일관되고 획일화된 형태를 갖고 있어 개개인의 욕구에 맞추거나 지역별 특수성을 반영하여 정책을 시행하기 어렵다. 또한 발생하는 사회문제에 대한 서비스가 만족스럽지 못한 결과가 많으며 복지수혜자의 범위가 넓으므로 재정적 어려움 때문에 복지욕구에 대해 긴밀하게 보장하는 것이 힘들다. 또한 클라이언트들과 접근성이 낮아 배재되고 소외되는 느낌을 주게 되며 빈곤 및 산업에 대한 서비스 제공은 꾸준히 하나 개선되는 점은 보이질 않는다는 모순점을 갖게 된다.

1980년대 이후 복지국가의 위기와 맞물려 중앙정부의 독자적인 관리·실행의 시스템은 중앙정부의 과도한 기능 집중현상으로 인한 단점을 개선하고자 중앙정부의 집권화에서 행정기능과 권한 등을 지방정부에 이양하여 지역별 자립을 도모하기 위해 지방정부로 분권화하는 현상이 나타났다. 지방정부로의 분권은 크게 재정분권과 행정분권으로 나누어 살펴볼 수 있다. 재정분권은 중앙정부에서 지방정부로 재정책임을 이양하는 것이며, 행정분권은 중앙정부와 지방정부 간의 기능배분, 사무적 권한 및 권력배분 등에 있어서의 재구조화를 말한다. 분권화로 인해 견제와 균형으로 권한남용을 방지할 수 있고, 지역의 실정에 적합한 지방 공공재의 공급이 가능하며, 공공재의 양과 질에 대해 지역주민들의 의견반영이 가능하다. 이러한 정치적·사회적 변화 속에서 사회복지의 공급자로서 지방정부를 살펴보면 다음과 같다.

(2) 지방정부

① 공급자 '지방정부'의 특성

지방정부는 중앙정부의 복지사업을 전달하는 역할과 더불어 지방의 특성을 반영하여 넓어진 재정편성 및 행정에 대한 재량권을 통해 변화하는 욕구에 빠르게 대응한다. 또한 지방정부 간의 경쟁 등을 통해 발전된 복지계획 수립, 서비스의 양적·질적 향상과 다양한 정책편성 등 사회복지의 공급자로서 지방정부는 지역의 특수성에 적합한 서비스를 제공하기 쉬우며 지역단위로 실제적 욕구에 맞춘 서비스를 적절하게 효율적으로 제공할 수 있다.

② 공급자 '지방정부'의 한계

지방정부의 복지서비스에 대한 공급으로 인해 중앙정부의 복지서비스의 관심이 줄어들 수 있으며 이는 중앙정부의 사회복지를 위한 재정감소로 이어지며 소득재분배의 효과가 감소하고 지방정부의 복지재정에 대한 부담이 늘어날 수 있다. 또한 지방정부에서 제공하는 사회복지서비스는 중앙정부에 비해 재정적·기술적 측면에서 부족하여 서비스의 질적 하락을 가져올 수 있다. 또한 지역별 사회복지의 수준차이로 인한 지역 간 불평등이 야기되어 위화감을 발생시킨다.

(3) 정부실패

정부(국가)의 과도한 시장개입과 시장규제로 인해 목적과는 달리 오히려 비효율적으로 자원배분이 되는 현상이다. 제한된 정보와 정부의 이해관계에 맞춘 비경쟁적인 정치적 타협 등으로 인해 서비스에 대한 질적 저하 및 서비스의 불필요한 제공은 자원낭비 및 효율성 저하라는 결과를 초래하게 된다. 또한 정부(국가)에서 주도하는 서비스의 형태는 모든 사람의 욕구 하나하나에 대응하기가 힘들어 다수에 의한 서비스만이 가능하고 소수의 이해관계 및 가치까지 그 영향이 미치기 힘들게 된다. 이러한 국가주도에 의한 복지국가의 위기 후에 등장한 개념으로 이후 복지서비스의 다양한 공급자에 대해 관심을 갖게 되었다.

2) 시장

(1) 공급자 시장의 특성

시장(영리조직)이 공급자일 경우 이용자가 서비스를 선택하고 구입하는 시장원리에 따라 공급자별 상호 경쟁을 통해 사회복지서비스가 이루어진다. 즉 사회복지서비스 공급자는 일정한 비용을 받고, 이윤을 창출하게 된다. 이는 자본주의사회에서 가족구조의 변화와 생활수준의 급격한 향상 등으로 생존에 필요한 기초적인 욕구가 아닌 부차적으로 발생된 사회적 욕구가 늘어남으로써 정부로부터의 공급만이 아닌 조금 더 효율적인 서비스 생산과 제공을 위해 시장(영리조직)을 통한 사회복지서비스의 제공이 자연스럽게 자리 잡았다. 시장(영리조직)에 의한 사회복지서비스의 공급은 이용자의 구매와 제공자의 판매로 인해 이루어지므로 서비스에 대한 높은 만족도와 불필요한 서비스를 줄이고 서비스의 무분별한 남용 및 오용을 감소시켜 복지지원의 낭비를 막을 수 있다. 또한 정부의 복지예산에 부담을 덜어 국가발전을 위한 다른 곳으로의 재정사용이 가능하다. 하지만 평등이란 가치의 성격이 강한 사회복지에서 이용자의 지불능력에 따른 서비스 제공이라는 시스템은 욕구에 따른 복지가 아닌 문제점을 갖고 있다. 또한 의사표현이 어렵거나 사건·사고로 인한 피해자, 질병 등으로 서비스가 필요한 경우 서비스에 대한 지불을 해야 함으로 진정한 사회복지서비스의 본질에 어긋나며 사회복지서비스의 특성상 가격으로 책정하는 데에 어려움이 있다. 뿐만 아니라 국가에서 제공하는 무료복지서비스를 받게 된다면 수혜자와 구입자에 구분이 생겨 수혜자에게 낙인을 줄 수 있다. 시장의 한계인 시장실패를 통해서 생각해 보면 사회복지서비스의 경우 적당한 규제가 필수적이다.

또한 사회복지의 공급주체로서 기업은 근로자들의 급여를 기본으로 하여 근로 자와 그의 가족들에게 부수적으로 서비스를 제공하여 복지를 향상시키는 다양한 형태의 서비스와 급부 등을 제공한다. 이는 근로자들의 근로조건 및 만족 향상 등 복지증진을 통해 근로자의 생산성을 높여 기업의 이윤을 증대하기 위한 다목 적 행동이다. 기업에서 제공하는 복지서비스는 강제성을 기준으로 하여 법에 근거 하에 이루어지는 법정기업복지와 그렇지 않은 자발적 기업복지로 나누어 볼 수 있고, 서비스 대상을 기준으로 보면 기업복지재단과 같이 전 국민을 대상으로 한 사회공헌 부분과 근로자와 그의 가족들만을 위한 복지서비스로 구분할 수 있다.

기업복지는 실시의 주체가 기업이기 때문에 기업의 생존과 불가분의 관계를 가 진다는 점에서 자본주의의 구조법칙에 더 종속적이며, 급여혜택의 근거가 욕구가 아니라 고용이라는 자격조건에 있으며, 사회적 불평등을 감소시키는 효과를 지니 지는 못한다(신동면, 2001).

(2) 시장실패

시장에 의한 자원배분이 효율적으로 이루어지지 않는 상태를 시장실패라 한다. 이는 시장이 효율적으로 자원배분을 하기 위해서는 완전경쟁 등의 여러 조건을 만족해야 하기 때문이다. 여기서의 조건이란, 다시 말해 시장실패의 원인이라 할 수 있다. 시장실패의 원인에는 미시적으로는 불완전한 경쟁, 서비스의 공공재적 성격, 외부효과, 불완전한 정보, 위험과 불확실성, 불공평한 소득분배 등이 있고 거시적으로는 물가상승, 실업 및 국제수지 불균형 등이 있다. 이와 같이 시장실 패로 인해 자원배분이 효율적으로 이루어지지 않고 개인과 사회의 이익이 조화롭 지 못하게 되면 정부는 시장에 개입하여 시장기능을 보완하게 된다. 이처럼 시장 실패의 현상은 시장에 정부의 개입을 정당화하는 근거가 된다.

3) 비영리조직

사회복지 공급주체 중 하나인 비영리조직은 NGO(Non-Governmental Organization), 제3섹터, 자원부문(voluntary sector)으로도 불리는데, 국가, 시장(기업 포함), 가족 등의 비공식부문에 속하지 않는 자발적인 조직을 말한다. 즉 시장과 달리 이익을 추구하지 않으며, 공식적으로 활동하는 조직인 것이다. 예를 들어 시민단체, 종교조직, 자선단체 및 각종 이념과 가치를 바탕으로 만든 다양한 조직들을 일컫는다. 비영리조직은 복지혼합의 등장으로 점차 강조되었던 부문으로서, 정부의 사회복지공급의 한계에 대해 정부는 비영리조직과 외주계약의 방식을 통해 정부가 제공하는 복지서비스 등을 담당하도록 하고 있다. 이에 따라 비영리조직에 대한 서비스 기준 및 회계관리 등의 엄격함이 강조된다. 비영리조직의 경우, 구성원 측면에서 보면 유급 구성원을 사용하기는 하지만 대부분 자원봉사에 의존하는 경우가 많아 비전문성 문제와, 재원 측면 역시 정부 지원 및 수익사업을 하기는 하지만 자선기부금을 등을 통해 마련되는 까닭에 복지욕구에 대한 서비스의 대응력이 역부족이다. 또한 많은 비영리조직이 특정 집단을 위한 활동들이 많아 서비스의 형태가 편파적일 수 있다. 비영리조직부문은 정부실패와 시장실패의 대응적 역할을 하는 만큼 공급주체로서의 중요성을 강조하여 이런 한계점을 보완하기 위한 발전적이고 상호 보완적인 대안이 요구된다.

4) 비공식부문

사회복지 공급주체로서의 비공식부문은 가족, 친구, 친척, 이웃 등이 무료로 복지서비스를 제공한다. 비공식부문의 사회복지서비스는 유대관계에서의 사랑과 호혜성에서 오는 것으로 다른 공급주체들의 서비스와는 차별성을 가진다. 비공식부문은 욕구자의 변화에 빠른 대응이 가능하고 자원의 전달과정이 짧고 관리가 유리하여 서비스의 효율성과 효과성이 높게 나타난다. 그러나 현대사회에서는 과거보다 친척 및 이웃 간 교류 및 유대관계가 적어졌고, 산업의 변화와 여성의 사회진출 증가 그리고 가족구조의 변화는 가족 내의 케어 정도가 약화되어 가족 내에서 해결할 수 있었던 문제들을 해결할 수 없는 상황에 이르렀다. 이에 정부에서는 사회복지의 주요 공급주체로서 비공식부문의 활성화를 위한 노력을 하고 있다.

2. 사회복지의 민영화

사회복지서비스에 대해 공공부문에서 사회복지서비스를 운영할 경우 사회복지의 공급과 수요에 비효율성을 가져올 수 있다. 이에 강조된 것이 사회복지의 민영화이다. 공공부문에서 사회복지서비스의 공급을 모두 담당할 경우 비경쟁적 체제에서 이루어지므로 투입되는 자원(input)은 많으나 정작 국민에게 제공되는 서비스(output)는 적게 나오는 상황이 발생되어 복지를 필요로 하는 사람들이 피해자가 되는 상황이 초래될 수 있다. 또한 욕구(needs)별 대응방법 및 속도 측면의 유연성에서도 불만족스러운 결과를 가져오게 된다. 이 밖에도 복지서비스를 받을 국민들의 환심을 사기 위한 정치의 도구로 전락되어 진정한 사회복지서비스가 아니게 되고, 주객이 전도되기도 한다.

사회복지의 민영화는 국민들의 자원봉사와 기부금과 후원금 등의 지역사회자원을 끌어올 수 있어 사회복지 공급에 대한 재정부담을 줄일 수 있으며, 정부의 사회복지예산을 증가해야 하는 합당한 증거를 뒷받침해 주는 민간세력의 등장을 기대할 수 있다. 또한 주민참여 등으로 인한 자발적인 봉사정신을 통해 사회복지문제에 대해 국가와 국민 모두가 책임을 지는 사회로 만들 수 있으며 사회복지서비스의 공급과 수요에 대해 보다 적절하게 대응할 수 있는 국가역량이 늘어나게 된다.

안홍순(2006)에 의하면 민간사회복지제도는 공공부문과 더불어 다음과 같은 역할을 하기에 필요성이 있으며 지속적으로 증가하는 이유가 되고 있다.

첫째, 공공부문의 사회복지 대상자는 엄격한 기준으로 자격을 심사하여 선정되기 때문에 사회복지서비스를 필요로 하는 대상자가 제외될 수 있다. 이 경우 민간부문에서 제외된 저소득층에 대해서 사회복지서비스를 제공하여 자립을 지원할 수 있다.

둘째, 민간사회복지제도는 공공부문의 사회복지전달체계보다 유연성 및 창조성을 갖고 있기 때문에 개인의 다양한 욕구에 적합한 프로그램을 개발할 수 있다.

셋째, 민간사회복지제도는 클라이언트나 소비자로 하여금 자신들의 선호, 지역적·시간적 여건 등을 고려하여 사회복지서비스를 선택할 수 있는 자유를 보장함으로써 개인의 효용을 높일 수 있다.

넷째, 민간자원을 동원하고 자원봉사 또는 기부금의 후원자로서 지역주민의 참여를 유도할 수 있기 때문에 정부의 사회복지비용을 절약할 수 있다.

다섯째, 민간사회복지제도는 사회복지협의회 등을 통해서 공공부문의 사회복지사업을 보충하는 한편 사회복지예산의 증액 등과 관련된 압력단체로서의 역할을 수행한다.

이를 간단한 그림으로 나타내면 다음과 같다.

그림 6-1 **사회복지의 민영화**

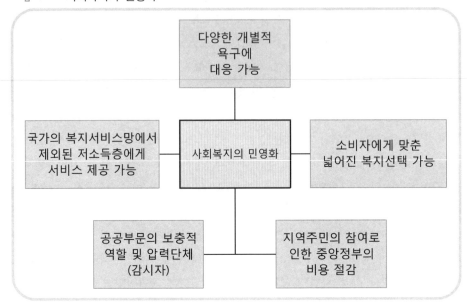

3. 사회복지의 지방화

1980년대 이후부터 중앙정부와 지방정부의 기능 및 역할, 즉 국가행정에 대한 권한이 중앙집권적 형태에서 지방분권적 형태로 전이되었다. 이러한 변화는 복지국가 위기 이후 중앙정부에 대한 불신과 책임을 바탕으로 하여 민주주의의 효율성을 저해한다는 주장을 한 당시 집권층의 영향으로 더 빠르게 진행되었다.

중앙정부에서 지방정부로의 분권화는 그 지역의 문제에 대해 민감하게 반응할 수 있고 다양한 욕구에 대한 효율적이고 효과적인 대응이 가능하다는 장점을 가지고 있으며, 중앙정부의 통제에서 벗어나 지방정부의 자율성을 보장함으로써 행정적 기능에 효율성을 기대할 수 있게 하였다.

이러한 지방화는 사회복지에 대한 재정을 포함한 행정적 기능이 분권화되어 사회복지에 대한 책임까지 모두 지방으로 이양되었다. 특히 사회복지 측면에서는 지방화를 시행할 경우, 중앙정부에서 지방정부의 재정에 일부분 지원하는 시스템으로서 지방공급 서비스는 중앙집권화를 통한 서비스와 비교하여 재정적으로 규모가 작으므로 서비스의 양적인 측면이 축소되었다. 이러한 이유 등으로 복지국가 위기 이후 중앙정부가 복지에 대한 책임에서 벗어나려는 방편으로서의 분권이라는 평가를 받기도 한다. 즉 사회복지서비스에 대한 통제권·재량권을 지방에 넘겼지만 이는 결과적으로 중앙정부의 복지적 책임을 줄이려 하는 방안이었다는 것이다.

지방분권화로 인해 독자적인 중앙권력을 분산할 수 있고 지역의 실정에 적합한 지방 공공재의 공급이 가능하며, 공공재의 양과 질에 대해 지역주민들의 의견반영이 가능하나 기능적 또는 재정적 측면 등 지역별로 차이가 나게 되며, 지방정부의 정책과 예산편성 등에 따라 사회복지서비스를 받는 국민들에게 지역별 불평등이 유발된다. 또한 지방의 재량권이 커질수록 중앙정부가 가지고 있는 긍정적 측면의 조율의 어려움이 있으므로 사회복지의 평등이념에 멀어지는 등의 한계를 가지고 있다.

제 5 절 사회복지실천의 역사적 발달과정

1. 서구의 사회복지실천의 역사

1) 자선조직협회

서구에서의 사회복지실천은 영국에서 자선조직협회(COS: Charity Organization Society)의 출현으로 시작되었다. 첫 자선조직협회는 1869년에 창립된 영국 런던의 자선조직협회이며, 이 자선조직협회는 그 후 개별사회사업과 지역사회조직사업의 발달에 기여하였다. 특히 개별사회사업의 형성에 미친 영향은 구빈당국, 자선기관, 클라이언트 간의 조직적 협력, 면밀한 자산조사, 효과적인 원조, 절약과 자활의 습관 조장 등이 있다. 그리고 개별사회사업이란 용어가 협회기록에 나타나 있는 것은 1880년경부터이다.

한편 미국의 첫 자선조직협회는 1876년 뉴욕 버팔로에서 비효과적인 구제에 대한 반응으로서 거틴(Stephen Humphreys Gurteen) 목사, 그리고 그의 교구사무를 본 스미스(T. Guilfor Smith)에 의해서 설립되었다. 거틴 목사는 1877년 여름 영국 런던에서 자선조직운동을 연구한 후 미국에 돌아와서 미국형 자선조직협회 모델을 만들었다. '시여가 아닌 친구로(not alms, but a friends)'라는 자선조직협회의 정신을 유지하면서 위원회는 우애방문원을 임명하였다.

자선조직협회는 자선조직운동의 도움을 필요로 하는 사람들을 효과적으로 돕고, 기관의 운영도 개선함으로써 보다 합리적인 자선활동을 전개하려는 목적을 지닌 것은 사실이지만 이는 '보다 과학적이고 합리적인 자선활동의 실천'이 주된 목적이었으며 오늘날의 사회복지실천과는 거리가 있었다. 당시의 사회복지실천은 이론적 기반이 채 형성되지 못했기 때문에 단순히 욕구를 발견하고 이에 대응하는 차원에서 주로 이루어졌다. 그리고 사회복지사들은 빈곤에서 발생하는 여러 문제들이 각 개인의 게으름, 방관, 혹은 폭음에서 연유한다고 보았다. 이들은 '우애방문' 차원의 접근을 통해 이러한 개인들이 자신의 내재적 근원들을 극복하도록 원조할 수 있다고 생각했다. 그럼에도 불구하고 이들의 역할과 기능은 오늘날 사회복지사의 그것과 부분적으로 일치하고 있다. 우애방문원들은 수십 항목에 달하는 업무지침에 입각해 보다 합리적으로 일하려고 애를 썼으며 자신들의 경험을 기록으로 남기고 그 결과를 함께 검토함으로써 업무의 과학화에 크게 기여하게 된다(이원숙, 2008).

자선조직협회의 사회복지사들 중 사회복지실천이론의 정립과 과학화에 획기적 공헌을 한 리치먼드(Richmond)의 활동은 사회복지실천에 큰 영향을 미친다. 그녀는 1889년 28세의 나이로 볼티모어 자선조직협회에 사무원으로 참여하여 2년 뒤에는 사무국장이 되었다. 그 이후로 자선조직운동에 깊숙이 관여하게 되는데 1928년 67세로 일생을 마감할 때까지 평생을 자선조직운동과 자선사업의 과학화에 헌신하였다(Bruno, 1929; Cannon, 1929). 1917년 출간된 『사회진단(Social Diagnosis)』은 사회복지실천을 다룬 최초의 이론서로 평가받고 있는데, 이 책에서 리치먼드는 사정을 위한 기초틀을 마련하였다. 이와 함께 사례연구를 통해 빈민들의 문제는 개별적으로 경험되고 그에게 일차적 책임이 있는 것이지만 궁극적으로는 사회와 환경에 대한 관심과 대응 노력 없이는 문제해결이 어려운 것으로 결론지었다. 그 당시 리치먼드 사정이라는 용어 대신 진단이라는 의학적 용어를 사용하였으며, 이후 차후 의료 모델로 불리게 된 계기가 되었다.

2) 인보관운동(settlement house movement)

인보관들은 같은 사회적 상황에 접근함에 있어서 자선조직협회와 다른 방식을 택하였다. 그들은 문제의 원인이 환경에 있다고 보았으며 개인이 자신의 환경에 대처하는 법을 잘 몰라 문제가 발생한다고 생각했다. 개인에게 빈곤의 책임을 돌리는 보수적 관점을 유지하던 자선조직협회와는 대조적으로 인보관의 사회복지사들은 개인이 살고 있는 환경 혹은 체계 안에서 변화를 일으키기 위해 결집된 행동을 유도하였으며 이를 통해 궁극적으로 개인들에게 힘을 부여하고자 했다.

근린조합(neighborhood guild)은 미국 최초의 인보관운동으로서 코잇(Stanton Coit)에 의해 1886년 뉴욕시에 설립되었다. 코잇은 젊은 미국인 여성으로서 영국 최초의 인보관이었던 토인비홀에서 3개월 동안 살았다. 코잇은 영국 런던 빈민가의 가장 중심적인 지역에 인보관을 만들고 그곳에서 더불어 일하고 생활하는 젊은 대학생을 목격하고 크게 감명을 받았으며 이러한 사상은 미국에서 급속하게 퍼져 나갔다.

1897년 74개소의 인보관이 생겼으며 1900년에는 100개 이상, 그리고 1910년까지는 400개 이상의 인보관이 미국에 설치되었다. 가장 유명한 인보관의 하나는 시카고에 있는 헐 하우스(Hull House)였으며, 이것은 영국의 토인비홀을 방문했던 애덤스(Jane Addams)에 의해 1889년에 설치된 것이다. 그녀는 인보관 운동가이면서 사회사상가 겸 사회운동가로서, 그리고 여성 및 국제평화운동가로서 많은 업적을 남겼고 그러한 업적으로 인해 1931년 노벨 평화상을 수상하였다(Addams, 1935).

이와 같은 인보관운동의 의의를 몇 가지로 요약하면 다음과 같다.

첫째, 당시 심각하였던 빈곤문제 등의 사회문제에 대응하려는 민간 차원의 노력이었다는 점이다. 이 운동의 초기에는 주로 대학생들, 기독교인들, 그리고 인문주의자들이 주도하였는데, 이들은 어떤 특정한 목적의식보다는 자선적, 인도적 혹은 종교적인 차원에서의 접근을 시도하였다. 분명한 사실은 정부나 공공기관의 개입 없이 순수한 민간인들에 의해서 사업이 비롯되었다는 것이다. 특히 자원봉사자들의 활동이 매우 활발하였으며 결과적으로 지역사회의 공동체의식을 개발하고 빈곤문제에 대한 일반주민들의 인식을 높이는 데 크게 기여한 것으로 보인다.

둘째, 인보관은 지역사회주민들의 욕구를 충족시켜 주고, 주민들을 조직화하며,

문제해결을 위한 공공의 노력을 주도하였다는 면에서 인보관이 지역사회주민들을 위한 복지센터로서의 역할을 수행하였다. 이는 오늘날의 사회복지관과 그 맥을 같이하는 것으로 볼 수 있다. 즉 인보관은 일정한 지리적인 영역 내에서 지역사회주민들을 대상으로 그들의 욕구를 충족시켜 주는 데 초점을 맞추었으며 프로그램들은 매우 다양한 내용을 포함하고 있었는데 이는 오늘날 사회복지관과 흡사한 면이 많았던 것으로 판단된다.

셋째, 빈곤문제를 경험하는 특정한 개인이나 가족을 실천의 대상으로 삼는 것에서 한 걸음 더 나아가 그들과 그들의 문제를 집단적으로 그리고 지역사회의 수준에서 이해하고 다루려고 하였다는 점이다. 그러한 면에서 자선조직운동에서의 우애방문원들과는 달리 인보관 운동가들은 실천의 단위를 집단과 지역사회로 보다 확대시켰다고 할 수 있다. 그리하여 집단과 지역사회를 중심으로 활동을 하면서 새로운 방법과 기술들을 개발하고 발달시키게 되었다. 보다 구체적으로 말하면 그룹워크와 지역사회조직의 사회복지실천방법론을 발달시키게 되었다.

넷째, 사회개량운동 혹은 사회개혁운동적인 면을 다분히 지니고 있었던 것으로 보인다. 이 당시의 빈곤문제는 상당한 부분이 초기 자본주의의 사회구조적 모순과 제도적인 결함에 기인하고 있었기에 계층 간의 갈등과 빈민들의 시위가 끊이지 않고 계속되었다. 이러한 문제에 보다 효과적으로 대처하기 위하여 인보관 운동가들은 빈민들을 이롭게 하고 빈곤문제의 구조적 해결에 기여할 수 있는 입법과 제도의 확충에 노력하였을 뿐만 아니라, 다른 한편으로는 빈민들에게 초점을 맞추고 그들의 개인적 자질 함양은 물론이고 집단적 · 지역사회적 업무처리능력을 제고하기 위해서 노력해 왔다. 그것은 곧 사회개량운동으로서 전국적으로 확산되어 나갔으며 그 효과도 적지 않았던 것으로 보인다.

3) 사회복지 전문직 확립에 대한 노력

사회복지 영역에서도 전체 사회의 내부 지향성은 반영되어서 전문직으로서의 내부성찰을 도모하게 되었다. 사회복지실천의 전문성에 관한 논란은 1915년 전국 자선 및 교정회의에서 최초로 있은 이후 계속되었다. 카네기 재단에서 일하고 있었던 플렉스너(Flexner, 1915: 576)는 이 회의에서 "사회복지는 전문직인가?"라는 제목으로 연설을 하게 되었는데 결론은 의사나 법조인 등과 비교해 볼 때 사회복지는 전문직으로서의 속성을 갖추고 있지 않다는 것이다. 그는 전문직으로서의 기준을 절대적인 접근법에 의거하여 여섯 가지로 제시한 후 그 기준에 따라 사회복지를 분석한 결과 전문직으로 보기 어렵다는 것이었다. 이는 사회복지실천의 역사에서 전환점으로 작용하게 되었고, 이로 인해 많은 사회복지실천가들은 사회복지의 전문화에 관심을 가지게 되었다. 리치먼드에 의해 이론적 체계가 마련된 이후에도 사회복지실천에서는 다양한 현장들에서 두루 사용되고 있는 공통의 지식기반을 찾고, 빈민집단들 대상의 업무에서 벗어나서 좀 더 확장된 기능을 시도하는 등의 지속적 노력들이 진행되었다. 이러한 과정에서 전문적 지식기반이 확립·발전되었고 이렇게 얻어진 지식을 전달할 방식들을 강구할 필요가 생기게 되었다. 즉 이론 개발과 함께 교육에 대한 관심이 함께 병행되기 시작했다.

밀포드 회의(1929)가 개최된 것도 이 시기이며 여기서 나온 보고서는 1920년대의 케이스워크(case work) 이론들의 발전을 반영했다. 특히 이 보고서는 개입의 개념을 발달시키는 계기가 되었다. 물론 '개입'이라는 특정 용어의 사용 대신 '치료'라는 의료적 용어를 사용했음에도 불구하고 ① 자원의 활용, ② 클라이언트 자기인식의 도모를 위한 원조, ③ 클라이언트의 능력 개발을 위한 원조 등을 원조의 핵심적 과정으로 간주하고자 했다.

4) 진단주의와 기능주의(diagnostic school and functional school)

1920년대 개별사회사업은 클라이언트의 초기 아동기에 발견되지 않은 문제, 이해를 기초로 하는 치료, 그리고 클라이언트의 양육사를 탐구하는 것을 기반으로 하는 진단이 강조된 정신분석적 접근과 동일시하였다. 이 접근은 무의식, 전이, 저항, 그리고 정신적인 결정론을 포함하는 프로이트파의 개념들을 기초로 하고 있다. 이러한 사상을 진단적 학파라고 불렀다.

그러나 많은 사회복지사들은 부모의 양육으로 초기에 내면화한 가혹하고 한정적인 영향과 인간을 무의식의 보이지 않는 힘들의 희생으로 묘사하는 기계론적이며 결정론적 관점과 실천이라고 하는 전통적인 프로이트파의 접근에 불만을 갖게 되었다. 1930년대에 펜실베이니아 사회사업대학 교수들을 회원으로 하는 집단은 로빈슨(Virginia Robinson), 태프트(Jessie Taft)에 의해서 지도되었고, 그 속에는 프레이(Kenneth Pray), 다울리(Almena Dawley), 앱테커(Harry Apteker), 마커스(Grace

Marcus), 그리고 스몰리(Ruth Smalley)가 포함되었는데 그들을 기능주의 학파라고 불렀다(Trattner, 1989). 그들은 미드(Mead), 듀이(Dewey), 레빈(Lewin) 그리고 특별히 랭크(Otto Rank)의 이론에 크게 영향을 받았다. 이 접근에 대한 최초의 해설은 로빈슨의 『사회사업에서 변화되는 심리학』이었다.

기능주의 학파는 사람들은 과거의 생산물이 아니고 그들 스스로 계속적으로 창조하고 재창조할 수 있다는 인간에 대한 낙관적 견해를 채택했다. 기능주의 학파의 초점은 사회복지사와 클라이언트 간의 관계에 있었다. 그 관계는 성장과 선택은 촉진될 수 있고 변화를 위한 클라이언트 자체의 힘을 의미하였다. 즉 이것은 치료를 위한 책임이 사회복지사에게 있는 것이 아니고 클라이언트에게 있음을 의미하였다. 실제 기능주의 학파는 치료라는 용어를 사용하지 않았다. 기능주의 학파는 치료라는 말을 사용하는 대신 원조과정이라는 용어를 사용했다. 시간적으로 제한된 범위 안에서 원조과정은 클라이언트의 급한 문제에만 참여하게 된다. 거기에는 클라이언트 과거의 설명, 해석, 치료목표의 설정 등은 존재하지 않는다. 가장 중요한 것은 어떠한 진단적 표시도 하지 않는다는 점이다. 기능주의 학파에서 사회복지사는 클라이언트의 성장은 예측할 수 없는 것이기 때문에 원조과정의 맥락 안에서 특정한 결과와는 관계하지 않았다.

기능주의의 핵심은 원조과정이 전개되는 기관의 기능과 중요한 관계를 가지고 있었다. 진단학파의 추종자들과는 달리 기능주의자들은 사회사업기관이 사회복지사의 실천을 위한 초점, 방향, 내용을 공급해야 한다고 생각했다. 기능주의에서 이 측면은 태프트(Jessie Taft)에 의해서 개발되었고, 그러한 개념들의 대부분은 그 당시의 시대적 배경 덕분이었다. 왜냐하면 경제적 공황 시의 사회·경제적 곤란 때문에 사회사업기관들은 목적과 서비스에 대해 재평가를 강요받았으며, 그럼으로써 객관적인 현실에 민감하게 대응할 수밖에 없었기 때문이다.

한편 진단주의 학파는 복지국가와 정부에서 위임된 기관들의 기능이 향상되었음에도 불구하고 사회복지사들은 그들의 활동을 자율적으로 수행해야 하는 전문직이라는 것을 주장했다. 따라서 그들에게는 기관의 기능은 단지 실천에서 이차적인 요인이었다. 비록 진단주의 학파가 사실상 인간에 대해 보다 낙관적인 견해를 수용하였다 하더라도 기능주의 학파와의 분열은 깊이 남게 되었고, 약 25년 동안 심한 논쟁이 계속되었다. 그리하여 기능주의 학파의 졸업생들은 진단주의적인 사회사업기관에 취업하는 것이 곤란하게 되었고, 반대의 경우에도 마찬가지였다(NASW, 1995).

펄먼(Helen Perlman)은 대서양 연안에서 개최된 사회사업대회에서 한 사건을 비유적으로 소개하고 있다. "우리들 한 무리가 음식점으로 갔다. 활기찬 웨이터가 현관에서 우리를 맞더니 진단주의 쪽에 앉기를 원하십니까, 아니면 기능주의 쪽입니까? 하고 묻는 것이었다." 1950년대에 혼란이 어느 정도 제거되고 안정되었을 때 기능주의는 사라져 버렸다. 그러나 성장과 변화를 위한 자극제로서 과정의 개념과 치료적 관계를 포함하는 기능주의의 많은 이론과 태도, 기술들은 사회사업실천을 발전시키는 데 남아 있게 되었다(Perlman, 1972).

5) 사회복지실천방법의 통합화

이 시기는 새로운 문제들이 관심을 끌면서 자연히 새로운 클라이언트 집단들이 등장하였고 이로 인해 새로운 서비스 가능성을 개발하면서 기존의 방법론을 새로운 방식으로 사용하는 등 그야말로 이론의 개발에 있어 풍성한 시기였다. 즉 전통적 방법론들에 대해 지속적 개발, 실천에 필요한 통합된 접근법들의 개발, 특정 클라이언트 집단을 위한 서비스에 활용될 새로운 가정을 포함하는 새로운 접근법들의 개발 등이 이론적 측면에서 이루어졌다.

진단주의는 심리사회적 접근법으로 불리게 되었으며 기능주의와 더불어 더욱 확장되고 새로워졌다. 사정, 상황 속의 개인, 과정, 관계, 그리고 개입 등의 다섯 가지 실천개념들이 정립되었으며, 사회과학으로부터 새로운 이론들이 응용되기 시작하였다. 사회체계이론과 의사소통이론이 실천에서 활용되기 시작한 것도 이 무렵이었다. 구체적으로 살펴보면 당시 '진단' 및 '치료'라는 의학적 용어의 사용에서 벗어나 좀 더 일반적 용어인 '사정'과 '개입'이라는 용어로의 변화가 있었다. 상황 속의 개인, 그리고 클라이언트와 사회복지사의 관계에 관한 개념은 새로운 사회과학이론인 사회체계이론을 1970년대에 사회복지에서 급속하게 응용하게 됨에 따라 더욱 확장되었다(김성천, 1997).

관계의 개념에 있어서도 변화가 있었는데 종래 클라이언트와 사회복지사의 관계에서 확장되어 수많은 다른 관계의 중요성이 집단사회사업과 지역사회조직의 여러 문헌들에서 다루어졌다. 이 무렵 '관계'와 매우 근접한 개념인 '상호작용기술'에 관한 논의가 시작되었다. 이 외에도 집단사회사업과 지역사회조직에 관한 여러 중요 연구들이 계속 진행되었고 결과적으로 모든 형태의 사회복지실천을 포괄할 수 있는 이론적 공통기반이 도출될 수 있었다.

이러한 경향들로 인해 사회복지에서의 전통적 방법론들, 즉 개별사회사업 (casework), 집단사회사업, 지역사회조직의 각각 분리된 영역을 추구하는 이론의 개발은 더 이상 이루어지지 않았다. 대신 통합화된 사회복지 전문영역을 추구하는 이론들이 개발되었고 이는 문제와 욕구중심의 접근을 가능하게 했다. 이러한 전환은 일반주의 사회복지실천이라는 통합화된 접근법의 출현을 가져왔다. 이는 클라이언트가 가진 복잡하고 다원화된 문제 및 상황에 효과적으로 대처하기 위해서는 여러 방법 혹은 접근법들을 병행해서 사용해야 할 필요성에 의한 것이었다 (Johnson & Yanca, 2004). 그러나 이러한 통합화가 기존의 방법들이 완전히 없어진 것을 의미하는 것은 아니다. 이론적인 패러다임이 바뀌더라도 원조의 대상으로서 개인과 집단, 지역사회는 변할 수 없는 부분이기 때문이다. 다만 엄격한 구분의 의미를 상실하고 있는 정도로 파악하는 것이 좋을 것 같다. 다시 말하면, 케이스워크라는 말은 사라지더라도 개인중심의 사회복지실천은 지속된다는 것이다.

2. 한국의 사회복지실천의 역사

한국에서 사회복지실천의 정착은 해방 이후 미국을 통해 소개되는 것에서 비롯된다. 실천의 현장으로는 미군병원 및 세브란스병원 등에서 사회복지사를 고용하는 것을 필두로 하며, 지역사회사업을 위한 지역사회복지관으로는 1921년 태화기독교사회관이 최초의 복지관이다.

정식 교육기관으로 1947년 이화여자대학교에 사회사업학과가 최초로 설립되었다. 1953년 현재의 강남대학교 사회복지대학의 전신인 강남사회복지학교가 최초의 사회복지사 양성을 위한 훈련기관으로 기능하고 있었으나, 전문직업보다는 학문을 중시하는 한국의 유교사상풍토로 인하여 전문직업학교를 통한 교육보다는 정규대학을 통한 학문적 교육으로 전환하게 된다. 특히 사회복지학교가 고등학교 졸업자를 교육시키는 기관으로, 미국의 경우와 같이 전문대학원 수준의 전문인 교육기관으로 성장하지 않자 4년제 대학에서 사회사업학과를 설립하면서 학문적 기초를 둔 전문직으로 거듭나고자 노력하였다. 따라서 인문과학이나 사회과학의 학문적 테두리 내에서 이론교육과 방법론 훈련을 함께 교육하는 형태로 발전의 틀을 잡았다. 이러한 발전방향은 사회복지실천의 전문화에 긍정적인 영향을 미쳤다(나동석·서혜석, 2009).

1958년 이화여대 대학원을 필두로 많은 대학에서 대학원 교육을 통해 고급 전문가 양성을 위한 노력을 기울이고 있으며, 이 또한 고급 전문직업인 양성이라기보다는 고급학문을 통한 전문인 양성의 형태를 띠고 있다. 이에 대해 1995년 이화여대가 사회복지대학원이라는 특수대학원을 설립한 것을 시작으로 몇몇 대학에서 특수대학원 교육을 통해 더욱 발전된 형태의 전문가 양성을 시도하고 있다. 그러나 전문대학원이 아닌 특수대학원의 형태로는 큰 발전을 이루기 어려우므로 조속한 시일에 전문대학원의 형태로 거듭나야 할 것이다. 2001년 연세대학교가 최초로 전문대학원으로서의 사회복지대학원을 설립하여 교육 중이다.

태화기독교사회관으로 시작한 사회복지관운동은 미국의 인보관운동과 같은 형태로 한국사회에 사회계몽 및 사회개혁 등과 같은 실천을 주로 소개해 주었다. 지역사회주민들과 호흡을 함께하며 무지, 빈곤, 비위생, 차별, 착취 등으로부터의 해방을 목표로 하였다. 이러한 지역사회중심의 사회복지실천 정착운동으로 1985년부터 각 시·도 단위로 종합사회복지관이 활발히 설립되어 현재 전국에 329개 복지관을 설립하는 결과를 낳았다. 그러나 짧은 기간 동안 양적 팽창을 이룬 복지관 모델은 설립이념 및 목표와 실천사업을 중심으로 평가과정을 거친 후 그 정체성을 확립해야 할 것이다.

개인적인 문제를 갖고 있는 사람들을 대상으로 하는 접근은 미군병원과 미국기독교 선교사들이 설립한 병원, 그리고 아동상담소 등을 통해 소개되었다. 이들의 실천과정은 역시 미국의 1940년대 이후의 실천과정을 답습한 형태로 나타났으며, 심리치료와 가족치료가 발전하였다. 계속하여 병원 및 지역사회복지관을 통한 상담형태의 개입이 진행되었다. 1995년 「정신보건법」의 시행으로 법에 공식적으로 명기된 정신보건사회복지사가 탄생하면서 개인대상의 치료적 개입영역의 장에 한 획을 긋는 결과를 낳았다. 이에 정신보건 및 의료사회복지 영역에서는 다양한 형태의 워크숍 및 보수교육을 통해 빠른 속도로 전문화 강화추세를 보였다. 공공영역에서는 1987년부터 사회복지전문요원이 탄생하였으며 1999년까지 지속적으로 성장하여 정부의 복지정책을 최일선에서 실행하는 법적이고 공식적인 영역으로 자리매김하였다(백은령 외, 2007).

이와 같이 다양한 영역에서 전문성을 발휘하고 있는 사회복지사들의 공식적인 모임인 한국사회복지사협회(KASW)가 1967년에 탄생하였으며, 지금까지 5만 4,000여 명의 사회복지사를 회원으로 확보하고 있다(한국사회복지사협회 자료, 2012). 1997년 정식으로 공식적인 법적 단체로 등록되면서 사회복지사들은 사회가 인정하는 전문가로서 사회적 위치를 확보하게 되었다.

제6절 사회복지실천현장의 이해

1. 사회복지실천현장의 개념 및 발전

1) 사회복지실천현장의 개념

사회복지실천현장은 사회복지실천분야 또는 문제영역을 포괄하는 개념으로 클라이언트에게 서비스를 제공하기 위해 직·간접적으로 관련되는 모든 현장을 뜻하며 물리적인 '장소'의 개념을 넘어 사회복지실천이 이루어지고 있는 전문분야이다. 즉 사회복지실천현장은 단지 '장소'만을 뜻하는 것이 아니라 사회복지실천이 행해지는 '장(setting)', '문제(problem)', '대상집단(client)'을 모두 포함하는 포괄적인 개념이다(강선경·최원석, 2012).

2) 사회복지실천현장의 발전

사회복지실천현장은 19세기 말 자선조직협회(COS)로부터 비롯되었으며, 개인들 간의 비공식적인 상호부조나 교회중심의 초기 사회복지서비스 자선조직들이 설립되었다. 뒤이어 인보관운동을 통해 자선조직협회의 활동과 더불어 집단적 또는 지역사회 내 조직활동을 통해 지역사회의 문제를 해결하고자 하였다. 20세기 초에 와서는 국가 또는 정부 개입의 확대로 사회복지실천은 공공영역으로 급속히 전파되었고, 정부의 공공복지기관과 시설에 고용된 사회복지사의 수가 급격히 증가하는 현상을 목도하게 되었다.

미국의 사회복지서비스가 양적으로 확대되는 시기는 1960년대로 들어서면서이다. 이 시기에 미국 사회사업교육협의회(1959)가 설립되고 사회복지실천분야가 공공부조, 가족복지, 아동복지, 교정복지, 정신의료사회사업, 공중보건, 학교사회복지, 집단서비스, 지역사회계획으로 확대되었다. 1970년대 이후부터는 통합적 서비스 현장이 지역사회를 중심으로 급격히 증가하였고, 우리나라의 경우는 지역사회복지관의 증가와 지역을 기반으로 한 이용시설이 증가하고 사회복지활동이 생활보호업무에서「국민기초생활보장법」의 실시로 확대된 시기이다.

2. 사회복지실천현장의 분류

1) 사회복지실천현장의 분석틀

(1) 서비스 체계

공공/민간기관, 정부/비정부기관, 정책/프로그램, 이용/생활시설 등

(2) 관심대상의 주요 문제

물질남용, 학대, 빈곤, 비행, 가족갈등, AIDS, 노숙 등

(3) 클라이언트 집단

아동, 청소년, 가족, 노인, 여성, 난민 등

(4) 사용되는 지식, 가치, 기술의 형태

접근방법이나 모델의 종류

2) 실천현장의 분류방식

사회복지실천현장은 광범위하고 다양하기 때문에 실천현장을 개념적으로 명확하게 분류하는 데에는 한계가 있다. 이는 사회복지가 수행되는 현장과 프로그램 및 사회서비스가 본질적으로 변화하는 특성을 갖고 있기 때문이다. 사회복지기관은 1차 현장과 2차 현장으로 구분된다. 1차 현장은 사회복지사가 중심이 되어 활동하는 실천현장으로 공공성을 기준으로 공공기관과 민간기관으로 나눌 수 있다. 2차 현장은 사회복지사의 개입이 부분적으로 이루어지는 실천현장이다(예: 학교, 병원, 교정시설, 기업, 진료기관, 보육시설, 노인들을 위한 주거 및 의료복지 시설).

(1) 기관의 운영형태에 따른 분류

1차 현장과 2차 현장

(2) 기관의 설립주체나 자금의 조달방식에 따른 분류

공공기관과 민간기관

⑶ 서비스의 직접 또는 간접적 제공 여부에 따른 분류

행정기관과 서비스 기관

⑷ 제공되는 서비스 내용에 따른 분류

이용시설과 생활시설

⑸ 서비스 제공에 따른 분류

비영리기관과 영리기관

3) 사회복지실천현장의 특성

⑴ **실천분야의 특성을 이해하는 데 활용되는 사정틀**(Kamerman & Kahn, 1995)

① 개입의 초점(대상, 문제, 현장)

② 이전의 역사적 대응방식

③ 관련 법규와 정책

④ 전달체계와 프로그램

⑤ 연구, 평가 및 성과

⑥ 주요 이슈, 동향의 쟁점

⑵ **기관의 특성**(Johnson, 1989)

① 기관의 목적과 가치

② 조직구조

③ 재정을 포함한 기관의 자원

④ 전통적인 기관의 업무방식

⑤ 직원

⑥ 클라이언트

⑦ 운영위원회, 이사회, 자문위원회

⑧ 기타 요소: 서비스 프로그램과 기술, 구성원들의 관심과 특성, 환경적 상황, 구성원의 역할, 공식적 구조와 권력체계, 소집단

생각해 볼 문제 및 과제

1. 사회복지실천과 임상사회복지의 차이점과 공통점을 비교하고 사회복지실천의 역사적 변천사와 어떻게 연관되는지 생각해 보자.

2. 사회복지실천의 세가지 요소(지식, 기술, 가치)가 어떻게 유기적으로 연결되는지 논의해 보자.

3. 사회복지실천의 과정을 정리하여 설명해 보자.

4. 사회복지실천 대상에 따른 사회복지사의 역할에 대해 생각해 보자.

5. 사회복지의 실천분야별 개념 및 내용을 이해하고 자신이 가장 관심 있는 분야에 대해 비판적 시각으로 논의해 보자.

6. 사회복지실천 대상자의 선정방법인 보편주의와 선택주의의 장단점을 비교해 보고 사각지대에 있는 사람들을 위한 정책방안과 낙인감을 주지 않는 서비스 제공의 방법을 생각해 보자.

7. 사회복지의 공급자 유형별 특성 및 장단점을 정리해 보자.

참고문헌

강선경 · 김욱 역(2004). 사회복지가치와 윤리. 시그마프레스.

강선경 · 최원석(2012). 사회복지실천의 이해. 양서원.

강혜규 · 김형용 · 박세경 · 최현수 · 김은지(2007). 사회서비스 공급의 역할분담 모형개발과 정책과제. 서울: 한국보건사회연구원.

길기숙 · 강화숙 · 이재호 · 천덕희 · 김상곤 · 오영훈 · 현영렬 · 임승희(2010). 사회복지실천론. 양서원.

김경호(2010). 사회복지실천론. 양서원.

김상균 · 최일섭 · 최성재 · 조흥식 · 김혜란(2004). 사회복지개론. 서울: 나남출판.

김성천(1997). "빈곤문제 해결을 위한 사회사업실천 방법에 관한 연구". 한국사회복지학, 33, 29-54.

김영종(2006). 사회복지행정론. 서울: 학지사.

김인숙 · 김혜선 · 성정현 · 신은주 · 윤영숙 · 이혜경 · 최선화(2006), 여성복지론. 경기: 나남출판.

김정자(1993). 사회복지실천의 윤리적 고찰(양옥경 외, 사회복지실천과 윤리, pp. 13-24). 한울 아카데미.

김태성(2005). 사회복지정책입문. 서울: 청목출판사.

나동석 · 서혜석(2009). 사회복지실천론. 학현사.

박경일 · 김경호 · 김희년 · 서미경 · 양정하 · 이경희 · 이명현 · 장중탁 · 전광현(2005). 사회복지학강의. 경기: 양서원.

박병현(2006). 사회복지의 지방분권화에 대한 비판적 고찰. 한국사회복지행정학회, 8(2).

백은령 외(2007). 사회복지실천론. 대왕사.

법제처 www.moleg.go.kr

보건복지부(2008). 사회복지서비스 공급체계와 재정지원방식에 관한 연구. 보건복지부.

서미경 · 김영란 · 박미은 공역(2008). 사회복지실천윤리. 양서원.

서홍란 · 이경아(2008). 사회복지현장실습. 공동체.

신동면(2001). 한국의 복지혼합에 관한 연구. 한국사회복지학회. 45.

안홍순(2006). 사회복지정책: 실천이론과 제도. 경기: 서현사.

우재현(1998). 산업복지개론. 서울: 경진사.

이소희 · 도미향 · 정익중 · 김민정 · 변미희(2005). 청소년복지론. 경기: 나남출판.

이원숙(2008). 사회복지실천론. 학지사.

이태영(2010). 정책실천을 위한 사회복지정책론. 경기: 학현사.

한국사회복지사협회(2012). 2012 사회복지사 해외연수 발대식 자료. 한국사회복지사협회.

Addams, J.(1935). *Jane Addams of Hull-House*. New York: Harcourt, Brace and Company.

Ambrosino, R., Heffernan, J., Shuttleworth, G., & Ambrosino, R.(2001). *Social work and social welfare*. Belmont, CA: Wadsworth/Thomson Learning.

Boehm, W.(1959). "Objectives of the social work education curriculum of the future." *Curriculum Study*. New York: Council on Social work Education.

Bruno, J.(1929). Mary Richmond: Liberal. *The Family*, 7(10). 23-56.

Cannon, M.(1929). Miss Richmond and Professional Organization. *The Family*, 7(10). 45-78.

Dolgoff, R., & Feldstein, D.(2000). *Understanding Social Welfare*(5th ed.). Boston: Allyn and Bacon.

Flexner, A.(1915). "Is Social work a Profession?" In Proceedings of the National Conference on Charities and Correction. Chicago: NCCC.

Frindlander, A., & Apte, Z.(1974). *Introduction to Social Welfare*. Englewood Cliffs: Prentice-Hall, Inc.

Gilbert, N., & P. Terrell(2002). *Dimensions of social welfare policy*(5th ed.). Boston: Allyn & Bacon.

Johnson, C.(1989). *Social Work Practice: A Generalist Approach*(3rd ed.). Boston: Allyn and bacon.

Johnson, C., & Yanca, J.(2004). *Social Work Practice: A Generalist Approach*(8th ed.). Boston; Person Education, Inc.

Kamerman, S., & Kahn, J.(1995). *Starting Right: How America Neglects its Youngest Children and What Can We Do About It*. NY: Oxford University Press.

Lowenberg, M., & Dolgoff, R.(1988). *Ethical Decisions for Social Work Practice*. Itasca: Peacock.

Lowery, T., & Mattaini, M.(1998). *Shared Power in Social Work*. Manuscript Submitted for Publication.

Mattaini, M., Lowery, C., & Meyer, C.(1998). *The Foundations of Social Work*(2nd eds). Practice. NASW Press.

NASW(1973). *Standards of Social Service Manpower*. New York: NASW.

_____(1995). *Encyclopedia of Social Work*. Maryland: NASW.

Netting, F. E., Kettner, P. M., & McMurtry, S. L.(1993). *Social work macro practice, White Plains*. NY: Longman.

Perlman, H.(1972). "The problem-solving model in social casework." in R.W. Roberts

& R.H. Nee(eds.). *Theories of Social Casework*: Chicago and London: the University of Chicago Press.

Pincus, A., & Minahan, A.(1973). *Social Work Practice: Model and Method*. Itasca: Peacock.

Reamer, F.(1997). Managing ethics under managed care. *Familler in Society*, 78(1), 96–106.

Skidmore, A.(1982). *Introduction to Social Work*(3rd ed). Prentice-Hall.

Trattner, S.(1989). *From Poor Law to Welfare State: A History of Welfare*(4th ed.). New York: Free Press.

Zastrow, C. H.(2000). *Introduction to social work and social welfare*(7th ed.). Belmont, CA: Brooks/Cole.

제 **7** 장

사회복지실천기술론

제1절   사회복지실천기술의 개관

1. 사회복지실천기술의 개념 및 전문성

1) 사회복지실천기술의 개념

사회복지실천(social work practice)이란 개별 클라이언트 또는 클라이언트 집단의 문제해결능력을 향상시키고, 클라이언트의 문제해결을 위하여 지역사회의 자원체계와 연결하며, 사회복지기관이나 시설의 효과적인 운영과 사회복지정책 개발과 개선을 위한 전문적 활동을 말한다. 이러한 관점에서 사회복지실천기술은 사회복지실천 목적을 달성하는 데 필요한 방법을 사용할 수 있는 활동능력을 말한다. 미국의 사회복지사협회에서 제시한 주요 사회복지실천기술들은 다음과 같다(NASW, 1995).

⑴ 클라이언트의 말을 이해와 목적을 가지고 경청하는 기술

⑵ 클라이언트의 사회력과 사정에 관련된 사실들을 수집하는 기술

⑶ 전문적인 원조관계를 형성하고 유지하는 기술

⑷ 클라이언트의 언어적·비언어적 행동을 관찰, 해석, 진단하는 기술

⑸ 클라이언트 스스로 자신의 문제를 해결하고 자신의 능력을 신뢰할 수 있게 도와주는 기술

⑹ 클라이언트의 민감한 정서적 문제를 위협적이지 않는 지지적 방식으로 토론하는 기술

⑺ 클라이언트의 욕구에 대한 해결책을 찾아내는 기술

⑻ 치료적 관계의 종결을 결정하는 기술

⑼ 조사 수행능력과 기존 연구결과나 전문적 문헌을 해석하는 기술

⑽ 갈등을 중재하고 협상하는 기술

⑾ 조직 간의 연계 서비스를 제공하는 기술

⑿ 모금, 대중, 입법자와 관련된 사회적 욕구들을 해석하고 의사소통하는 기술

2) 사회복지사의 전문성(김혜란·홍선미·공계순, 2001)

(1) 사회복지사의 전문적 지식 및 기술

사회복지사는 전문직으로서 사회복지실천에 관한 이론적 지식과 실천기술을 갖추어 사회복지실무현장에서 일하게 된다.

① 이론적 지식으로는 클라이언트가 살고 있는 사회(생활)환경에 관련된 지식, 사회문제(정치, 경제, 사회, 교육, 보건, 복지문제 등), 사회사업전문직에 관한 지식(사회복지 역사, 철학, 윤리, 목적, 기능, 전문성 등), 사회복지실천을 위한 기초지식(사회학, 심리학, 경제학, 법학, 생리학 등)과 실천지식(면접, 상담, 관계형성, 문제해결, 사례관리, 치료기법 등)을 갖추어야 한다.

② 사회복지사의 실천기술에는 의사소통의 기술, 문제사정과 해결의 기술, 클라이언트와 함께 일할 수 있는 기술, 클라이언트의 욕구와 자원을 연결하는 기술, 자원을 개발하는 기술, 사회구조를 변화시키는 기술 등 그 범위가 넓고 다양하다.

③ 사회복지실천의 목적을 달성하기 위하여 사회복지사는 중개인, 옹호자, 교사, 상담가, 사례관리자, 업무량 관리자, 직원개발자, 행정가, 사회변화 대행자, 사회복지전문직 발전에 기여하는 전문가 등의 역할을 수행한다.

(2) 사회복지사의 윤리적 태도

사회복지사 활동의 윤리적 책임은 이론적 지식이나 연구, 실천적 기술, 자신이 속한 기관/조직의 정책 그리고 개인의 가치관, 선호, 신념보다도 더 우선한다. 사회복지사는 법적 의무의 이해, 사회복지실천의 기본가치와 윤리에 대한 이해, 상충적인 원칙이나 의무가 있을 때 의사결정하는 방법 등을 습득해야 한다.

① 사회복지사는 법, 규정, 판례 등에 어긋나지 않는 행위를 수행해야 할 의무를 가진다.

② 사회복지사는 클라이언트를 보호하고 필요한 전문적 서비스 제공에 대한 의무를 가진다.

③ 클라이언트의 사생활 존중의 의무를 가진다.

④ 클라이언트에 관한 정보를 누설해서는 안 되며 제3자와 공유할 때는 클라이언트의 동의를 얻어야 한다.

⑤ 클라이언트에게 제공할 수 있는 서비스 내용, 비용, 기간, 서비스 관련 정책과 법에 대한 설명, 사회복지사의 의무 등을 공지할 의무를 가진다.

⑥ 사회복지사는 클라이언트가 인권침해를 당하고 있을 때 정부당국에 보고할 의무를 가진다.

⑦ 사회복지사는 클라이언트를 보호, 감독하기 위한 조치로 경고를 해야 한다. 또한 클라이언트의 위협으로부터 희생될 소지가 있는 사람에게 경고하고 이를 해당 당국에 보고해야 한다. 이러한 조치에 관한 내용은 기록하여 보관해 두는 것이 좋다.

(3) 사회복지전문직의 정체성

사회복지전문직은 사회복지에 관련된 체계적인 지식과 클라이언트의 이익을 추구하는 철학이나 가치관, 전문직 협회 및 윤리강령을 통한 행동통제, 일정한 교육과 훈련, 시험제도에 의한 능력인정, 자격증 부여, 사회복지사협회 등의 활동을 통하여 전문적인 사회복지의 정체성을 유지해 나갈 수 있다.

2. 면접

1) 면접의 정의

면접은 과학과 예술의 양 측면을 내포하고 있다. 브라운(Brown, 1992)에 의하면 면접은 지식기반을 가지고 있기 때문에 과학이라고 할 수 있으며, 사회복지사가 면접에서 창의적 방법을 활용하므로 예술이라 할 수 있다. 즉 면접이란 치료적 개입의 기초라고 하였다. 면접은 목적이 있고 목표지향적 특성을 지닌 전문적인 회화 혹은 커뮤니케이션 과정이라고 정의 내릴 수 있다. 면접의 방법은 면접의 목적에 따라 상당한 영향을 받게 된다. 어떤 면접은 정보를 획득하는 것이 주목적이 되고, 또 어떤 면접은 도움을 주는 것이 주목적이 된다. 그러나 대부분의 경우 면접은 이 두 가지 목적을 다 가지고 있다. 사회복지실천 면접의 목적은 해결되어야 할 문제를 안고 고통을 겪고 있는 사람과 그 상황에 대하여 충분히 이해함으로써 그 문제를 효과적으로 해결하는 데 있다(Garrett, 1972; 강선경·최원석, 2012, 재인용).

2) 면접의 목적

사회복지실천 면접의 목적은 사회복지실천의 기능에 따라 결정된다. 대부분 사회복지실천의 면접의 일반적 목적은 사회조사를 위한 정보 차원, 평가에 도달하기 위한 진단 차원, 변화를 위한 치료적 차원으로 서술할 수 있다. 카두신 (Kadushin, 1990)은 사회복지실천 면접의 목적을 정보수집 혹은 사회조사 면접, 진단적·결정적 면접, 치료적 면접의 세 가지로 설명하였다. 일반적으로 면접의 목적은 다음과 같이 정리할 수 있다.

⑴ 자료수집

⑵ 치료관계의 협조를 확립하고 유지하는 것

⑶ 클라이언트에게 정보를 제공하는 것

⑷ 원조과정에 대한 장애요소를 규명하고 밝히는 것

⑸ 목표성취를 지향하는 활동을 규명하여 수행하는 것

⑹ 원조과정을 촉진하는 것

3) 면접준비

면접을 준비하는 과정에서 사회복지사는 다음과 같은 절차를 따른다.

⑴ 사회복지사는 클라이언트의 서비스 요구를 생각하여 어떠한 문제가 나타나는지를 규명하고, 원조를 요구하는 클라이언트의 반응에 대해서 생각해야 한다.

⑵ 면접의 이유를 밝힌 후에 사회복지사는 요구된 정보가 클라이언트의 상황에서 안전한 것인가를 살펴보아야 한다.

⑶ 사회복지사는 필요한 정보를 얻을 수 있도록 면접에 초점을 두도록 한다.

⑷ 사회복지사는 면접에서 클라이언트에게 직면한 급한 문제에 초점을 둘 수 있도록 어느 정도의 융통성을 가지고 면접을 할 수 있도록 준비한다.

⑸ 사회복지사는 클라이언트가 언어적 및 비언어적 방법으로 의사소통을 한다는 것을 알고 있어야 한다. 그러므로 사회복지사는 비언어적 의사소통을 관찰할 수 있어야 한다.

⑹ 사회복지사는 일반적 혹은 구체적 질문을 받을 경우에 장점에 따라서 결정을 해야 한다. 이러한 결정은 수집된 정보에 근거를 두고서 결정해야 한다. 일반적인 질문은 지나친 불안을 예방할 수 있다. 사회복지사가 적극적으로 경청을 할 경우에 일반적인 질문에서 많은 유용한 정보를 얻을 수 있다. 구체적인 질문은 응답에 있어서 구체성을 요구하기 때문에 때로는 불안을 야기할 수 있다.

⑺ 사회복지사는 면접 중에 기록을 해야 할지를 결정해야 하는 경우가 있다. 기록을 해야 하는 경우, 클라이언트에게 이를 설명해야 한다. 녹음 또는 비디오 녹화도 마찬가지이다.

⑻ 사회복지사는 면접내용, 결과를 요약하고 자신의 피드백에 클라이언트를 참여하도록 한다.

⑼ 면접이 계속될 경우에 사회복지사는 항상 다음 단계의 계획을 세우는 과정에 클라이언트를 참여시키도록 한다.

4) 면접기술

사회복지사는 클라이언트 체계와 함께 의도적인 질문과 의미 있는 상호작용을 함으로써 면접을 촉진할 책임이 있다. 사회복지 면접은 초기, 중간, 종결의 3단계로 나눌 수 있으며 각각의 단계는 구체적 활동 및 목적성취와 관련이 있다. 면접의 초기단계는 모임의 목적, 접촉이유, 수행할 업무, 면접이 연속적인 경우에 지금까지의 검토 등과 관련이 있다. 사회복지 면접의 초기단계는 업무의 중간단계로서 면접업무의 단계이다. 중간단계에서는 문제해결과정에서 적극적으로 관여한 클라이언트와 사회복지사를 볼 수 있다.

사회복지 면접의 초기와 중간단계에서 사회복지사는 클라이언트가 변화과정에서 자신의 역할과 책임을 수행할 수 있도록 클라이언트의 편에서 저항과 결핍에 역점을 두어 다룰 수 있도록 하는 것이 필요하다. 면접의 종결단계에서 클라이언트와 사회복지사는 면접에서 특징을 나타냈던 업무를 요약하는 과정에 참여한다. 이 단계에서 클라이언트와 사회복지사 사이의 의사소통은 정직성, 명확성, 상호존중, 문제해결 지향적인 다음 업무에 대한 약속에 주의를 기울인다.

사회복지사는 항상 문제가 클라이언트 자신에 속해 있고, 문제해결을 하는 사람은 사회복지사가 아니라 클라이언트라는 것을 명심해야 한다. 사회복지사란 클라이언트가 자신의 상황을 개선하고자 사용하는 도구이다. 면접의 초기, 중간, 종결의 단계에서 클라이언트는 항상 관심의 중심이다. 사회복지사의 중요한 업무는 기술적으로 질문을 하고, 정보를 제공하고, 변화의 과정에 클라이언트를 참여시킴으로써 동기를 유발하는 것이다.

면접시간은 제한적이며, 또한 시간의 활용은 직접적으로 목적과 관련이 있다.

일반적으로 사회복지 면접은 약 50~55분 정도로 한다. 사회복지사는 면접을 실천목적의 지침에 따르도록 하며 면접의 목적이 성취되었을 때 면접을 종료하는 것이 적절하다. 할당된 시간 내에 면접이 끝나지 않았고 면접을 연장해야 할 충분한 이유가 있는 경우에도 면접을 다음으로 미루는 것이 좋다.

(1) **탐색**

클라이언트에 대한 좀 더 구체적인 사회조사자료 및 반영적 사고의 표현을 이끌어 낸다.

(2) **격려**

사회복지사는 클라이언트가 말하기 싫어하는 금기영역을 말하도록 격려한다. 클라이언트에게 말을 하도록 격려하기 위해서 사회복지사는 클라이언트를 수용하는 자세를 보여 주고 클라이언트가 판단되지 않을 것이라는 관점을 나타내야 한다.

(3) **클라이언트의 감정을 끌어냄**

클라이언트가 말하기 힘들어하거나 기꺼이 말을 하지 않을 때, 사회복지사가 자신이 생각한 것을 정확하게 말을 함으로써 클라이언트는 사회복지사의 정확한 해석에 대하여 피드백을 표현하려고 노력한다.

(4) **클라이언트의 문제를 보편화**

클라이언트의 생각, 감정 또는 행동이 다른 사람들과 비슷하다는 것을 설명하는 것이다.

(5) **명료화**

사회복지사들은 명료화를 통해서 클라이언트가 말한 것을 좀 더 분명하게 하고자 한다.

(6) **요약**

요약기술이란 사회복지사가 면접진행 중에서 부족한 진행부분을 설명하거나 업무내용과 감정적 요소를 한데 모으는 것이다.

(7) **적절한 침묵의 사용**

질문을 한 후에 사회복지사는 클라이언트가 응답을 할 때까지 침묵해야 한다.

3. 사회복지실천 모델과 개입기술(김혜란 외, 2006)

1) 정신역동 모델(정신분석이론)

(1) 이론적 배경

정신역동모델(정신분석이론)은 일반인의 심리분석을 통해 인간 무의식의 근본 구조를 규명하고자 시도했던 심리학자 프로이트(Sigmund Freud: 1856~1939)와 그의 후학들이 개발한 성격이론이다. 인간의 성격과 정신세계의 역동성을 설명하고 히스테리나 신경장애를 해결할 수 있는 치료기법으로 진단-치료의 의료적 모델에 기초한 사회복지실천의 진단주의 학파를 태동시켰으며, 1930년대 개별사회사업 모델로 확대되었고 지금까지 사회복지실천이론의 중요한 토대를 제공하고 있다.

(2) 이론적 특징과 주요 개념

① 인간의 행동이나 생각은 본능적 욕구(성욕 및 공격욕)를 충족하기 위한 무의식적 충동에 의하여 나타난다. 그러나 인간은 자신의 본능이나 욕구를 추구하는 과정에서 이를 억제하려는 사회환경이나 정신적 역동과정에서 갈등이나 좌절을 경험하게 되고 이러한 문제들이 유아시절에 해결되지 못하면 후에 신경장애와 같은 비정상적인 행동을 보인다는 결정론적 입장을 견지하고 있다.

② 주요 개념

a. 인간의 정신적 요소는 의식, 무의식, 전의식으로 구성되어 있다.

b. 인간의 성격은 원초아(id), 자아(ego), 초자아(superego)로 구성되어 있다.

c. 인간의 성격은 신체적 성감대에 따른 구강기, 항문기, 남근기, 잠재기, 생식기의 5단계 심리성적 발달(psychosexual development) 단계를 거쳐 형성된다.

d. 인간의 성장과정에서 각 단계의 기본적인 욕구와 과제가 성공적으로 해결되고 발달단계의 통합을 이루면 정상적인 인격발달을 가질 수 있으나 만일 어느 발달단계에서 욕구나 과제가 해결되지 못한다면 비정상적인 인격발달이나 행동장애를 가져올 수 있다.

(3) 개입목표 및 기법

치료목표는 클라이언트의 무의식에 내재된 갈등이나 불안 등을 의식화하고, 치료자와 클라이언트의 신뢰관계를 형성한 후 자유연상, 꿈의 해석, 저항분석, 방어기제 분석, 클라이언트의 감정전이(transference) 등의 상담기법을 활용하여 클라이언트 자신의 문제를 직면하고 극복할 수 있도록 돕는 데 있다.

(4) 이론의 공헌

사회복지이론 형성기의 초창기에 사회복지사에게 클라이언트의 무의식적 열등감에 대한 이해증진, 성장초기 경험의 중요성, 방어기제, 감정전이 등에 대한 유용한 이론을 제공하였으나, 클라이언트의 문제를 범주화 또는 낙인화하는 경향과 치료자 중심으로 클라이언트의 능력이나 창의력을 경시하는 문제가 있다.

2) 심리사회적 모델

(1) 이론적 배경

상황속의 인간(person in situation)을 강조하는 심리사회 모델이 구체화된 이론으로 클라이언트의 문제는 개인의 신체생리적인 현상, 심리적 요소 그리고 그가 속한 사회환경과의 상호작용에 의한 결과로 나타난다고 설명한다. 그러므로 클라이언트의 문제를 해결하려면 클라이언트의 신체생리적-심리적-사회적 요인을 고려하여 상황 속의 인간이란 관점에서 접근해야 한다고 주장한다. 클라이언트는 주어진 상황 또는 관계 속에서 변화하고 발전할 수 있기 때문에 클라이언트 자신의 수용과 자기결정권이 중요하며 잠재력을 개발·강화하기 위한 심리적 동기부여 및 사회적 자원 동원이 요구된다.

(2) 이론의 특징과 주요 개념

① 심리사회적 이론은 인간의 성격이나 문제가 일생(Erikson의 8단계)을 통하여 신체적, 심리적, 사회적 특성에 따라 다양하게 나타나며(다원성) 개개인은 서로 다르게 반응하기 때문에(개별성) 클라이언트의 지금-현재 상황 파악은 물론 생활사(life history)를 다각적으로 조사하는 것이 중요하다.

② 클라이언트와 환경 간에 나타나는 문제(사회적 역기능)를 해결하기 위해서는 클라이언트 자신의 심리적 변화와 사회환경적인 변화를 동시에 추구해야 하며, 그렇게 함으로써 궁극적으로 클라이언트의 성격과 행동을 변화시킬 수 있을 것이다. 사회복지사의 개입방법은 직접(direct practice) 또는 간접방법(indirect practice)을 적용할 수 있다.

(3) 이론의 공헌

① 클라이언트의 감정과 행위 지지

② 문제해결에 직접적인 영향

③ 클라이언트의 감정 환기, 묘사, 탐색

④ 클라이언트를 상황 속의 인간이라는 관점에서 접근

⑤ 클라이언트의 성격과 행동 그리고 그들의 역동관계 관찰

⑥ 클라이언트의 사회적 기능에 영향을 주는 과거의 현재의 경험 파악

3) 행동주의 모델

(1) 이론적 배경

파블로프, 스키너, 반두라, 엘리스 등의 학자들의 이론으로 인간은 자신의 심리적 역동성에 지배받는 것이 아니고 외부환경의 학습에 의해 영향을 받는다고 주장한다. 행동주의 모델은 인간의 행동을 관찰하고 측정할 수 있어 사회복지실천의 객관적 효과성(행동변화)을 높일 수 있는 과학적 이론으로 등장하게 되었다. 행동주의 이론은 일종의 학습이론으로 다시 고전적 또는 반응적 조건이론, 조작적 조건이론, 인지학습이론 등으로 나눌 수 있다.

① 고전적 조건이론: 파블로프의 개의 침샘 실험에서 비롯하여, 인간을 환경에 수동적으로 반응하는 존재로 보는 이론

② 조작적 조건이론: 스키너에 의해 발전된 이론으로 인간의 행동이 외부환경으로부터 받는 강화에 의해서 결정된다고 보는 급진주의적 행동이론

③ 인지학습이론: 인간의 행동을 사회적 관찰의 학습으로 보는 반두라와 인지의 사고결과로 보는 엘리스의 합리적 정서치료이론, 벡의 인지치료 등

(2) 이론적 특징과 주요 개념

① 스키너의 조작적 이론

인간의 행동이 외부자극에 의해 동기화되며 강화와 벌의 보상에 의해 행동의 빈도와 강도가 결정된다. 즉 인간의 부적절한 행동은 특정한 상황에서 부적절한 보상을 받았거나 바람직한 행동을 학습받지 못한 결과이다.

a. 강화(reinforcement): 긍정적 방법과 부정적 방법이 있으며 바람직한 행동의 증가를 목적으로 한다.

b. 처벌(punishment): 문제해결을 감소시키기 위한 사건이나 행위로 긍정적 처벌과 부정적 처벌이 있다.

② 반두라의 사회학습이론

타인의 행동을 관찰하고 행동을 배우는 간접적 경험과 개인의 인지적 과정을

중시한다. 인간의 행동은 모델을 관찰함으로써 행동하고, 이러한 학습의 성공과 실패는 자신의 내적 기대감이나 신념과의 상호작용에 의해서 결정된다고 본다.

③ 엘리스의 합리적 정서치료이론

개인의 인지체계를 변화시켜야 행동을 교정할 수 있다는 신념으로 타인이나 전문가의 행동을 모방하는 모델링, 역할연습, 단계적인 행동변화, 긍정적인 생활태도, 자기주장의 표현 등을 통하여 학습시킬 수 있다.

4) 문제해결 모델

(1) 이론적 배경

클라이언트의 문제해결능력과 대처능력을 향상시키는 것을 목적으로 하는 사회복지실천방법으로 1957년 펄먼에 의해서 처음 소개되었으며 진단주의와 기능주의가 절충된 통합적 · 실천적 모델이며 이후 체계 모델의 기초가 되었다.

(2) 이론적 특징과 주요 개념

① 문제해결 모델은 교육학자 듀이의 반성적 사고(인간이 외부환경이나 자신의 행동을 판단하고 결정하게 만드는 인지적 과정)에서 많은 영향을 받았고, 교육이나 학습은 문제해결의 과정을 습득하는 것으로 보았다.

② 펄먼은 사회복지실천을 클라이언트가 자신의 문제를 올바르게 평가하고 판단할 수 있도록 문제를 제대로 인식하게 하고 주어진 문제를 해결할 수 있는 교육과 치료의 과정으로 보았다.

③ 해밀턴의 인간과 사회환경 간의 상호작용적 관점을 도입하고 에릭슨의 생애발달과업과 역할수행에 관한 이론을 활용하여 클라이언트의 문제를 심리 내적인 문제에서 사회적 기능수행에 따른 다양한 문제로 확대하였다.

(3) 문제해결과정

구체적으로 문제의 분석과 욕구파악, 전략대안의 개발, 각 대안에 대한 평가와 선택, 선정된 대안의 수행, 평가 등을 포함한다.

① 문제분석과 욕구파악: 문제의 대상, 장소, 시간 등을 구체적이고 측정 가능한 표현으로 기술

② 전략대안의 개발: 문제해결을 위한 다양한 방안 개발

③ 각 대안에 대한 평가와 선택: 각 대안의 장 · 단점 비교

④ 선정된 대안 수행: 클라이언트와의 행동계약 체결, 전력수행에 필요한 지식, 기술, 체험훈련, 동기화, 지도 및 감독 등 필요

⑤ 평가: 전략의 성공 여부 측정(전략수행의 완성, 효과성)을 통하여 완성일 경우 종결 및 사후관리에 들어가고, 미완성일 경우 새로운 개입전략을 세워 다시 수행 단계에 들어감.

(4) 문제해결 모델의 공헌

문제해결 모델은 사회복지실천이 클라이언트의 문제해결 동기와 대처능력을 극대화시키며, 문제해결에 필요한 사회적 자원을 개발, 연계하는 역할을 책임져야 함을 강조하고 있다. 펄먼의 문제해결 모델은 사회복지실천을 문제(problem)를 가지고 있는 사람(person)이 사회복지기관(place)에 와서 문제를 해결해 가는 과정(process)으로 정의하였으며, 이후 4p(problem, person, place, process)는 전문성(professional person)과 자원이나 기회의 제공을 강조하는 제도(provision)의 개념을 추가하여 사회복지실천의 6p이론으로 소개되었다(전재일·이성희, 2002).

5) 과업중심 모델

(1) 이론적 배경

1972년 리드와 엡스타인에 의해 소개된 모델이다. 문제해결 중심의 방법론에 행동주의 이론과 스텃의 과업에 대한 개념을 접목한 것으로 클라이언트가 자신에게 주어진 행동적 과업을 통하여 스스로 문제를 짧은 기간 안에 해결할 수 있도록 도와주는 사회복지실천방법이다. 과업중심 모델은 인지행동이론, 행동수정기법, 체계이론 등을 통합하여 구조화된 치료과정과 단기간의 치료를 강조한다.

(2) 이론적 특징과 주요 개념

① 클라이언트가 인식하고 동의한 문제에 초점을 두어 집중적으로 도와준다.

② 클라이언트 스스로 문제를 인식하고 수용하여야 하며, 이를 표적문제로 규정한다.

③ 클라이언트를 범주화하지 않기 때문에 낙인화를 방지한다.

④ 클라이언트의 문제를 체계적이고 조직적인 과업을 통해서 해결할 수 있다고 본다.

⑤ 실천경험과 행동적 과업을 강조하여 다양한 이론을 통합하여 활용하고 있다.

(3) 과업중심 모델의 과정

① 초기단계: 클라이언트가 표현하는 다양한 문제의 유형과 원인을 탐색하고 표적문제를 선정한다.

② 중간단계: 선정된 클라이언트의 문제를 해결하기 위하여 과업을 설정하고 이를 수행한다.

③ 종결단계: 해당 치료의 목표가 달성되었을 때 종결이 이루어지게 된다.

6) 사회체계 모델

(1) 이론적 배경

① 일반체계이론

a. 모든 유기체는 조직과 기능을 가진 체계(상부, 하부)로 되어 있다.

b. 모든 유기체는 투입, 전환, 결과, 순환의 과정을 거쳐 유지된다.

c. 모든 체계는 물질적·정신적 에너지가 교환되는 경계가 있다.

d. 모든 체계는 조직체의 안녕(정상상태)을 유지하기 위해 투입을 유도하는 노력이 있다.

e. 모든 체계는 투입, 전환, 산출의 과정에서 기본적 틀과 균형을 유지하려는 노력이 있다.

f. 시간 경과에 따라 체계는 더욱 복잡하고 다양한 구성요소를 갖는다.

g. 전체는 부분의 합 이상이 되는 연합효과(synergy)를 가지고 있다.

h. 체계의 한 부분이 변화하면 그 변화된 부분은 여타의 다른 부분들과 상호작용하여 전체를 변화시키는 특성을 갖고 있다.

② 핀커스와 미나한의 사회복지실천/사회사업체계

핀커스와 미나한은 인간의 삶은 생활환경에 의존하기 때문에 사회복지실천은 클라이언트의 가족, 친구와 같은 비공식적 자원, 지역사회의 공식적 자원, 병원이나 학교와 같은 사회적 자원체계 등을 활용하여 클라이언트의 문제를 해결해야 한다고 주장한다.

구체적인 사회복지실천체계로는

a. 변화주도체계(사회복지사, 사회복지 관련 기관 등)

b. 클라이언트 체계[개인, 가족, 집단, 지역사회(실제적 또는 잠재적 클라이언트 집단)]

c. 목표체계(변화시키고자 하는 대상 클라이언트)

d. 행동체계(클라이언트의 변화를 위해 함께 일하는 개인, 집단, 조직)

(2) 사회체계 모델의 실천단계

① 문제측정(문제서술, 체계분석, 목표설정, 전략설정, 변화노력 등)

② 자료수집(질문, 관찰, 문헌분석 등)

③ 초기접촉(활용 가능한 사람을 찾아봄)

④ 계약협상(사회복지사, 클라이언트, 기타 체계와의 행동목표, 수행과제 등에 관한 계약)

⑤ 행동체계의 규모, 구성의 결정(접촉기간, 회의시간, 빈도, 장소, 행동 등)

⑥ 행동체계의 유지와 조정

⑦ 행동체계 변화를 위한 영향

⑧ 계획된 변화노력의 종결(평가시행과 관계형성의 분리)

제2절　사회복지실천기술의 과정

1. 초기단계

1) 관계형성

관계형성의 특징은 ① 클라이언트와 사회복지사 사이에 의도적이며 신중하게 발전된 것이고, ② 시간 제한적이고, ③ 목표지향적이고, ④ 객관적이고, ⑤ 전문적 서비스를 통해서 이루어진 매개물이다.

2) 인테이크

인테이크 과정은 ① 사회복지서비스 지원자가 서비스를 받게 되면 예비 클라이언트가 되거나, ② 문제확인을 통해서 사회복지 기관/시설이 대상 클라이언트에게 서비스 지원을 결정했을 경우에 사례가 지속되며, ③ 사회복지서비스 지원자의 욕구가 그 기관의 기능과 관련이 없어서 클라이언트가 다른 기관에 의뢰되어 그 기관의 서비스를 받을 수 없거나, ④ 서비스 지원자에 의해서 요구된 사회복지서비스 욕구가 인테이크 과정에서 완결되는 경우 등이 있다.

3) 자료수집

자료는 면접, 관찰, 클라이언트에 의해서 제시된 서류, 이전의 기록, 의료적·정신적·심리적 전문가의 자문 등을 통하여 수집된다.

4) 사정(진단)

사정이란 클라이언트에게 직면한 어려움의 이유를 찾아내는 것으로 자료수집의 연속적인 단계이다.

5) 목표설정

목표설정은 책임성을 구축하고 서비스 결과의 효율성을 검토하고 측정하는 방법이다.

2. 중간단계

중간단계의 과정은 클라이언트에게 불편을 초래한 상황을 약화시키거나 제거하기 위한 개입전략을 수립하고 집행하는 것이다. 사회복지실천기술의 개입은 클라이언트 체계, 변화매개체계, 행동체계, 표적체계의 네 가지 기본적 체계를 활용한다(Pincus & Minahan, 1973). 개입의 단계에서 사회복지사는 중개자, 옹호자, 치료자, 교사, 중재자의 역할로 클라이언트의 문제해결을 위해서 원조활동을 할 수 있다.

3. 종결단계

사회복지실천에서 종결은 사회복지사와 클라이언트에게 사회복지실천기술의 전 과정을 검토하고, 요약하고, 평가하는 과정이기도 하다(Goldstein, 1976). 종결의 이유는 ① 목표를 성취했거나, ② 목표성취가 이루어지지 않았지만 클라이언트가 서비스를 최대한 활용할 수 있거나, ③ 클라이언트가 다른 서비스에 의뢰되었거나, ④ 클라이언트가 최소한의 방법으로 참여하여 자신의 문제해결에 대한 동기부여가 없는 경우에 발생한다. 종결의 과정은 항상 계획된 종결이 되어야 하고, 우연한 방법으로 발생되지 않도록 한다. 사회복지사는 종결이 사회복지사 자신과 클라이언트에게 불안을 야기한다는 사실을 알고 있어야 한다. 종결이 알려질 때 클라이언트는 퇴행, 냉담, 절망감, 분노 등의 반응을 나타낸다. 그래서 예전의 문제가 다시 나타나거나 새로운 문제가 나타나기도 한다.

제 3 절	실천기술접근법

1. 개인대상 실천

1) 개인대상 실천기술의 개념

개인대상 실천기술은 개인과 사회문제를 해결하기 위해서 개인을 원조하는 활동이다. 개별실천기술의 일반적 성격 및 개념은 다음과 같다(김경호, 2010).

⑴ 자기 스스로 해결하기 곤란한 문제를 가진 개인 및 그 가족이 대상이 된다.

⑵ 문제에 대한 과학적 인식과 이에 대한 전문적 기술을 가진 전문가에 의해서 실시된다.

⑶ 개별적으로 이루어진다. 즉 대상에 따라 그 방법이 여러 면으로 달라진다.

⑷ 환경에의 적응과 인격의 성장발달을 돕기 위한 의식적 노력이 지속적으로 이루어진다.

⑸ 사회복지실천가와 클라이언트와 인간관계가 중요시된다. 사회복지사와 클라이언트의 협동적 활동이다.

⑹ 예방보다는 치료에 중점을 둔다.

⑺ 개인과 개인이 속하는 사회환경과의 상호작용이다.

이 접근법은 인간의 발달을 여러 가지요인에 의하여 영향을 받는 것으로 보며 다양한 지식체계를 종합하여 받아들인다. 정신분석이론, 자아심리학이론을 많이 받아들였고 체계이론과 생태계이론, 의사소통이론, 인지이론, 행동이론, 위기이론 등으로 지식을 도입하였다(김동배·권중돈, 2005).

2) 개인대상 실천기술의 과정

(1) 초기단계

① 문제자각

클라이언트는 자신이 문제를 가지고 있으며 그 문제에 대해서 어떤 것을 해야 한다는 스스로의 자각이 있어야 한다. 이러한 경우에 사회복지사는 클라이언트가 문제를 자각할 수 있도록 원조해야 한다.

② 관계형성

원조관계의 매개물을 통해서 클라이언트는 사회복지사에게 문제에 대하여 자신이 생각하고, 알고, 느끼는 것을 의사소통할 수 있다. 철저한 의사소통은 원조관계를 강화하여 곧바로 문제를 해결할 수 있다.

③ 동기부여

상담에서 클라이언트가 자신의 환경을 개선하고자 결정하는 데 가장 중요한 변수는 개선하려는 데 있어서 필요한 모든 노력을 다하는 동기부여이다.

④ 문제의 개념화

사회복지사는 효과적인 면접을 위해서 클라이언트가 극복할 수 없는 문제를 가지고 있는 것이 아니라 변화될 수 있는 구체적인 요소를 가지고 있다는 것을 인식시키는 것이 필요하다.

(2) 중간단계

① 개입전략의 탐구

사회복지사와 클라이언트가 함께 해결전략을 탐구하는 것이다.

② 개입전략의 선택

클라이언트는 자기결정권이 있기 때문에 여러 가지 대안 중에서 하나를 클라이언트 스스로 선택해야 한다.

③ 개입전략의 집행

선택한 대안(개입목표)을 클라이언트 스스로 해결적 접근을 시도(집행)하도록 하는 것이다.

(3) 종결단계

종결의 단계에서는 클라이언트의 문제가 개선되어 지속적으로 건설적인 변화가 있을 수 있다고 사회복지사와 클라이언트가 동의했을 때, 개입이 종료되는 것을 의미한다.

2. 집단대상 실천

1) 집단대상 실천기술의 개념

집단실천기술접근법은 사회구성원들의 사회적 기능을 촉진시키고 사회적으로 바람직한 목표를 달성하기 위해서 두 사람 이상의 집단 내에 있는 사람과 함께 전문적 실천방법을 수행하는 사회복지사의 계획된 목표지향적 활동이다. 집단실 천방법은 집단을 구성원 간의 상호 지각된 욕구, 개인적 친분 등으로 자연히 발 생한 자연집단과 외부의 영향과 개입으로 이루어진 형성집단(치료집단과 과제집단) 으로 구분하여 보다 전문화하였다.

2) 집단대상 실천기술의 과정

(1) 계획단계

계획단계는 두 가지의 특징적 부분으로 나누어진다. 첫째는 집단을 형성하는 것이며, 둘째는 지속적인 적응과 집단과정에서 구성원과 지도자를 배치하는 것이 다. 집단실천을 위한 계획모델은 ① 집단의 목적을 설정하고, ② 집단구성원과 잠정적 지원자를 사정하고, ③ 구성원을 훈련시키고, ④ 집단을 구성하고, ⑤ 집 단구성원에게 오리엔테이션을 시키고, ⑥ 계약하고, ⑦ 집단의 환경을 준비하는 것이다.

(2) 시작단계

시작단계에서 사회복지실천가의 중요한 목적은 구성원들이 협력적이고 생산적 인 방법으로 함께 과업을 추진할 수 있도록 구성원을 원조하는 것이다.

① 구성원을 소개한다.

② 사회복지사, 구성원, 협찬 조직에 인식된 집단의 목적과 기능을 명료화한다.

③ 집단 내에서 비밀보장의 제한을 토론하여 명확히 한다.

④ 집단의 발전을 유도한다.

⑤ 집단과정에 대한 과업과 사회정서적 측면의 균형을 유지한다.

⑤ 목표를 설정한다.

⑥ 과업을 계약한다.

⑦ 집단 내에서 일어나는 구성원의 동기부여와 능력을 활용한다.

⑧ 개인 및 집단의 목표를 성취하는 데 있어 장애를 예측한다.

(3) 개입단계

여기에서는 계획된 변화를 위한 구체적인 개입방법에 초점을 둔다. 개인 내적 개입은 사고, 신념, 가치, 정서, 감각, 감정 등과 같은 구성원의 인지 및 정서에 초점을 두는 것이다. 개인 간의 개입은 구성원이 집단 내 또는 집단 외부에 있는 다른 사람과의 관계에 초점을 두는 것이다. 환경적 개입은 구성원들이 자신의 치료목표를 성취하는 데 원조기능을 하는 심리사회적 및 신체적 영역을 변화 또는 수정하고자 하는 것이다.

(4) 종결단계

일반적으로 집단은 다음의 네 가지 상황에서 종결을 맺게 된다.

① 목적이 달성되어 집단이 더 이상 존재할 이유가 없어질 때 종결된다.

② 처음부터 집단을 일정기간 동안만 운영하는 것으로 계획되어 있어 그 기간이 끝난 경우이다.

③ 집단성원 간의 통합력이 결핍되어 종결을 한다.

④ 집단이 외적으로나 내적으로 어떤 긴장이나 위기에 대처하지 못했을 때 집단이 소멸된다.

3. 가족대상 실천

1) 가족대상 사회복지실천의 변화추이

가족은 혈연, 결혼, 양자 등으로 맺어진 2인 이상의 집단을 말한다. 가족의 구조와 기능은 인구학적 변화, 기술변화, 생활의식, 사회제도의 변화에 따라 진화한다. 사회복지사는 동 시대의 주요 가족(부부, 아동, 노인 등)문제를 해결하고 기능을 증진시키기 위하여 필요로 하는 각종 교육, 상담, 치료 등의 서비스를 제공하게 된다. 최근 다세대 가족형태는 급감하고 있는 추세를 보이는 반면에 1세대 가족은 증가하고 있다. 또한 이혼율과 재혼율이 증가하고 있으며 여성의 지위가 향상되고 있다. 이혼과정에서 경제적·사회적·정서적 위기를 겪는 가정, 성폭력이나 가정폭력으로 가족원이 희생당하는 가정, 유해환경과 폭력에의 노출로 인해 청소년 자녀 양육에 어려움을 경험하는 가정, 가족의 질병이나 사망으로 고통받는 가정 등이 급증하는 등, 가족대상 복지서비스를 필요로 하는 가족구성원들이 증가하고 있다. 전통적인 가족의 기능의 마비로 인해 여러 가지 형태의 역기능과 폐해(인터넷 중독, 약물중독, 성적 타락, 비행 등)가 누적되고 가족구성원들 간 갈등(자녀학대, 대화단절, 가출, 비행행동)이 증폭되고 있다(김인숙·김용석, 2002).

2) 가족대상 사회복지 실천기술

(1) 가족기능의 측정

① 가족의 적응력, 응집력, 자율성과 친밀감

② 힘의 구조, 개별화, 분리와 상실의 수용, 현실감, 감정표현 등

③ 가족의 역할분담, 감정표현 정도, 상호의존성, 개별성

④ 권력행사 패턴, 의사소통방법 등

(2) 가족생활주기

가족의 출발에서 소멸까지 변화과정을 연구하기 위하여 가족생활을 단계별로 유형화한 준거틀이다.

(3) 가족사정 도구 - 자기보고식 사정도구 사용으로 치료의 효과성 제고

① 생태도(eco-map)

사회복지사와 가족이 함께 가족의 구조, 관계, 가족원과 외부와의 상호작용 등을 일정한 도식으로 표시하여 가족문제를 다른 집단, 자원, 조직과 연계하여 체계적이고 생태학적인 관점에서 바라보게 한다.

② 가계도(genogram)

3세대 이상에 걸친 가족원 구조와 관계를 나타낸 도표로 가족원의 문제행동이나 감정을 세대 간의 가족 패턴(역기능적)을 관찰함으로써 이해증진을 도모한다.

③ 생활력표(life history grid)

가족원의 생활력을 시기별로 조사하여 문제해결을 위한 개입지점을 결정한다.

④ 원가족 척도(FOS-55: Family of Origin Scale-55)

클라이언트가 어린 시절을 함께 보낸 가족원과 가족의 건강성, 갈등, 분리와 상실, 상호 신뢰와 자율성 정도 등을 측정한다. 원가족 척도는 개인의 원가족에 대한 만족, 영향 등을 이해하고 원가족 평가에 도움이 된다.

⑤ 부부의 개인 및 관계평가척도(PREPARE)

올슨과 홀리(Olson & Hawley, 1992)가 미혼 남녀나 결혼 초기 부부를 위하여 각자에 대한 이해와 서로의 차이를 잘 이해할 수 있도록 개발한 척도이다.

(4) 가족개입기술

생태학적 접근(가족과 환경과의 상호작용과 적응)과 가족치료(가족체계 내의 상호작용 패턴과 변화)에 관심을 둔다.

① 체계론적 관점

가족은 구성원들 사이에 끊임없는 교환관계를 가지고 있으며 가족치료는 가족체계의 구조, 관계, 환경과의 상호작용에 초점을 둔다. 가족체계는 다음과 같은 특성을 가지고 있다.

a. 조직(가족구성원)

b. 전체성(가족원 상호작용의 합보다는 큰 하나의 전체)

c. 경계(체계의 보호, 정보나 에너지 교환을 조정하는 범위)

d. 개방체계(환경과의 상호작용 활발: negentropy-적응력 높음)

e. 폐쇄체계(환경과의 상호작용 없음: entropy-자기파괴성 높음)

f. 항상성(체계 균형을 유지하려는 경향: homeostasis)

② 다세대적 관점

세대를 거쳐서 나타난 가족의 구성, 형제순위, 가족유형 등을 살핀 후 그 가족의 문제, 가족관계 등을 분석하고 개입한다. 가계도를 활용하여 가족유형, 역사 및 문화를 이해하고 현 생활에 대한 다세대의 영향을 파악하여 역기능적 가족유형(자살, 알코올중독, 폭력, 근친상간 등)이 반복되지 않도록 유도해야 한다.

a. 다세대 가족체계에 초점을 두고 원가족(family of origin)의 주요 인물과의 관계를 재구성하여 클라이언트의 자아분화를 도와줌.

b. 다세대적 접근은 부모부양, 자녀교육, 친정과의 관계, 위계질서 등을 이해하고 가족 간의 갈등이나 불화를 해결하는 데 도움이 되는 접근방법이다.

(5) 가족개입기법

가족개입기법은 가족의 통찰력, 문제인식을 통한 변화를 촉구(관찰, 명료화, 해석 등)하기 위하여 가족의 구조와 행동변화를 위한 조작적인 개입으로 가족구성원 사이의 상호 인식 및 정서적 반응에 따라 개입한다.

① 관계형성기법

a. 합류기법(joining: 가족구조를 파악하고 가족과 하나가 됨)

b. 추적기법(tracking: 가족의 가치, 주제, 사건 등을 추적하며 새로운 행동으로 유도하고 치료함).

② 가족조각기법(family sculpting)

가족 간의 정서적 관계를 신체적으로 상징화시켜 배치하도록 한다.

③ 재명명기법(reframing)

가족원들이 믿고 있는 부정적인 의미, 즉 부정적인 생각과 준거틀을 긍정적인 의미로 변화 유도한다.

④ 질문기법

a. 순환적 질문기법(circular questioning)

- 가족들이 돌아가면서 각각 질문에 반응하면서 다른 가족에 대한 인식을 새롭게 한다.
- 가족 간의 관계나 사건에 초점
- 가족의 서열을 정하는 것에 초점
- 시간에 초점을 둠
- 질문에 대답하지 않는 가족에 초점을 둠

b. 해결중심 질문기법

- 면담 전 일어난 변화에 관한 질문
- 예외질문
- 기적질문
- 척도질문
- 대처질문
- 관계성 질문
- 간접적인 칭찬

⑤ 경계만들기 기법

가족원들의 적절한 위치(조부모, 부모, 자녀)와 적절한 상호작용을 통하여 각자의 역할과 책임을 수행하도록 한다.

⑥ 탈삼각화 기법

가족 내에 있는 삼각관계에서 벗어나 가족원의 자아분화를 향상시킴으로써 가족원들의 자신감, 독립성을 유지한다.

4. 지역사회실천

1) 지역사회실천기술의 개념

지역사회란 일반적으로 공간적 측면에서 공통의 지리적 영역 또는 공통의 이익

혹은 관심의 영역에서 기능하고 있는 것이다.

2) 지역사회실천기술의 과정(최일섭·류진석, 2004: 185-202)

(1) 문제발견 및 목표설정

지역사회 문제해결의 과정에서 사회복지사는 지역사회에서 충족되지 않은 욕구나 해결을 필요로 하는 문제를 찾아내는 것이다.

(2) 정책 및 프로그램의 개발

목표를 달성할 프로그램을 구체적으로 개발하는 것이다. 선택된 대안은 가장 효율적이고 효과적인 방안을 찾아내는 '정책선택'이다.

(3) 프로그램 집행

프로그램 집행이란 선택된 정책목표를 달성하기 위한 일련의 활동이다. 활동의 형태에는 두 가지, 즉 '체제유지 혹은 과정중심 활동'과 '과업 중심적 활동'이 있다.

(4) 평가

어떤 대상이나 노력의 장점, 가치 또는 중요성을 체계적으로 조사하는 작업이다. 문제해결활동의 효과를 측정하고 활동과정을 평가하는 것으로 지역사회 전체의 문제해결능력의 증진 정도에 대한 평가도 포함한다.

3) 지역사회대상 사회복지실천 모델(김경호, 2010)

(1) 지역사회개발 모델

지역사회개발 모델은 자조기반에 근거하여 지역사회 문제해결을 위한 지역사회 능력과 사회통합이라는 과정목표를 통해 지역사회를 새롭게 만드는 데 초점을 두고 있으며, 지역사회의 문제나 욕구를 다룰 때 주민들의 자조정신을 강조하는 형태이다. 이 모델에서 전문가는 조력자, 조정자, 문제해결기술 훈련자의 역할을 담당하게 된다.

(2) 사회계획 및 정책 모델

사회계획 및 정책 모델은 각종 지역사회 문제를 해결하는 데 있어 합리적인 면을 강조한다. 이 모델은 예를 들어 범죄, 주택, 정신건강 문제와 같은 구체적인 사회문제를 해결하는 기술적 과정을 중시한다. 사회복지사는 전문가로서 지역사회실천의 과정을 주도해 나가고, 욕구가 있는 지역사회주민들에게 재화와 서비스를 제공함으로써 지역사회주민들은 수급자의 역할에 머무르게 된다.

(3) 사회행동 모델

사회행동 모델은 지역사회의 억압받고 소외된 주민들이 사회정의와 정치적 공평성의 입장에서 사회, 정치, 경제적으로 보다 나은 처우를 받을 수 있도록 해주는 활동을 말한다. 이 모델에서는 지역사회에서 권력과 자원의 재분배, 사회적 약자에 대한 의사결정의 접근성을 강화함으로써 지역사회의 변화에 초점을 두고있다. 한편, 사회행동 모델은 기본적으로 과업달성을 중시하기 때문에, 적절한 의사결정구조의 활용 또는 관계형성 등과 같은 과정목표는 무시되기도 한다.

4) 사례관리

(1) 사례관리의 정의

사례관리(case management)란 다양한 문제로 사회적 기능수행의 어려움을 겪는 클라이언트에게 포괄적이고 체계적이며, 지속적인 지역사회보호서비스의 전달에 목적을 둔 일련의 문제해결과정이다. 이는 임상적 개입의 의미가 강한 사례(case)와 행정적 의미가 강한 관리(management)의 복합어로서 통합적 사회복지실천을 위한 과정을 구체화시킨 것이라 할 수 있다. 즉 노인, 장애인, 만성질환자, 아동, 여성 등 복합적인 욕구나 문제를 지닌 클라이언트를 대상으로 지역사회의 공식적, 비공식적 자원을 개발, 연결하고, 동시에 클라이언트의 능력을 개발시켜 주는 통합적인 사회복지실천방법이다.

(2) 사례관리의 필요성

사례관리는 복합적인 욕구를 가진 인구의 증가, 기존 사회복지서비스의 단편성, 분절성, 서비스 간의 협동 부족, 사회복지 욕구와 자원 간의 조정 부족, 서비스 자원의 효과적인 개발 및 활용 부족, 클라이언트를 위한 옹호(advocacy)와 역량강화(empowerment)의 문제 등을 해결하기 위해 등장하였다(Rose & Moore, 1995).

(3) 이론적 배경

사례관리는 다차원의 욕구를 가진 클라이언트(예: 노인, 장애인, 정신질환자)의 현재 문제점에 초점을 두고 체계적인 사정을 거쳐 문제해결을 위한 계획을 수립하고 공식적, 비공식적 자원을 통합하여 체계적인 방법으로 해결을 찾는다. 사례관리의 초기형태는 1800년대 후반 영국과 미국에서 설립된 자선조직협회(COS)에서 기원하였다. 목슬리(Moxley, 1989)에 의하면 사례관리는 탈시설화의 영향, 서비스 전달의 지방분권화, 기존 서비스의 단편성, 사회적 지원체계의 중요성에 대한 인식의 증가, 대인복지서비스의 비용효과에 대한 인식의 증가, 그리고 복합적인 욕구를 가진 인구의 증가 등에서 그 발생동인을 찾을 수 있다. '상황 속의 인간'이라는 체계적 관점의 이론적 맥락을 가지는 사회복지실천현장에서, 사례관리는 복잡하고 다양한 문제를 지닌 클라이언트를 위해 다양한 자원체계를 동원하고 통합시켜 서비스 지지체계를 강화하고, 궁극적으로 지역사회라는 환경 속에서 클라이언트 개인이 조화를 이루도록 기능해 왔다.

(4) 사례관리 역사

사례관리의 전신이라고 할 수 있는 형태를 사회복지의 역사에서 찾아보면, 헐 하우스(Hull house)나 인보관(settlement house)에서 이미 사례관리의 개념을 도입하였다. 즉 사람들에게 시민으로서의 삶에 대해 알려 주고, 지역주민의 삶의 조건과 질을 개선하고, 이를 위한 운동을 지원하려는 목적으로 설립되었으며, 충실한 기록의 유지와 옹호가 중요한 노력이었다. 이민자가 밀집되어 있는 지역에서 건강 관련 서비스를 제공하고 기록을 충실하게 남겨 오늘날 서비스 제공에서 정보관리의 중요성을 알려 주었다. 그러나 사례관리가 극적으로 성장한 것은 1980년대 초반이며, 우리나라의 경우는 1990년대에 와서 주목을 받게 되었다.

(5) 사례관리의 특징

사례관리는 개인이나 가족을 대상으로 서비스를 제공한다는 측면에서 전통적인 사회복지실천방법론의 하나인 개별지도와 유사하지만, 사회복지기관 이외에도 현장개입이나 옹호활동 등을 통한 지역사회에서 서비스를 제공하는 간접적인 개입까지 포함하는 특징이 있다. 이러한 사례관리의 특징을 좀 더 구체적으로 살펴보면 첫 번째, 지역사회에서의 서비스 활동과 연계를 강조하는 지역사회 중심의 접근법이며, 두 번째, 치료보다는 보호의 개념을 강조하며, 만성적이며 복합적인 문제를 가진 클라이언트를 지속적으로 관리하고, 세 번째, 사례관리자와 개인 클라이언트와의 긴밀한 상호관계를 기초로 클라이언트 중심의 개별화된 접근을 하고, 네 번째, 클라이언트의 변화를 위한 개별지도 중심의 직접적 개입으로부터 자원의 조정을 포함하는 환경적 개입까지 사회복지실천의 개입역할을 확대한다는 점 등을 들 수 있다.

그림 7-1 사회복지실천기술의 과정과 접근법

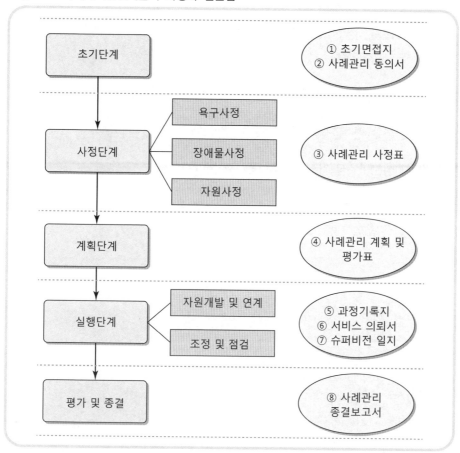

초기단계 → ① 초기면접지 ② 사례관리 동의서

사정단계 — 욕구사정 / 장애물사정 / 자원사정 → ③ 사례관리 사정표

계획단계 → ④ 사례관리 계획 및 평가표

실행단계 — 자원개발 및 연계 / 조정 및 점검 → ⑤ 과정기록지 ⑥ 서비스 의뢰서 ⑦ 슈퍼비전 일지

평가 및 종결 → ⑧ 사례관리 종결보고서

출처: 김준기(2006), 한국 사회복지 네트워크의 구성과 효과성.

(6) 사례관리과정

① 사례발견[아웃리치(outreach)를 통한 클라이언트 발견]
② 케어 계획(구체적인 목표와 행동계획 수립)
③ 계획의 실시(양질의 서비스를 클라이언트에게 신속하게 전달)
④ 점검 및 재사정(서비스가 계획대로 전달되고 있는가를 살펴봄)
⑤ 결과평가(계획했던 대로 목표가 달성되었을 때 종결하게 됨)

생각해 볼 문제 및 과제

1. 다양한 사회복지실천 모델에 대해 설명하고 각 이론의 사회복지실천에 대한 공헌에 대해 토의해 본다.

2. 가족대상 사회복지실천에서 사회복지사의 회기운영기술에 대해 연습해 본다.

3. 사례관리의 목적 및 목표, 등장배경 및 절차에 대해 생각해 본다.

4. 사회복지실천의 면접기술에 대해 연습해 본다.

5. 사회복지 가치와 윤리에 관하여 설명하고 사회복지실천현장에서 일어날 수 있는 윤리적인 문제에 대한 예를 들고 설명해 본다.

참고문헌

강선경 · 최원석(2012). 사회복지실천의 이해. 양서원.

김경호(2010). 사회복지실천론. 양서원.

김동배 · 권중돈(2005). 인간행동과 사회환경. 나눔의 집.

김인숙 · 김용석(2002). 사회복지실천기술 연습. 서울: 나남출판.

김준기(2006). 한국 사회복지 네트워크의 구성과 효과성: 지역종합사회복지관의 네트워크 구성과 조직 효과성을 중심으로. 서울대학교출판부.

김혜란 · 좌현숙 · 차유림 · 문영주 · 김보미 공역(2006). 사회복지실천과 역량강화(Gutierrez, Parsons, Cox 저). 나눔의 집.

김혜란 · 홍선미 · 공계순(2001). 사회복지실천기술론. 서울: 나남출판.

전재일 · 이성희(2002). 사회복지실천기술론. 서울: 형성출판사.

최일섭 · 류진석(2004). 지역사회복지론. 서울대학교출판부.

Brown, A.(1992). *Handbook of Social Worker Practice*. Springfield Ill: Charles C. Thomas.

Garrett, A.(1972). *Interviewing: Its Principles and Methods*. New York: Family Service Association of America.

Goldstein, H.(1976). *Social Work Practice: A Unitary Approach*. Columbia University of South Carolina Press.

Kadushin, A.(1990). *Social Work Interview*(3rd ed.). New York: Family Service Association of America.

Moxley, P.(1989). *The Practice of Case Management*. Newbury Park: Sage Pub.

NASW.(1995). *Encyclopedia of Social Work*. Maryland. NASW.

Pincus, A., & Minahan, A.(1973). *Social work Practice: Model and Method*. Itasca; Peacock.

Rose, M., & Moore, L.(1995). *Case Management. Encyclopedia of Social Work*(19th ed.). NASW Press.

찾아보기

공저자 약력

김학주
Washington University School of Social Work
사회복지학박사(Ph.D.)
동국대학교 불교대학 사회복지학과 부교수

이홍직
Columbia University School of Social Work
사회복지학박사(Ph.D.)
강남대학교 사회복지학부 부교수

강선경
Columbia University School of Social Work
사회복지학박사(Ph.D.)
서강대학교 신학대학원 사회복지학과 교수

김 욱
Fordham University Graduate School of Social Service
사회복지학박사(Ph.D.)
경기대학교 사회과학대학 사회복지학과 교수

사회복지학 총서 사회복지방법론

━━━━━━━━━━━━━━━━━━━━━

초판인쇄   2014. 4. 25.
초판발행   2014. 4. 30.

저 자   김학주·이홍직·강선경·김 욱
발행인   황 인 욱

발행처   도서출판 오래
　　　　서울특별시용산구한강로2가 156-13
　　　　전화: 02-797-8786, 8787; 070-4109-9966
　　　　Fax: 02-797-9911
　　　　신고: 제302-2010-000029호 (2010. 3. 17)

ISBN 978-89-94707-98-3 93330

Ⅶ http://www.orebook.com
　　email ore@orebook.com

정가 12,000원

이 도서의 국립중앙도서관 출판시도서목록(CIP)은
서지정보유통지원시스템 홈페이지(http://seoji.nl.go.kr)와
국가자료공동목록시스템(http://www.nl.go.kr/kolisnet)에서 이용하실 수 있습니다.
(CIP제어번호: CIP2013012887)